全国医疗护理行业员工、院校学员职业核心

U0511744

職業核心能力培训认证专用

职业社会能力

与人交流·与人合作·解决问题

训练教程·基础级

人力资源和社会保障部职业技能鉴定中心
职业技能鉴定专家委员会核心能力专业委员会秘书处　组编

人民出版社

策划编辑：张文勇

责任编辑：张文勇　孙　逸

封面设计：陆　涌

图书在版编目（CIP）数据

职业社会能力训练教程. 基础级 / 人力资源和社会保障部职业核心能力专业委员秘书处组编. —北京：人民出版社，2016.12

全国高等院校就业能力训练课程系列教材

ISBN 978-7-01-017342-9

Ⅰ. ①职…　Ⅱ. ①人…　Ⅲ. ①医药卫生人员 — 职业培训 — 教材　Ⅳ. ① R192

中国版本图书馆 CIP 数据核字 (2017) 第 026272 号

全国职业核心能力培训认证服务网址：www.hxnl.cn

邮购电话：（010）84650630

职业社会能力训练教程（基础级）

ZHIYE SHEHUI NENGLI XUNLIAN JIAOCHENG JICHUJI

人力资源和社会保障部职业核心能力专业委员秘书处 组编

人民出版社 出版发行

(100706　北京市东城区隆福寺街99号)

北京振兴源印务有限公司印刷　新华书店经销

2016 年 12 月第 1 版　2016 年 12 月北京第 1 次印刷

开本：787 毫米 ×1092 毫米 1/16　印张：18.5

字数：430 千字　印数：10，000 册

ISBN 978-7-01-017342-9　定价：59.80 元

邮购地址　100706　北京市东城区隆福寺街 99 号

人民东方图书销售中心　电话 (010)65250042　65289539

目 录
CONTENTS

训练导航

Ⅰ . 与人交流与职场发展力训练

第一单元　口语沟通

第二单元　演讲（当众讲话）

第三单元　书面阅读表达

第二单元　实施计划　解决问题

第三单元　验证方案　改进提高

附录：中华人民共和国劳动和社会保障部《职业核心能力培训测评标准》（试行）

　　　1.《职业核心能力培训测评标准（与人交流能力单元）》初级、中级

　　　2.《职业核心能力培训测评标准（与人合作能力单元）》初级、中级

　　　3.《职业核心能力培训测评标准（解决问题能力单元）》初级、中级

前言
PREFACE

为了适应我国社会经济发展对高素质、高技能劳动者的需求，人力资源和社会保障部职业技能鉴定中心长期以来一直致力于开发一个为就业服务的职业核心能力体系，此项工作得到社会各界的积极响应和支持，经过多年研究开发，2007年，完成了与人交流、与人合作、解决问题、自我学习、信息处理、数字应用和创新能力7个模块培训测评标准的编制工作并正式向社会颁布。与此同时也完成了一套面向全国高、中等院校职业核心能力培训的系列教材，包括6个单项模块的能力训练手册（与人交流、与人合作、解决问题、自我学习、信息处理和数字应用能力），以及2个组合模块——职业社会能力（包含与人交流、与人合作和解决问题能力）、职业方法能力（包含自我学习、信息处理和数字运用能力）训练手册的编写和出版工作。

2012年起，在人力资源和社会保障部职业技能鉴定中心鉴定指导处的领导下，启动了面向社会企事业单位员工培训的职业核心能力社会培训教材编写，由国家职业鉴定专家委员会核心能力专业委员会秘书处负责组织专家开发。该系列教材面向岗位员工的实际，在模块内容组织、达标等级划分、训练程序上做了综合性的调整，从而更为简单易行。模块综合上，分为"职业社会能力"（包括与人交流、与人合作、解决问题能力）、"职业方法能力"（包括自我学习、信息处理、数字应用能力）两大组合模块；达标的能力级别上，对照原劳动和社会保障部职业技能鉴定中心颁发的《职业核心能力培训测评标准》（试行），只分为"基础级"和"高级"两个级别，基础级涵括了《标准》中的初级和中级的内容；训练的模式上，由过去的目标（Object）、示范（Demonstration）、准备（Prepare）、行动（Action）、评估（Evaluate）的"ODPAE五步训练法"，调整为"目标－准备－行动－评估"四步，更为简便。教材模式和规范的设计由专家委员会副主任、秘书处秘书长李怀康研究员、副秘书长童山东教授完成。

职业核心能力具有基础性、渗透性和可迁移性的特点，是跨行业的通用能力，同时，职业核心能力是一种完成工作任务的过程能力和执行能力，它是从职业活动中抽象出来的也要能返回到职业活动中去。本系列教材的编写吸收了现代国际职业教育新思想，坚持能力本位的教育目标，坚持以职业核心能力标准为依据，同时在能力训练过程中始终坚持贯彻行为活动导向教学法的理念和技术。本教材主要选取医疗护理行业的工作案例，让医护行业员工和院校学员能真切感受职业核心能力的基础性和渗透性，其次，每个单模块能力的训练与职业发展的实际需求紧密挂钩，因而也增强了职业核心能力培养的针对性。另外，教程采用全新的培训模式和能力训练规范，保证了培训教学活动的结果不仅在于启发学员对掌握一种能力的认知，更重要的是让学员实实在在地掌握这种能力。本系列教材既可以作为医疗护理行业在职员工、新员工培训的教程，也可以作为院校学员就业培训认证的专用教材。

"全国医疗护理行业职业核心素养培训专用教材"由来自全国医疗护理专业的中、高等职业院校、职业培训机构、以及湖南湘雅医院护理部、解放军303医院企划室等单位的20多位资深的教授、专家、学者和医护管理人员共同编写。为保持人力资源和社会保障部职业技能鉴定中心职业核心能力培训认证专用教材体系的一致性，本教材编写过程中，借鉴了原"全国高等院校职业核心能力培训认证系列教材"的结构，并引用了部分资料，在此，向原作者一并致谢。

职业核心能力的培训还是一项没有先例可循的活动，其教材的编写也是一项开创性的工作，我们所做的还处在一个前期探索阶段，许多不尽人意之处，还希望广大专家、读者和教学工作者提出修改意见，帮助我们做好此项工作。

拓展核心能力　创造瑰丽人生

北京大学职业研究所所长
中国就业促进会副会长、中国成人教育协会副会长
人力资源和社会保障部职业技能鉴定中心学术委员会主任
国家教育咨询委员会委员

在高度竞争性的未来社会中真正可靠的保证，只能是我们自己的能力。能力决定命运，能力决定机会，能力决定未来。学习学习再学习，提高提高再提高，通过学习提高自己的能力，成了青年人最渴望的事情。

能力五光十色，才干多种多样，而人生苦短，生命有限。在可利用的时间内，我们最需要获得什么能力？最需要增长什么才干？选准方向，事半功倍；找错道路，一无所得。过去很长一段时间，社会上先是学历文凭热，后是资格证书热。但现在人们发现，文凭和证书固然重要，在职场上获得最大成功的人，竟然不是那些文凭和证书最高最多的人。还有比它们更重要的东西，那就是人的核心能力。

人的能力分为三层：职业特定能力，行业通用能力，核心能力。每个具体的职业、工种、岗位和工作，都会对应着一些特定能力。特定能力从总量上是最多的，但适应范围又是最窄的。对每个行业来说，又存在着一定数量的通用能力。从数量上看，它们比特定能力少得多，但它们的适应范围要宽些，涵盖了整个行业活动领域。而就整体上讲，存在着每个人都需要的，从事任何职业或工作都离不开的能力，这就是核心能力。

我曾画过一个图来表现核心能力（见图一）。有三个同心的圈，最小的一个处在中间，它就是核心能力；围着它的第二圈是通用能力；最外面的，是特定能力。

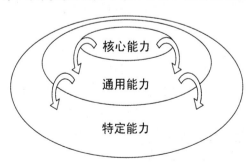

图一　能力分层体系示意图之一

我觉得这个图较明确地反映了核心能力处于的核心位置，以及核心能力的数量比通用能力和特定能力少得多的特征。这张图后来写入了国家一个重要课题的研究报告，得到了广泛的认同。

　　不过，有一次会见一个欧洲国家驻华教育援助项目组的组长，喝茶聊天中谈到核心能力的问题，我信手就给他画了上图。没想到尽管他非常赞同和欣赏我们的研究思路和研究成果，但是，却不同意我画的这张图。他又画了下面一张图。

图二　能力分层体系示意图之二

　　他说，核心能力和其他一切能力都不同，是其他能力形成和发生作用的条件，所以，核心能力应当处在最底层，最宽厚，它是支柱，是依托，是承载其他能力的基础。

　　我们相互尽管很熟悉，但以前在这个问题上从未交换过意见。我非常惊讶欧洲的专家和我们在能力分层问题上会如此相互认同。同时我以为，这两张能力分层的示意图，很可能相辅相成地表明了不同能力之间的关系，以及核心能力的位置。

　　第一张图表明，核心能力是存在于一切职业中，从事任何工作都需要的能力。正像纷繁复杂的物质世界，在其最深层次上仅由原子核内的少数几种基本粒子组成一样，人类在社会活动中表现出来的多姿多彩的能力，在最深层次上也仅是由几种核心能力构成的。

　　第二张图表明，我们在日常生活中看到的特定能力，其实只是浮出海面的冰山一角，而通用能力和核心能力则是海面下的冰山主体。相对于特定能力和通用能力，核心能力往往是人们职业生涯中更重要的、最基本的能力，对人的影响和意义更为深远。

　　特定能力是表现在每一个具体的职业、工种、岗位和工作上的能力。特定能力主要体现在国家职业分类大典划分的1838个职业中。长期以来，我们的学历文凭教育，以及职业资格培训，主要就集中在培养人的这种职业特定能力上。相对说来，特定能力是一个窄口径范围。

　　通用能力是表现在每一个行业，或者一组存在共性的相近工作领域的能力。它们的数量尽管少于特定能力，但适用范围却要宽得多。为了使培养的人才具有更广泛的适应性，现在，针对新生劳动力的职业教育培训，越来越把自己的视线放到这个相对宽口径的范围中。许多国家确定的300个左右的国家职业教育培训科目，通常也在这个相对宽口径的范围中。

　　核心能力是数量最少，但适用性最强的基本能力。是每个人在职业生涯中，甚至日常生活中必备的最重要的能力。它们具有普遍的适用性和广泛的可迁移性，其影响辐射到整个行业通用能力和职业特定能力领域，对人的终身发展和终身成就影响极其深远。开发和培育人的核心能力，将为他们提供最广泛的从业机会和终身发展基础。

　　根据我国劳动和社会保障部职业技能鉴定中心组织制定的试行标准，核心能力分为八个大项：与人交流、数字应用、自我学习、信息处理、与人合作、解决问题、创新和外语应用。显然，在核心能力培养中，每一个培训机构，每一个接受培训的人，都完全可以根据各自不同的条件和不同的需要，灵活地选择不同的方向和内容作为自己的重点。

经过各方面专家的多年努力和共同奋斗，核心能力的概念终于深入人心，对受教育者核心能力的养成、激发和评价工作终于将全面开展起来。现在，人民出版社又隆重推出了第一套在职业院校和培训机构开展职业核心能力训练的教材。可喜可贺，特应邀作此序言。

我国职业院校是受高考指挥棒和学历文凭证书等扭曲的教育评价指标影响最小的部分，有可能在整个教育改革中后发先至，走到前列。尽管养成、激励、开发、评价受教育者核心能力的试验在我国刚刚起步，需要研究、探索和实践的领域还很多，但我相信，在这重要的第一步迈出之后，核心能力建设事业必将迅速发展，为国家人力资源开发做出应有的贡献。

2007 年 5 月 1 日

训练导航

  这是一本供医护行业在职员工、新员工和中、高等院校学生学习训练职业社会能力的教材。

  上个世纪末出现的一场波及全球的新技术革命，一方面有力地冲击着传统的产业结构并构建着新的行业，另一方面极大地激发了人们新的需求并改变其消费方式。这种巨大的变革从根本上影响社会职业结构和就业方式的变化。首先，大批新职业以超出人们想象的形式和速度显现在社会生产和生活之中。这些新职业工作岗位的技术更新快、技术复合性强、智能化程度高，工作的完成更多地依靠劳动者善于学习、会解决实际问题并具有改革创新精神。其次，现代职业的工作方式发生了根本变化，社会产品、服务和管理更注重以人为本的理念，工作的完成更多地依靠每一个人的团队合作精神和与人沟通的能力。此外，人们发现不再有终身职业，工作流动加快，人们在职业生涯中要不断改变职业，不管你现在掌握了什么技术，都不能保证你能成功地应对明天的工作，社会最需要的是能不断适应新的工作岗位的能力。

新技术革命带来产业
结构调整和职业岗位
的巨大变化。

  未来的劳动者需要具备什么样的能力？这个在就业市场上提出来的问题，直接关系到一个人、一个组织能否在激烈的市场竞争中取胜。世界上许多国家和地区都不约而同地提出了一个富有远见的目标："开发劳动者的核心能力"。因此，培养职业核心能力或关键能力，已经成为世界先进国家、地区的政府、行业组织、职业培训机构人力资源开发的热点，成为职业教育发展的趋势。

世界发达国家和地区
重视职业核心能力的
培训。

一、什么是职业核心能力

1. 职业核心能力的定义与类别

  核心能力，又称关键能力。是一个人除专业或岗位能力和知识之外的基础能力，是跨岗位、伴随终身的可持续发展能力。核心能力具有普适性和可迁移性，是适应社会发展变化和个人取得成功的关键能力。德国、澳大利亚、新加坡称之为"关键能力"；在我国大陆和台湾地区，也有人称它为"关键能力"；美国称之为"基本能力"，在全美测评协会的技能测评体系中被称为"软技能"；香港称之为"基础技能"、"共同能力"等等。

1998 年，我国原劳动和社会保障部在《国家技能振兴战略》中把职业核心能力分为八项，称为"八项核心能力"，包括：**与人交流**、**数字应用**、**信息处理**、**与人合作**、**解决问题**、**自我学习**、**创新革新**、**外语应用**等。

职业核心能力可分为**职业社会能力**和**职业方法能力**两大类：

职业社会能力是指与他人交往、合作、共同生活和工作的能力。职业社会能力既是基本生存能力，又是基本发展能力，它是劳动者在职业活动中，特别是在一个开放的社会生活中必须具备的基本素质。职业社会能力包括"与人交流"、"与人合作"、"解决问题"以及"外语应用"等能力。 职业社会能力

职业方法能力是指主要基于个人的，一般有具体和明确的方式、手段的技术性的能力。它主要指独立学习、获取新知识技能、处理信息的能力。职业方法能力是劳动者的基本发展能力，是在职业生涯中不断获取新的技能、知识、信息和掌握新方法的重要手段。职业方法能力包括"自我学习"、"信息处理"、"数字应用"、"创新"等能力。 职业方法能力

2. 职业能力体系的结构和特征

我国原劳动和社会保障部《国家技能振兴战略》把人的职业能力分成三个层次，即：职业特定能力、行业通用能力和核心能力。

职业特定能力是每一种职业自身特有的能力，它只适用于这个职业的工作岗位，适应面很窄。有一个职业就有一个特定的能力，1999年，我国编制的《国家职业分类大典》细分有 1838 个职业，2015 年，修订统计为 1481 个职业，目前，新的职业还在不断产生，所以特定职业能力的总量是很大的。 职业特定能力

行业通用能力是以社会各大类行业为基础，从一般职业活动中抽象出来可通用的基本能力。它的适应面比较宽，可适用于这个行业内的各个职业或工种，而按行业或专业性质不同来分类，通用能力的总量显然比特定能力小。 行业通用能力

职业核心能力是从所有职业活动中抽象出来的一种最基本的能力，普适性是它最主要的特点，可适用于所有行业的所有职业，虽然世界各国对核心能力有不同的表述，相比而言它的种类还是最少的。 职业核心能力

二、为什么要培养职业社会能力

核心能力对职业活动的意义就像生命需要水一样普通，一样重 为什么要培养职业社会能力？

7

要。具体对于医护行业劳动者个人、医院和学校，分别具有以下现实意义。

对个人来说，掌握好核心能力，可帮助劳动者适应就业需要，帮助劳动者在工作中调整自我、处理难题，并很好地与他人相处。同时，它是一个可持续发展的能力，可帮助劳动者在变化了的环境中重新获得新的职业技能和知识，有较好的职业核心能力，能帮助劳动者更好地发展自己，适应更高层次职业和岗位的要求。在德语中，"关键"一词原意为"钥匙"，"关键能力"意味着"是打开成功之门的钥匙"。职业核心能力是我们每个人成功的有效能力、基础能力，在现代社会，其重要性日益显现。

对医疗行业来说，人力资源是第一资源，提升员工的核心能力是增强行业企业核心竞争力的基础。在激烈的市场竞争条件下，无论在传统行业、服务行业，还是在高科技行业，核心能力与其他知识和技能一样，都是企业赖以取得成功的基本要素。在医疗卫生事业发展的过程中，开发和提升员工的职业核心能力，能提高工作绩效，是增加竞争力的基础。同时，医疗行业属于服务业，要有效提高医疗服务质量和社会美誉，除了专业水平的提高外，提升医护行业员工的职业核心能力，促进医护人员之间、医患之间的有效合作与良好沟通，是形成和谐融洽关系，解决医患矛盾的重要前提和基础。

对学校来说，培养毕业生的职业技能和职业素质是增强就业竞争力的根本。职业道德、职业态度和职业核心能力等构成职业的基本素质，人力资源和社会保障部组织开发"职业核心能力培训认证体系"，就是为了更好地、有针对性地培养、培训毕业生的职业基本素质，为就业服务。开展职业核心能力培训和认证，是职业素质教育的平台和重要手段，按照职业生涯的基本要求，明确职业核心能力的基本范围和能力点，在就业之前，强化职业核心能力的培训，能有效提高学生的核心能力，并通过职业核心能力的认证，可以更好地指导学生明确自己的发展目标，为自己满意工作和幸福生活奠定基础。

本教程的职业社会能力包括"与人交流"、"与人合作"、"解决问题"三个模块，是指与他人交往、合作、共同生活和工作的能力。本教程只培训国家《职业核心能力培训测评标准》中初级与中级阶段能力的内容，适应医护行业基层员工、新员工、中高等院校学生学习需要。

所谓"与人交流能力"，是指在与人交往活动中，通过交谈讨论，当众讲演、阅读并获取信息，以及书面表达等方式，来表达观点、获取和分享信息资源的能力，是日常生活以及从事各种职业必备的社会能力。本教程所训练的与人交流能力以汉语为媒体，在听、说、读、写技能的基础上，通过对语言文字的运用，以促进与人合作和完成工

对个人来说，核心能力是就业必备的技能，是打开成功之门的钥匙。

对医疗行业来说，培训员工的职业核心能力是增强医疗行业核心竞争力和服务质量的基础。

对学校来说，培训职业核心能力是为了增强毕业生的就业竞争力。

作任务为目的。

与人交流的能力是人类重要的特征之一，也是人们生存必要的社会能力，人们希望得到尊重、认可及自我实现的心理需求，使人们愿意与人交往。社会生活更促使每个人需要与他人沟通，建立起一定的人际关系，不管是大的国际事务，还是小小的一件家庭琐事，人们最终不得不坐下来谈判、商议、解决问题，建立起一定的社会人际关系。

在每个人的职业生涯中，无论是求职应聘、入职试用还是晋职发展，与人交流能力常常成为各项能力之首，日显重要。在招聘现场，几乎所有的职业岗位都提出需要"与人交流能力强"。在职业发展中，有研究发现："人们花费 10% -85% 的工作时间在与人沟通、写、读、听、说。与人交流沟通能力的高低直接影响着每个人的职业发展、社会地位及社会关系的建立，在职业场合中，与人交流能力的高低常常决定着职业活动的成败。因此，与人交流能力的培养和培训，可以提升自己的就业能力和职业发展能力。同样，一个企业着重企业内部员工沟通能力的培训，就会大大增强企业的核心竞争力，使企业的产出与销售及售后服务变得更加高效和富有创造力。

所谓"与人合作能力"，是指根据工作活动的需要，协商合作目标，相互配合工作，并调整合作方式，不断改善合作关系的能力。它是从所有职业活动的工作能力中抽象出来，具有普遍适应性和可迁移性的一种核心能力，是从事各种职业必备的社会能力。

现代职业生活中，所有的人，只要做事，就要与人合作。在当今社会里，一个完全孤独的人，几乎什么事情也做不成。在医院、学校、公司、政府机关、研究单位等职业环境中，无论是医务服务、教学、求职、营销、演出，还是设计、制造、管理，都要与人合作。与人合作能力的强弱，是影响职业发展的决定性因素。

社会需要善于合作的员工，可是，这样的员工明显不足。有些人不善于合作，不仅有性格上的缺陷，意识上的误区，更多的是方式方法问题。其实，很多人很想与他人合作，但是不知怎样去与他人相处。如何表达合作愿望，如何制定合作计划，如何完成合作任务，如何缓解矛盾冲突，如何分享合作成果，一系列的难题摆在年轻一代职业人的面前。

在家庭、幼儿园、小学、中学的教育中，应该逐步培养谦和、让步、求助等合作品质。但是，目前的现状是这样的教育明显不足。而职业场合的熏陶、磨练的代价太高，有些人明显不适应环境要求，没有等到调整和进步，已经遭到淘汰。有效的职业训练，可以改变一个人通过自身经验而形成的习惯。所以，卓有成效的与人合作的职业核心能力训练，可以帮助员工在比较短的时间内，正确认识自己的个性

与人交流能力的高低直接影响着每个人的职业发展、社会地位及社会关系的建立，在职业场合中，与人交流能力的高低常常决定着职业活动的成败。

与人合作能力的强弱，是影响职业发展的决定性因素。

特点，增长与人合作共事的能力，适应职业发展的要求。

所谓"解决问题能力"，是指能够准确地把握事物发生问题的关键，利用有效资源，提出解决问题的意见或方案，并付诸实施；能调整和改进方案，使问题得到解决的能力。它也是从所有职业活动的工作能力中抽象出来，具有普遍适应性和可迁移性的一种核心能力，是从事各种职业活动都需要的一种社会能力。

在现实工作中，人们非常重视一个人解决实际问题能力。可以说"文凭是入门的通行证，解决问题的能力才是生存和晋级的许可证"。在企业，衡量一个人是不是"人才"，重要的标准就是他的解决问题的能力。你能解决得了别人所解决不了的工作中的问题，你就是"人才"。能解决"大问题"的就是"大人才"；能解决"小问题"的就是"小人才"；能解决专业问题的就是"专业人才"。

解决问题能力有大有小、有高有低，并且解决问题还往往和各种各样专业知识相关联。在本训练教程中，我们只学习"解决非医护专业的一般性问题"的能力，侧重在解决问题的思维能力训练，学会问题分析和解决的有效步骤，掌握分析的工具和方法，这种解决一般性问题的能力可以"迁移到"各种各样的专业领域与职业活动之中。

总之，在职业工作活动中，具备上述的职业社会能力是我们生存发展、有效工作的基础能力，也是我们成功致胜的十分重要的能力。

三、怎样培养和培训职业核心能力

核心能力的培养是人一生的课程，每个人都有其先天的基础，不同的人有不同的潜质。事实上，从小开始，每个人都在学习、培养自己的核心能力，学校、家庭、社会都是每个人学习的场所。但不同的生活、学习经历，不同的学习方式和历练过程，不同的人对核心能力的认识以及所获得的职业核心能力存在着较大的差别。职业核心能力培训的目的就在于着力提升学习者已经有一定基础的核心能力的水平，使学习者系统了解发展自己职业核心能力的方法，全面提高适应职业工作所需要的综合能力。

职业核心能力培训的教学宗旨是：以职业活动为导向，以职业能力为本位。必须通过职业活动（或模拟职业活动）过程的教学，通过以任务驱动型的学习为主的实践过程，在一定的知识和理论指导下，获得现实职业工作所需要的实践能力。

职业核心能力的培训不同于一般的知识或理论系统的教学，其教学目标不在于掌握核心能力的知识和理论系统，而在于培养能力。

1. 职业核心能力的课程设置与培训

实施职业核心能力的培养，可以采取专题性的培训，即开设职业核心能力的课程，通过必修或选修，集中培训，系统点拨和启发。还

> 文凭是入门的通行证，解决问题的能力是生存和晋级的许可证

> 如何培训职业核心能力？

> 对学校领导说——
> 学校怎样开课：
> 必修课；
> 选修课；
> 专业渗透教学；
> 集中强化培训；
> ……

可以在就业前集中一段时间专题强化培训，帮助学生全面、系统地提高自己的职业核心能力，以增强就业的适应性和竞争力。

实施职业核心能力培养，可以采取渗透性的教学方式，即在各专业课程的课堂教学中，重视学生职业核心能力的培养，把职业核心能力的培养渗透在专业的教学过程之中。同时，在第二课堂，在学生的社团活动和社会实践活动中，强化职业核心能力的培养，把它作为隐性的课程，以实现其养成的教育。

在组织教学时，根据教学课时的实际，可以分模块开课，让学生按需选修。也可以组合模块培训，即在一年级培训"职业方法能力"，包括"自我学习"、"信息处理"、"数字应用"、"创新"能力等四个模块；二年级培训"职业社会能力"，包括"与人交流"、"与人合作"、"解决问题"能力等三个模块，以达到全面学习和系统提高的目的。

职业核心能力培训课程的教学要体现以下原则：

第一，教学目标反映能力本位的主导性。要强调培训课程以培养完成任务和解决问题的实际能力为目标，整个课程要突出以工作现场为条件，以实际任务驱动，或采取项目贯穿始终的动手能力训练，以能力点为重点，不追求理论和知识的系统与完整。

第二，教学内涵的整体性。核心能力的内涵不仅仅是个体的一般智能结构，还包括非智力因素和核心价值观，具有整体性、渗透性的特点；教学过程中，要渗透核心价值观和职业精神的内容，使之具有内驱的力量和正确的导向。

第三，教学形式的拓展性。要能在各种工作场景或环境中开展教学。除专题讲授外，核心能力的培训还应贯穿在各种课程模块之中，贯穿在各种课外活动、生产实习和各种社会实践活动之中。

第四，教学组织的多样性。要实现专题性教学和渗透性教学相结合，多渠道、多形式地培养、培训。

第五，教学过程的针对性。学习者的能力在不同模块中会有强弱的差别，即使在同一模块中，对各能力点的掌握程度也会有高低的不同。因此，对学习者来说，已经具备的能力点不必重复学习和训练。

2.核心能力培训的教材与教学

（1）教学的基本方法：行动导向教学法

核心能力培训除了必要的程序性知识传授之外，大量需要的是通过实际活动进行行为方式的训练，因此，核心能力培训主要应遵循**行动导向教学法**的理念和方法。

行动导向教学法是以职业活动的要求为教学内容，依靠任务驱动和行为表现来引导基本能力训练的一种教学方法。

行动导向教学有很多方法，其中最适合用于核心能力培训的方法有项目教学法、角色扮演教学法及案例教学法等等。在整个教学活动

职业核心能力培训的教学原则

对老师说——
职业核心能力怎么教?

11

过程中，学习者是主角，参与是关键，教师只是教学活动的主持人，其责任是通过项目、案例或课题的方式让学习者明确学习的目标，在教学过程中控制教学的进度和方向，根据学习者的表现因人施教，并对学习效果进行评估，从而指导学习者在专业学习和技术训练的过程中全面提高综合能力，即核心能力的素质。

（2）教材的内容组织：学习领域

这套新型的教材的基本组织单元是职业活动要素，即按职业活动的过程形成"**学习领域**"。在一个"学习领域"中可能涉及多个知识系统，我们不追求该知识的系统描述，只选取必需的知识点，以"够用为度"组织学习。教材参照国家《职业核心能力培训测评标准》中的活动要素设置单元，形成学习的基本领域。

教材的新特点

（3）教学的基本单位：能力点

本教程每节以能力点或能力点的集合作为基本教学单位。

只培训能力点

（4）教学的基本程序：OPAE 四步训练法

能力的训练需要有科学的方法，要通过有效的程序达到真实有效的效果。根据行动导向教学法的理念，参考国内外先进的职业教育和企业培训的模式，经反复研讨，设计了一个新型的"目标—准备—行动—评估四步训练法"，即"OPAE **训练程序**"，在每个能力点的训练中，均按照下列四步训练法组织教学和训练：

"四步训练法"

①目标（Object）:是依据核心能力标准将本节训练的活动内容和技能要求作具体解释和说明。呈现本节特定的学习目标，以使学习者明确学习内容，确认自己学习行动的目的。

②准备（Prepare）:是对理解与掌握该能力点"应知"内容的列举和说明。知识是能力形成的基础，掌握必须的基本知识以及能力形成的基本方法、程序，是提高能力训练效益的重要前提。

③行动（Action）:是以行动导向教学法组织训练的主体部分和重点环节。立足工作活动过程，采用任务驱动、角色扮演、案例分析等教学方法训练能力点。它是示范性和写实性的，是能力培训的落脚点。

④评估（Evaluate）;是对本节教学过程中教师如何评价教学效果和学习者如何评估自己学习收获的一个指引。通过教师、同学和本人的自我监控，及时了解学习的成果，获得反馈。

四、怎样测评职业核心能力

我国职业核心能力培训测评标准体系是由人力资源和社会保障部国家职业技能鉴定中心主持，组织有关职业教育和培训机构、普通教育学校和学术研究部门共同参与开发的。

职业核心能力的认证测评，手段有笔试统考和综合能力的业绩证据测评，主要测评学习者"应知"和"应会"的能力达到的程度。

怎样测评?

　　每个人在参加职业核心能力训练时都有一定的基础，我们相信，通过系统的学习训练，学习者能得到全面的提高，会有长足的进步。拥有较强的职业核心能力，就是拥有了打开成功之门、幸福之门的钥匙！

I

与人交流与职场发展力训练

第一单元　口语沟通

本单元训练重点：

- 怎样主动自信沟通
- 怎样认真倾听
- 怎样有效说服
- 怎样巧妙拒绝
- 怎样处理冲突
- 怎样灵活运用沟通方式

第一节　树立沟通意识　学会交流倾听

目标：主动自信地沟通

现代社会中，与人沟通和交往是生存和发展必不可少的手段，它是一个人在社会中生存与发展所必需的基本能力。对医护人员来说，沟通不仅是一种服务手段，更是一种职业技能。无论是询问病情、收集病史、实施治疗和护理、健康教育等，都必须借助沟通手段与患者进行有效交流，让患者"看"到、"听"到、"感受"到优质的服务，从而为构建良好的医患关系奠定基础。

通过本节学习和训练，你将能够：

1. 树立主动沟通意识，学会自信地沟通；
2. 了解沟通的基本原则，灵活运用沟通；
3. 了解倾听的层次，学会有效倾听。

> 医务人员的三样治疗工具：语言、药物、手术刀，语言是首要工具。
> ——希波克拉

基础级

准备：树立自信，主动沟通

医护人员的主动沟通是与患者建立良好关系的重要手段，主动沟通的关键在于你是否"有心有意"，它能使医患双方受益，不仅能彼此得到互相尊重、帮助和友谊，而且能舒畅心情、促进身心健康、和谐医患关系。

一、自信是沟通的重要前提

（一）如何树立自信

1. 自信的主要特征

自信是指一个人在正确认识自己的基础上，知晓自己的优点、缺点，并能愉快地接纳自己，相信自己的能力和才干的一种积极健康的心理品质。

（1）敢于表达自己。坦诚表达不同意见，不迷信权威，不人云亦云，不轻易受环境氛围的束缚，公开自己与他人在某些观点上存在的差异。

（2）主动赞扬他人。善于发现别人的优点或成就，能够最大限度挖掘别人的潜力，适时恰当地给予表扬，也能够坦然地接受他人的赞扬。

（3）虚心接受批评。坦率承认自己所犯的错误，虚心接受他人的批评，谦逊好学，不耻下问。

（4）敢于表达拒绝的情感。自信的人勇于拒绝他人的过分请求，力争自己的权利。

2. 培养自信的方法

心理学的研究显示，人之所以缺乏自信，甚至自卑，原因有很多，但有一点可以肯定：缺乏自信完全是后天形成的，与先天无关。通过系统和恰当的培养或训练，是完全可以提高一个人的自信的。

（1）目标确定法

首先必须确立职业生涯目标，确定努力发展方向，目标制定后，全神贯注去执行每一个阶段目标，并不断提醒自己，一定要实现既定的目标。

（2）充分准备法

凡事作准备是做好工作的重要前提。准备越充分，你的信心会越足，自信心就会越强，这是获得成功的一个秘诀。

（3）心理暗示法

成功学专家希尔曾指出："信心是一种心理状态，可以用成功暗示法去诱导出来。"现实中，当你将一些自信、肯定的语言反复暗示和灌输给你的大脑时，自信就会在你的潜意识中根植下来，使你的内心充满激励。

·案例1· 　　　　　　　**罗森塔尔效应**

美国著名心理学家罗森塔尔在一次实验中和助手来到一所小学，声称要进行一个"未来发展趋势测验"，并煞有介事地以赞赏的口吻，将一份"最有发展前途者"的名单交给了校长和相关教师，叮嘱他们务必要保密，以免影响实验的正确性。其实他撒了一个"权威性谎言"，因为名单上的学生根本就是随机挑选出来的。8个月后，奇迹出现了，凡是上了名单的学生，个个成绩都有了较大的进步，且各方面都很优秀。

上述案例中，罗森塔尔的"权威性谎言"显然发生了作用，因为这个谎言对教师产生了暗示，左右了教师对名单上学生能力的评价，而教师又将自己的这一心理活动通过情绪、语言和行为传染给了学生，使他们强烈地感受到来自教师的热爱和期望，变得更加自尊、自信和自强，从而使各方面得到了异乎寻常的进步。

（4）寻找力量法

每一位成功人士都可能经历过信心不足、迷惘或挫败，也都有过成功的喜悦，因此，阅读成功人物传记或成功励志的书籍，也能从中获得勇气和力量。

（5）自我分析法

当你感到某些方面不如人意时，不要灰心气馁，可以从正反两方面剖析自己：有哪些优势应继续发扬，又有哪些逆势需要克服和弥补。通过自我分析，克服自卑、增强自信。

（二）如何培养主动沟通的习惯

1. 确立主动沟通意识

日常生活中的沟通往往是一种无意识沟通，如果你把主动沟通转化为一种意识，当主动沟通意识愈发强烈时，你就为产生主动沟通奠定了思想基础。所以，经常不断地动用主动沟通意识，你就会慢慢地形成主动沟通的行为习惯，你就会把握住属于你的机会。

2. 坚持主动沟通行为

有人说，"你说的我都懂，就是没有毅力去做"，凡是不能够坚持行动的人，都是没有真正懂得沟通魅力的人。行动是主动沟通的关键，只要你坚持去做，就会感受到沟通的思维习惯给你带来的人生快乐。

树立主动沟通的意识，主要表现在：

● 遇到事情是否想到了"沟通"为先；

● 不断创造主动沟通的机会；

● 不断总结主动沟通的成果；

● 坚持行动。

基础级

·案例2·　　　　　　　　**主动热情的导诊护士**

门诊大厅内，导诊护士王红观察到一位拄着拐杖的老年患者在焦急地四处张望。王红于是主动走上前去关切地询问。

"大爷，你需要帮助吗？"

"去骨科怎么走？我的腿疼，和王主任约好的，是不是迟了，还能挂到号吗？"

"哦，王主任还在病房查房，过一会儿才会来，你不必着急。骨科在二楼，你的腿不便，需要轮椅吗？"

"谢谢你，我自己能行走。"

"来，我带你乘电梯去二楼，骨科也可以在二楼挂号处挂号，那里病人少。"

"真的吗？太谢谢你了。"

案例中，门诊护士遇到的病人大多是陌生的，导诊护士的主动问候能宽慰焦急患者的心，使他们能静心候诊。一般来说，门诊护士沟通应做到"六到"，即"话到、眼到、手到、腿到、情到、神到"。

（三）如何主动地与陌生人交往

1. 大胆与陌生人交往

与陌生人交往能力是衡量人际沟通能力的关键尺度。善于和陌生人打交道，没有恐惧感、羞涩感，大大方方地面对每一个新结识的人，能很快获得对方的信任。医护工作中，医护人员每天都要接触新患者，护患关系是从彼此陌生开始的，如果你能主动沟通，就能够很快得到患者的尊重、支持和配合，从而提高工作效率。

2. 用积极的心态面对陌生人

一般情况下，在相互不认识的状况下，对方的不可知性，如：性格上的不可知，怕不能很好的合作；为人处世上的不可知，怕上当受骗；品行方面的不可知，怕受到威胁；喜好方面的不可知，怕说话说不到点子上；个性方面的不可知，怕自己无法接受对方等等，都极易强化双方的陌生感，甚至恐惧感。而用积极的心态面对所有陌生人，相信患者是善良的，来医院的目的只是求医治病，成心"找茬"的微乎其微，即使遇到不讲理的患者或家属，也不要紧张，因势利导，逐步打开患者的心扉，以获取患者的信任。

3. 初次交往寻找恰当的话题

俗话说万事开头难。初次见面，你很想和对方交谈，但不知该怎样开口，心里七上八下，显得很紧张。其实，你大可不必如此，你只要寻找合适的、轻松的话题，把患者的思维引向共同关心的一个点，就会很快摆脱临时的局促，放松心情，为下一步愉快沟通创造良好氛围。

二、把握沟通基本原则是有效沟通的前提

一般说来，一个完美、有效的沟通过程，必须遵循以下基本的沟通原则：

（一）真诚原则

医护人员沟通时要热诚地表达自己对患者的关心，表现出积极为患者寻求最好治疗与处理方法的态势，让患者及其家属体会到医疗机构及医护人员的重视，感受到医护人员的真诚，这样就可以减少他们的戒备心理，促使他们主动进行情绪调整，使双方在相互信任基础上进行内心情感的交流。

（二）尊重原则

医护人员在沟通中要时刻想到，你所做的一切是否体现了对患者的尊重？是否维护了患者的尊严？如恭敬的态度、正确的称呼、细心的询问，正面的关怀等，而不是直呼其名，甚至张冠李戴，或视而不见、听而不闻、爱理不理等。医护人员要尊重患者，及时对患者发出的信息作出反应，有了尊重的前提，医患之间沟通才能畅通和有效。

（三）同理原则

医护人员在与患者及其家属沟通的时候，应该设身处地去感受护理对象的处境和感情，尽量站在患者的立场上去考虑问题，应患者所愿，急患者所急，求得双方心灵的共鸣。特别要避免只把自己认为重要或有必要的信息传达给患者及其家属，忽略了在医务人员看来是不起眼的小事，而可能是困扰患者及其家属的大事。

（四）详尽原则

由于掌握信息的不对称，医务人员在与患者及其家属沟通时，要把医疗行为的效果、可能发生的并发症、医疗措施的局限性、疾病转归和可能出现的危险性等，详细地告诉患者及其家属，使患者及其家属在了解所有状况的利弊得失之后，主动和医护人员共同参与医疗决策的形成，促使医患真正的和谐，以减少不必要的医疗纠纷。

（五）关怀原则

对患者要处处体现出人文关怀，态度要谦和、文雅，交谈时常以"请字开头，谢字结尾"。在医疗和护理过程中，注意克服"三无"，即"无称谓、无表情、无情感"；努力做到"五声"和"五心"，五声即"初见患者有问候声，患者不适有安慰声，操作失误有道歉声，健康宣传有解释声，患者出院有祝贺声"；"五心"即"对待患者诚心，接待患者热心，听取意见虚心，解释工作耐心，护理服务细心"。让患者积极配合治疗。

三、善于倾听是有效沟通的先行条件

·案例3·　　　　　　　　　**"听"来的钢盔**

第二次世界大战期间，一位叫亚德里安的法国将军利用战斗的间隙到战地医院探望伤员，他毫不张扬地走进病房，静静地坐在病床边，倾听每一位伤病员讲述自己"死里逃生"的经历。其中，一位炊事员说，他听到炮弹呼啸而来，就不假思索地把一口锅扣在自己的头上，虽然弹片横飞，战友倒下了一大片，他却幸免一死。听到这里，亚德里安将军略有所悟的点了点头，走到这位炊事员床前同他握手，脸上露出赞赏的微笑。

后来他发布一道命令：让每个战士都戴上一口"铁锅"。于是，在人类战争史上，"钢盔"这个重要的发明，就因为一位将军有耐心倾听一个炊事员的"唠叨"而诞生了。据说，这个别出心裁的"发明"，使七万余名美军在第二次世界大战中免于战死。

案例中，将军诚意的倾听，表达的是对战士生命安全的关注和高尚的人品，他满足了对方的倾听并获得尊重的愿望，而自己也在获得尊重的同时，获得了发明创造的灵感，找到了保护战士生命的重要方法。

（一）倾听的五种层次

听是人类最基本的能力之一，听与倾听不同，听是人体感觉器官接收到的声音，是与生俱来的，倾听虽然以听到声音为前提，但更重要的是你对声音必须有反应，是主动参与的过程。同时，倾听的对象不仅局限于声音，还包括理解对方的语言、手势和面部表情。据此，我们把倾听划分为五个层次：

1. 听而不闻

这是不作任何努力的听，是对对方完全漠视的听，有人形容为连耳朵都没打开的听，这是一种最低层次、最糟糕的听。反映了倾听者的自以为是，对倾听对象的不屑一顾。

2. 假装在听

这是耳朵开了，却没有打开心、脑，对别人的谈话如同耳边风，有听没有到，完全没听进去；嗯、喔、好好等，略有反应，其实是心不在焉。

3. 选择性的听

在先入为主的观念影响下，只听自己想听的部分。与自己意思相左的一概自动消音过滤掉；根据自己的成功经验，认为自己足以判断何人或何事可听、何者不可听。

4. 专注的听

这是精神专注的、认真的、主动积极地听，这是我们所说的倾听。

5. 有同理心的倾听

就是积极换位思考的倾听。其出发点是为了"了解"，而非为了"反应"，也就是透过交流去了解别人的观念、感受。在对方讲话的时候，眼神能看着对方，专注地听，让自己"感同身受"。

·案例4·　　　　　　　　听出"弦外之音"

门诊大厅一角，一男一女正在那里争执着什么。导诊护士王红想，他们肯定遇到什么难题了，于是趋前问个究竟。

这是一对父女，见有护士到来，也没有停止争执。

女儿："你咳嗽好几天了，吃得越来越少，肯定有病。"

父亲："我没病，休息下就好了。

女儿："还说没病！摸你的额头好像还发热。今天一定要看病。"

父亲："今天不看，过几天再说。"

听到这里，王红觉得他们的话外有话，这位父亲坚持今天不看病，必然另有隐情。经仔细追问才知道，后天就是女儿结婚的日子，父亲深怕查出病来干扰女儿的大喜事，故而坚持过几天再说。此时，王红一边为他们的父女深情而感动，一边又为这位父亲的健康担忧。于是做起了父亲的思想工作。

王红："伯伯，你的心情我很理解。但有病耽误不得！让我先来给你测量一下体温和血压吧。"

经测量，该父亲血压正常，体温 38.2℃。

"你现在有些发热，虽不太严重，但说明体内有炎症，应请医生查明原因。"

在王红的劝说下，这位父亲终于同意马上挂号看病。

案例中，那位父亲实际上已感觉出自己有病，之所以讳疾忌医，是因为在他看来，女儿的婚事比他的健康更重要。此类现象称为病人角色缺如。这类患者往往言不由衷，导诊护士要想了解他们的真实意图，就应能善于听出患者的"弦外之音"，即在与患者沟通的过程中，不只是听他们怎样诉说，而且要细心察看他们的神色、语调、动作等非语言行为。

（二）影响倾听效果的因素

1. 环境的干扰

环境对人的听觉与心理活动有重要影响，环境中的声音、气味、光线以及色彩、布局，都会影响人的注意力与感知。布局杂乱、声音嘈杂的环境将会导致信息接收的缺损。

2. 信息质量低下

双方或一方在试图说服、影响对方时，因个人观念和情绪而影响其发出的信息，特别当一方或双方存在一些过激的言辞、抱怨或对抗态度时，信息发出与接收都会出现质量低下的情景。在医疗和护理工作中，常常遇到满怀抱怨的患者，他们受个人情绪的影响，此时很难发出有效的信息。

信息低下的另一个重要原因是信息发出者不善于表达或缺乏表达的愿望。特别当人们面对比自己优越或地位高的人时，害怕"言多必失"留下坏印象，常不愿意或不敢发表个人意见。

3. 倾听者主观障碍

（1）个人偏见。在团队中成员的背景多样化时，倾听者的最大障碍就在于自己对信息传播者存有偏见，而无法获得准确的信息。

（2）先入为主。在行为学中被称为"首因效应"，人们在倾听过程中，对对方最先提出的观点印象最深刻，如果对方最先提出的观点与倾听者的观点大相径庭，倾听者可能会产生抵触的情绪，而不愿意继续认真倾听下去。

（3）自我中心。人们习惯于关注自我，总认为自己才是对的。在倾听过程中，过于注意自己的观点，喜欢听与自己观点一致的意见，对不同的意见往往是置若罔闻，这样往往错过了聆听他人观点的机会。

（三）提高倾听效果的技巧

良好的倾听是一门艺术。医护人员在沟通中，要全身心地参与，并不断的调整自己，通过听其言、观其行，积极反馈来获得较全面的

影响倾听的不良习惯

1. 说的比听得多；
2. 喜欢插话；
3. 在倾听过程中，不回应对方；
4. 发现感兴趣的问题时问个不休，导致跑题；
5. 以自我为中心；
6. 走神；
7. 太乐于提出自己的建议；
8. 过早下结论。

基础级

信息。

1. 准备花时间去听

倾听者要有良好的精神状态，有可能最好坐下来与对方交谈，这样表示你愿意倾听他说话。

2. 不要随意打断对方的诉说

随意打断对方说话或不恰当的改变、转换话题，会造成谈话者思路中断，影响深入的交流。

3. 集中注意力

在沟通过程中要学会排除一些偶然的干扰因素（如手机的呼叫，其他突然噪音干扰等），以便集中注意力。

4. 做出适当的反应和反馈

不时对对方的谈话做出适当的反应，给他们提供反馈信息，表明理解他们，并帮助他们更清晰地表达自己的感受。

5. 恰当的鼓励性表示

各种对谈话者感兴趣的表示都能促进沟通的顺利进行；保持目光的接触，友好关切的表情可以表示你在关心和认真倾听；轻声说"是"、"嗯"或点头等，表示正全神贯注地倾听并鼓励对方继续说下去。

6. 设身处地把握"共识"

设身处地的理解沟通对象，更准确地掌握有关信息，让对方感到自己被接纳、被理解，感到愉快和满足，促进对方自我表达，有利于对方对自我深入剖析，有利于双方深入交流。其实，在任何时候、任何情况下，医患之间始终都存在着一个"共同意识"，那就是一切为了患者早日恢复健康。只要牢牢把握好这种共同意识，就能迅速地缩短与对方的心理距离，即便有了什么矛盾，也容易化解。

有效倾听六原则
1. 适应讲话者的风格；
2. 眼耳并有，全神贯注；
3. 理解他人，取消预先判断；
4. 鼓励他人表达自己；
5. 聆听全部信息；
6. 表现聆听兴趣。

行动：你想改变自己吗？

活动一：小组讨论

小王生性腼腆，是个不愿意和患者打交道的护士，在治疗过程中从不说一句话，尽管技术娴熟，但得不到患者的表扬。现在，她决心改变自己，学会和患者主动交往，成为受患者欢迎的护士。她应该怎么做？

请思考：

1. 小王主要存在什么问题？

2. 小王平时应该进行哪些方面的练习？

活动二：案例分析

患者呼叫护士说，液体快输完了，刘护士进入病房，看了一下患者的液体扭头就走了。她转身立即为患者配置液体，配好后及时给患者更换了液体。但患者不高兴，认为没有及时为他服务，请分析原因，并说明该如何处理？

提示：

1. 当患者按红灯时，护士应该为患者及时提供应答服务。

2. 进入患者房间时应先问候："你好，你的液体快输完了，我马上给你换上，请别着急。"同时将液体速度调慢。换完液体后说："液体换上了，你好好休息吧，有事请按灯。"

活动三：倾听行为训练和讨论

1. 训练要求

讲话者必须事先拟定文稿；倾听者也需要写出脚本。

2. 训练步骤

按照角色分组，每组不超过6人。

按照下列表格变化角色模拟。

表1　角色模拟表

	角色甲	角色乙
	讲话者	倾听者
第一部分	请在2分钟内向你的听众讲述你工作中最成功的一件事，其中包括事情发生的时间、地点、人物、事情经过、结果和感受。	你是一个倾听者。请用2分钟时间用心倾听讲话者的经历并分享他的喜悦。尝试用良好的倾听表现，如：与讲话者进行目光交流，身体微微前倾，不时点头、微笑或作出适当的提问等。
	扮演倾听者	扮演讲话者
第二部分	请你扮演倾听者。先用心倾听1分钟，接着以另一种心态去倾听讲话者的讲述内容，如：四处张望，玩弄指甲，不停地看手机，或显得不耐烦，双腿左右交叠，身体靠向椅背，装作没精打采的样子。	现在你扮演讲话者，在2分钟内向你的听众讲述你工作中最成功的一件事，其中包括事情发生的时间、地点、人物、事情经过、结果和感受。

基础级

3. 小组讨论

（1）作为讲话者，你有何感受？为何如此？

（2）举出角色乙表现出的有效的倾听技巧。

（3）你如果认为角色甲并非在倾听，你依据的是哪些行为？

（4）你常用哪些倾听技巧？当你对讲述内容不感兴趣时，你认为讲话者的感受如何？

评估：你是一个善于沟通的人吗？

评估一：你是一个善于沟通的人吗？

基础级

通过下面的测试，你会对自己的沟通能力的高低有所了解。

1. 你刚刚跳槽到一个新单位，面对陌生的环境，你会怎么做？

    A. 主动向新同事了解单位的情况，并很快与新同事熟悉起来

    B. 先观察一段时间，逐步接近与自己性格合得来的同事

    C. 不在意是否被新同事接受，只在业务上下功夫

2. 你一个人随着旅游团去旅游，一路上你的表现是——

    A. 既不请人帮忙，也不和人搭话，自己照顾自己

    B. 游到兴致处才和别人交谈几句，但也只限于同性

    C. 和所有人说笑、谈论，也参与他们的游戏

3. 因为你在工作中的突出表现，医院领导想把你调到新岗位，而这个岗位你并不喜欢，你会怎样做？

    A. 表明自己的态度，然后听从领导的安排

    B. 认为自己做不好，拒绝

    C. 欣然接受，有挑战才更有意义

4. 你与同事的性格爱好颇有不同，产生矛盾时，你怎么做？

    A. 把问题暂且放在一边，寻找你们的共同点

    B. 妥协，假意服从他人

    C. 非弄明白谁是谁非不可

5. 假如你是一个科室主管，你下属中有两人因为不和，常到你面前互说坏话，你怎样处理？

    A. 当着一个下属的面批评另一个下属

    B. 列举他们各自的长处，称赞他们，并说明这正是对方说的

    C. 表示你不想听他们说这些，让他们回去做事

6. 你认为对于处在青春期的青年，应该用什么样的教育方式？

A. 经常发出警告，请长者协助

B. 严加看管，限制交友，监听电话

C. 理解他们的叛逆行为，因势利导

7. 你有一个依赖性很强的朋友，经常打电话与你聊天，当你没有时间陪他的时候，你会怎样做？

A. 问他是否有重要事，告诉他你现在正忙，回头再打给他

B. 马上告诉他你很忙，不能与他聊天

C. 干脆不接电话

8. 因为一次小小的失误，在同事之间产生了不好的影响，你怎么办？

A. 走人，不再看他们的脸色

B. 保持良好心态，寻找机会挽回影响

C. 自怨自艾，与同事疏远

9. 有人告诉你某某说过你的坏话，你会怎样做？

A. 从此处处提防他，不与他来往

B. 找他理论，同时揭他的短

C. 有则改之，无则加勉，如果觉得他的能力比你强，则主动与他交往

10. 看到与你同龄的人都已小有成就，而你尚未有骄人业绩，你的心态如何？

A. 人的能力有限，我已做了最大努力，可以说问心无愧了

B. 我没有那样的机遇，否则……

C. 他们也没有什么真本领，不过是会溜须拍马

11. 你虽然只是医院的一名普通员工，但你责任心很强，对医院的工作有些建议，你如何让自己的意见有效传给医院领导？

A. 写一封匿名信给他

B. 利用接送公文的机会，把自己的建议写成报告一起送去

C. 在全体员工大会上提出

12. 毕业几年后，在同学聚会上，你发现只有自己还是个"白丁"（平民百姓），你的情绪会怎样？

A. 表面若无其事，实际心情不佳，兴趣全无

B. 并无改变，像来时一样兴致勃勃。自己还年轻，其他同学谈自己的宏伟计划，我也可以谈

C. 一落千丈，只顾自己喝闷酒

13. 在朋友的生日宴会上，你结识了朋友的同学，当你再次看见他时，你会怎样做？

A. 是别人的同学，匆匆打个招呼

B. 能张口叫出他的名字，并热情与之交谈

基础级

C. 聊几句，并留下新的联系方式

14. 你刚被聘为某科室的主管，你知道还有几个人关注着这个职位，上班第一天，你会怎样做？

    A. 把问题记在心上，但立即投入工作，并开始认识每一个人

    B. 忽略这个问题，让它消失在时间中

    C. 与同事个别谈话，以确认关注这个职位的人

15. 你和同事小王一同被医院领导请去吃饭，回来后你会怎样做？

    A. 比较隐晦地和小王交流感受

    B. 与小王讨论吃饭时的情景，在其他同事面前得瑟一下

    C. 心领神会，埋头工作

评分标准：

题号	1	2	3	4	5	6	7	8	9	10	11	12	13	14	15
A	2	0	1	2	0	1	2	0	1	2	0	1	0	2	1
B	1	1	0	1	2	0	1	2	0	1	2	2	2	1	0
C	0	2	2	0	1	2	0	1	2	0	1	0	1	0	2

基础级

结果分析：

0到10分： 在与人沟通方面你还很欠缺，你基本上是个我行我素之人，即使在强调个性的今天，这也是不可取的。你性格太内向，不能很好地与人沟通，它是你沟通中的一大障碍，你应该有所认识，并尽量改变这种性格，跳出自己的小圈子，多与人接触，看看别人的做法，向别人学习。这样，你就有希望成为一个受欢迎的人。

11到25分： 你的沟通能力比上不足，比下有余，再加把劲，就可以游刃有余的与人交流了。你的缺点是，做事求完美，总希望问题能解决得两全其美，而实际是不可能的。你常常不管别人，自己就想这样做。提高你沟通能力的法宝是主动出击，这会使你在人际交往中赢得主动权，沟通力自然会迈上一个新的台阶了。

26到30分： 你可以大声地对别人说：与人沟通我行。因为你知道如何表达自己的情感和思想，能够理解和支持别人，所以，无论是同事还是朋友，上级还是下级，你都能和他们保持良好的关系。但值得注意的是，在不善于与人沟通的人面前，要以真诚去打动别人，你的好人缘才会维持长久。

评估二： 你的倾听能力如何？

在沟通中，倾听是沟通过程中的重要环节之一，是有效反馈的前提。请通过下列问题对自己的倾听能力进行差距测评。

1. 你觉得为什么要倾听？

    A. 便于有效反馈　　B. 获取关键信息　　C. 可以与别人分享

2. 如果你总喜欢打断别人的谈话，你认为是什么原因？

    A. 观点和意见不一致　　　　B. 想发表自己的观点

    C. 对信息理解有偏差

3. 在倾听过程中，你经常会表露出哪些身体语言？

    A. 点头　　B. 与谈话者保持目光接触　　C. 保持很好的坐姿

4. 你是否会经常分析谈话者的"言外之意"或"真实意思"？

    A. 经常认真分析　　　　　　B. 有时候深入想一下

    C. 直来直去，从不这样想

5. 在倾听的过程中，你是否会先入为主？

    A. 从来不会　　　　　　　　B. 偶尔受心态影响

    C. 取决于沟通的对象

6. 在倾听过程中，你是否会有选择的倾听？

    A. 不会　　　　　　　　　　B. 有时根据自己的判断

    C. 总想抓住关键信息

7. 你如何理解倾听？

    A. 获取信息并准时反馈　　　B. 认真听讲话者的观点

    C. 倾听就是听到

8. 在倾听过程中，你会将主要的注意力放在哪？

    A. 谈话者的观点　　　　　　B. 谈话者的信息表达方式

    C. 谈话者本身

9. 在倾听过程中，你如何面对谈话者的情绪？

    A. 保持自己的情绪不受其感染　B. 对事不对人

    C. 待其平静后再反馈

10. 在倾听过程中，如果你觉得你的意见和谈话者相左，你会如何处理？

    A. 继续倾听　　　　　　　　B. 获取全方位信息后发问

    C. 反驳并表明自己的观点

评价标准：

选 A 得 3 分，选 B 得 2 分，选 C 得 1 分。

结果分析：

24 分以上，说明你的倾听能力很强，请继续保持和提升。

15~24 分，说明你的倾听能力一般，请努力提升。

15 分以下，说明你的倾听能力很差，急需提升。

（资料参考：邹晓春. 沟通能力培训方案. 北京：人民邮电出版社，2009）

第二节　运用沟通技巧　提升表达能力

目标：掌握沟通技巧

在日常医护工作中，很多时候需要让别人理解自己的意图或接受自己的观点，支持自己的工作，也有很多时候需要拒绝别人的不合理要求。说服和拒绝都有一定的方法和技巧，尤其是每个人阅历不同，文化素养不同，价值观不同，性情不同，难免会有意见相左的情况出现，特别是由于沟通不畅或利益冲突，或者其它多种原因，常常会产生一些矛盾与冲突，怎样化解矛盾，缓解冲突，这是医护工作者经常面临的能力考验问题。所以，掌握沟通技巧是医护工作者一项重要的能力。

通过本节的学习和训练，你将能够：

1.了解说服、拒绝的前提；

2.掌握说服的技巧及拒绝的方法；

3.了解冲突处理的方式，学会处理冲突。

基础级

准备：提升沟通能力

一、怎样把握说服技巧

说服普遍存在于现实生活中，如：思想教育、知识传播、疾病治疗、推销谈判、人际交往等。在医护人员工作中，经常因说服能力欠佳而使患者难以接受其观点、产生不合作的行为。说服能力是沟通中一项非常重要的能力。

（一）说服的前提和原则

1.了解对方，对症下药

当你要说服别人接受自己的观点、态度和行为时，必须先了解他人的意见和需求，了解他人对你的意见、方案的看法和态度，了解接受你意见（如参加活动，购买你的产品）的能力，了解他的性格特征等。只有透彻了解对方，才能对症下药。如果对对方的观点不十分了解，只顾发表自己的意见，往往会陷入盲目的行动之中，同样，对对方能够接受的程度和方式不清楚，所有的说服也会大打折扣，甚至前功尽弃，因此，只有知己知彼，有的放矢，才能达到有效沟通说服的目的。

2. 利用真理的力量，以理服人

每个人的信念都是建立在自己认为真实的基础上的，说服别人改变自己的观点，必须有理有据，利用真理和逻辑的力量，以理服人。如果你没有充足的理由和论据材料，没有合理的逻辑推理，你将很难达到好的说服效果。

·案例5·　　　　　　　　**如何劝说患者进行抽血**

肿瘤患者放疗时，每周测一次血常规，有的患者拒绝检查。

刘护士："王大嫂，我来给您抽血！"

患者拒绝："不抽，我太瘦了，没有血，不抽了！"

小刘耐心地解释："抽血目的是检测骨髓的造血功能，骨髓的功能的高低主要通过血象（血细胞的多少）反映。如果血象太低了，不能继续做放疗，否则人会非常难受！"

患者好奇："如果降低了，又该怎么办呢？"

护士小刘："如果降低了医生可以应用药物使它上升，仍然可以放疗！你看，其他病友都抽了！而且每次抽血量都非常少，对身体也不会有影响的。"

患者："那好吧！"患者终于同意抽血。

案例中患者拒绝检查，主要是因为他们没意识到这种监测的目的是保护自己。医护人员从对方利益出发，为患者身体健康着想，把这样或那样治疗的道理讲给患者听，就能够顺利地说服患者。

3. 满足对方需求，尊重对方

要说服对方，必须满足对方的需要，需要是调动人的积极性的原动力，通过满足对方显性的需求，调动和激发潜在的生理和精神的需要，才能改变他人的行为。

美国社会心理学家马斯洛提出了需要的层次理论，他认为，人的需要分为五个层次，由低到高分别是：生理需要，安全需要，社交需要，尊重需要，自我实现的需要。生理需要是最基本的需要，一旦生理的需要得到相对满足，人们的注意力就汇集中到更高一层次的需要上。在说服中，从对方需求的角度考虑，既关心他的生理需要，获得物质，购买商品，保持健康，也关注他的精神需要，得到爱、尊重、得到荣誉、成就感。因此，在说服的过程中，只有关心对方需求的满足，尊重对方的需要，才能打动对方，才能获得对方的支持和配合。

4. 以诚待人，以情动人

能否进行有效的说服，还在于你是否以诚待人。在现实生活中，每个人都有戒备心，防范各种损失和风险。只有给他人诚心诚意的帮助，让对方感受到你的真心实意，才能使对方解除心里戒备，接纳你的意见和主张，进而改变原先固有的观念和情感倾向。

人是情感性动物，有时在表达自己意见时，光有理性的力量还不够，用诚挚而令人感动的语气，用真挚动人的情感说出来，往往更能打动人，容易说服人。

（二）说服的方法和技巧

人们从思维、心理的规律等多方面总结了很多说服的方法和技巧，主要的有以下几种：

1. 以对方的认识为起点

要说服对方，必须换位思考，先承认对方的认识、态度存在的合理性，先避开矛盾分歧，从对方的认识基点出发，先赞同或部分赞同，寻找共同点，抵消对方的抵触情绪，逐步迫近要害和问题的关键。

2. 站在对方的角度说话

在说服过程中，发表自己的主张意见，需要站在对方需求的角度，换位思考，要着重讲对对方有什么好处，才能有效说服对方接受，如果只从自己的利益出发，不顾对方的需求和感受，是很难达到说服的目的的。

> **拜伦巧改语句**
>
> 有一次，英国著名诗人拜伦在街上散步，看见一位盲人身前挂着一块牌子，上面写着："自幼失明，沿街乞讨。"可是路人都好象没看见一样匆匆而过，很长时间，盲人手中乞讨用的破盆子里还是没有一毛钱。拜伦走上前去，在盲人的牌子上加了一句话："春天来了，我却看不见她"。一句话激起了人们的同情心，过路人纷纷伸出援助的手。

基础级

·案例6· 　　　　　**队长开会不抽烟了**

车队孙队长是个"瘾君子"，在公共场合没有禁烟之前，每逢开会，他都忍不住吞云吐雾，使小小的会议室经常烟雾弥漫，在场的人苦不堪言。有一天，他的一位同事实在忍不住，给他提意见："队长，你不应只顾自己的快乐，也应为我们这些群众想想！"这位处长反驳说："抽烟是我的爱好，抽烟可以提神，你有什么权力干涉？"这位同事很难堪，闹了个不欢而散。

过了几天，另一位同事也想给他提意见，但考虑到前面同事失败的教训，便改变策略，说："孙队长，抽烟有害健康，你不停地抽，这样猛地抽下去，如果染上肺癌，垮了身体，谁来帮你养家？你孩子上大学，出国留学，钱从哪里来？"听了这番劝，队长开始思考，开始有意识节制自己，开会再也不抽了。

案例中为什么两位同事去劝同一个人，产生的效果会如此不同呢？根本原因就在于后者是站在对方的立场上，设身处地地为对方着想，帮对方分析抽烟的害处，使他体会到提意见者是真心实意地关心爱护他，因而能够心悦诚服地接受。

3. 多说"是"字法

让人多说"是"是说服他人的重要技巧。在交流过程中，从一开始要让对方连连说"是"，尽量不要让对方说"不"。这种方法据说是古希腊哲学家苏格拉底常用的方法，也称苏格拉底问答法。

心理学表明，多说"是"，能使整个身心趋向于肯定的方面，身体组织呈开放状态，很容易接纳你的观点。而说"不"时，全身的组织——分泌腺、神经与肌肉都聚集在一起，成为拒绝状态。人们"不"字说出口之后，即使他自觉错误，人格尊严也会驱使他坚持到底。因此，在说服中，争辩极易激发矛盾，要设法让人多说"是"字，以利于在疏导中，慢慢地消弭心理间距，找到相互的共识。

> 与人交谈，要让对方接受自己的观点，不要先讨论双方不一致的问题，而要先强调，并且反复强调你们一致的事情。让对方一开始就说'是'、'对的'，而不要让对方一开始就说'不'。
> ——卡耐基

·案例7·　　　　　"是字法"说服患者吃药

医生小王所在的病区里有一患者不肯服药，原因是他仔细研读了药物说明书，担心服药后会出现说明书中提到的一些副作用，所以他产生了强烈的抵触吃药的情绪，家属非常着急，却又不知如何说服他按时用药。小王分析了患者的情况后，选用"是"字战术说服了患者，让他打消了不肯吃药的念头，愿意积极配合治疗。

小王：你担心在服药过程中产生副作用，是吧？

患者：是的。

小王："是药三分毒"，药物有治疗作用，也有副作用，是吧？

患者：是的。

小王：即使将来科技再发达，恐怕也很难制造出只有治疗作用而没有任何副作用的药，你说是吧？

患者：是的。

小王：为了万分之一的副作用风险而拒绝万分之九千九百九十九的治疗作用，你说是不是得不偿失啊。

患者点点头。

小王：其实药物说明书上列举一些副作用，但在实际治疗中患者出现副作用的可能性很小，退一步说，如果真的出现了副作用，只要及时向医生汇报，迅速调整药物种类和剂量，也完全可以避免对身体造成任何伤害。

此后，患者就再也没有拒绝服药。经过一段时间的治疗，身体康复，顺利出院。

从患者的角度说，担心药物对身体产生副作用而不愿服药是可以理解的。案例中医生小王抓住一些患者不能说"不"的问题，悄悄解开对方的心结。

4."使人信"五步定式

美国心理学家杜威提出了说服他人的"使人信"的五步定式，这五步定式是：第一步，直截了当告诉对方某处存在某个极其严重的问题或状态；第二步，帮助对方分析研究该严重问题产生的原因；第三步，帮助对方搜集各种可能解决问题的办法，尽可能穷尽一切办法，并把自己准备提出的观点放在最后介绍；第四步，帮助对方依次分析

基础级

和斟酌这些可能的解决方法；第五步，最终使对方认可并接受其中最理想的解决方法，也即最后提出的你认为最正确的方法。

5. 归纳法和演绎法

归纳和演绎是逻辑推理中的主要方法，也是说服他人最常用的方法。归纳法从众多的个别事例中归纳推出结论，在说服过程中，先举大量例证，归纳例证中的共同点作为结论，强调它的真实和可靠，以此说服对方接受。演绎法则从共同的原理中判定具体事实，它靠大前提、小前提和结论的三段论的推演方式得出结论，形成令人信服的逻辑力量来说服对方。

6. 引例证明法

人们相信事实，在说服中，以事例引证是很好的说服法。具体的事例和经验比概括的论证和一般原理更有说服力，特别是对方熟悉的、亲眼所见的事实更为有力。在说服过程中，说服者本身现身说法，更能使对方信服和接受。

7. 名言支持法

人们相信名人和权威，在说服中，引用名人的语录和权威的理论来支持自己结论，能增强说服力。因为名人的话往往有一种号召力，借助名人话，可以省去与对方很多不必要的对话。

8. 晓以利害法

做人的说服、劝导工作，应当平心静气地摆事实，讲道理，启发别人的自觉。但在有些特殊情况下，诸如对方头脑发热，感情冲动，即将做出危险的举动时候，或者对方执迷不误，一意孤行，在错误的道路上越滑越远的时候，或者对方态度严重对立，情况又很紧急，来不及做深入、细致的思想工作的时候，可以直接晓以利害，说服对方。

二、怎样拒绝别人

拒绝是人际交往之中的逆势状态。拒绝总是令人遗憾的，但却又是难以回避的，所以拒绝时必须以得体的方式进行，把对方的不满和不快控制在尽可能小的限度内。

（一）拒绝的基本要求

1. 减少失望

一个人只要提出要求，总是希望别人答应，一旦遭到拒绝，必然会表现出不悦和失望。因此，拒绝他人的要求应以尊重和理解对方为前提，态度要温和，尽管说"不"是自己的权利，但仍需先说"非常抱歉"或者说"非常对不起"，然后再详细陈述你的理由。

2. 认真倾听

认真倾听对方的请求，并简短地复述对方的要求，以表示确实了

常用拒绝法

谢绝法："对不起，谢谢，这样做可能不适合。"

婉拒法："哦，是这样，可是我还没有想好，考虑一下再说吧。"

幽默法："啊，对不起，今天我还有事，只好当逃兵了。"

无言法：运用摆手、摇头、耸肩、转身等身体语言和否定的表情来表示。

缓冲法："哦，我再和朋友商量一下，你也再想想，过几天再决定好吗？"

回避法："今天咱们先不谈这个，还是说说你关心的另外一件事吧……"

严词拒绝法："这可不行，我已经想好了，你不用再费口舌了！"

补偿法："真对不起，这件事我实在是爱莫能助了，不过我可以帮你另外一件事。"

借力法："你问问他，他可以作证，我从来都不干这种事的。"

自护法："你为我想想，我怎么能去做没把握的事？你让我出洋相呀！"

解对方的需求。拒绝的话不要脱口而出，即使当对方说了一半，你已明白此时非拒绝不可，也要凝神听完他的话，让对方了解你的拒绝不是轻易作出的，是在认真考虑后不得已而为之的。

3. 寻求理解

在拒绝时，不能简单的说"不"，应给"不"加上注解，一是要尽可能说出合理的拒绝理由及原委，获得对方的理解和认同，如果对方认为你所陈述的理由合情合理，即使遭到拒绝也会表示一定程度的理解。二是讲究方式方法，拒绝的方式方法得当，就会达到婉言拒绝的最佳效果。

（二）拒绝的有效方式

1. 直接陈述

对一些不能接受的要求，无法承诺的事情，直接向对方陈述拒绝对方的客观理由，包括自己的状况不允许、社会条件限制等。通常这些状况是对方也能认同的，自然会自动放弃说服你，并觉得你拒绝的不无道理。

2. 委婉表达

拒绝接受不善体谅他人而又十分苛刻的上司的要求时，你可以将上司原来安排的工作，按轻重缓急，编排办事优先次序表，当上司提出额外工作要求时，展示出优先次序表并委婉解释不能接受任务的原委。

3. 迂回曲折

不好正面拒绝时，只好采取迂回的战术，利用语气的转折——温和而坚定——绝不会答应的流程去做。如，先向对方表示同情，或给予赞美，然后再提出理由，加以拒绝。由于先前对方在心理上与你的距离已拉近，所以对于你的拒绝也较能以"可以体会"的态度予以接受。

4. 先扬后抑

先扬后抑是在拒绝之前先表示同情、理解甚至同意，而后再巧妙拒绝，使拒绝之辞委婉而含蓄。比如，有一次马克·吐温向邻居借阅一本书，邻居说："可以，可以。但我定了一条规则：从我的图书室借的书必须当场阅读。"一个星期后，这位邻居向马克·吐温借割草机用，马克·吐温笑着说："当然可以，毫无问题。不过我定了一条规则：从我家借的割草机只能在我的草地上使用。"

5. 转移话题

对一些碍于情面不适合当面拒绝的要求，不必马上说"不"，可以采取转移话题、答非所问、寻找借口等方式暂时把对方的焦点转移开，从而达到间接拒绝的目的。

6. 替代方案

如果遇到不得不拒绝而又要注意维护对方的尊严或不让对方难堪的场面时，可以通过寻找替代方案，间接地予以拒绝的时候。比如，

鲇鱼效应

挪威人喜欢吃沙丁鱼。市场上活鱼的价格要比死鱼高许多。所以渔民总是想方设法的让沙丁鱼活着回到渔港。可是绝大部分沙丁鱼还是在中途因窒息而死亡。但却有一条渔船总能让大部分沙丁鱼活着回到渔港。船长严守秘密。直到去世，谜底才揭开。原来是船长在装满沙丁鱼的鱼槽里放进了一条以鱼为主要食物的鲇鱼。鲇鱼由于环境陌生，便四处游动。沙丁鱼见了鲇鱼十分紧张，四处躲避，加速游动。这样沙丁鱼缺氧的问题就迎刃而解了，一条条沙丁鱼活蹦乱跳地回到了渔港。这就是著名的"鲇鱼效应"。

部属要求安装空调，但单位有严格的限制规定，这时你可以提配置一台电风扇的方案，平缓部属的心态。这种有替代、有出路、有帮助的拒绝，经常能获得对方的谅解的。

7. 暗示拒绝

对那些难以启齿的拒绝，可以用体态、动作、表情来暗示自己的拒绝意图。一般而言，摇头代表否定，别人一看你摇头，就会明白你的意思，之后你就不用再多说了。另外，微笑中断也是一种暗示，当面对笑容的谈话，突然中断笑容，便暗示着无法认同或拒绝。类似的肢体语言包括，采取身体倾斜的姿势，目光游移不定、频频看表，心不在焉等，但在使用时切忌伤了对方自尊心。

三、怎样处理冲突

（一）正确看待冲突

冲突是普遍的现象，可发生于个体与个体之间、个体与群体之间及群体与群体之间。没有人喜欢冲突，但有人的地方就必然有冲突。你要理解冲突并非都是坏事，冲突有积极的一面，当然也有破坏的一面。一般来讲，冲突有建设型和破坏型两种。

1. 建设性冲突

是指冲突各方目标一致，实现目标的途径手段不同而产生的冲突。建设性冲突处理得当可以使组织中的不良功能和问题充分暴露出来，促进不同意见的交流和对自身弱点的检讨，既可防止事态恶化，也有利于良性竞争。

2. 破坏性冲突

是指由于冲突各方认识不一致，组织资源或利益分配存在矛盾，冲突各方相互抵触、发生争执甚至攻击等行为，使组织效率下降，甚至影响组织发展的一种现象。

（二）常见的冲突处理方式

对人际冲突的处理，依据其合作程度和自信程度，大致有五种不同的处理方式：竞争、合作、妥协、迁就和回避。

1. 竞争方式

竞争方式是指武断而不合作的行为。代表了人际冲突的赢—输两极。冲突双方不顾彼此的合作关系或对方感受，为了达到自己的目标，采用竞拼方式，使自己成为赢家。因此，采用这种方式解决冲突，必须思虑周全，否则，不但不能解决冲突，反而加剧矛盾。

2. 双赢方式

双赢方式指在高度合作精神和武断的情况下采取的行为。冲突双方排除个人情绪，尽量满足对方的利益和需求，使共同的利益最大化，这样双方都能心情愉快，有利于深化进一步的合作关系。

3.妥协方式

妥协方式指合作性和武断程度均处于中间状态。为了避免双方不和，以说理的方法改变对方的态度和行为，或向对方妥协某些条件，以折衷的方法缓和冲突。这就是安徽桐城六尺巷的故事里说的，"让他三尺又何妨。"这是一种被广泛使用和普遍接受的解决冲突的方法。

4.迁就方式

迁就方式指一种合作而不武断的行为。迁就是顺从他人，容忍他人。当保持和谐显得十分重要的时候，将别人需要和利益放在首位，以忍让的态度解决冲突。值得注意的是，不宜长期采用迁就、忍让的方式处理冲突，否则，别人会认为你软弱、缺乏自信。

5.回避方式

回避方式指既不合作又不武断的行为。冲突一方远离冲突、忽视争执，或者保持中立。如对方反应强烈，已成事实，且无法改变；或者对有些不重要的事情等等，可暂时绕开冲突，等双方都冷静后再沟通，协商解决。

以上五种冲突处理方式各具特点，在现实生活中应根据冲突类型、冲突双方的特点和不同情形，选择一种或多种方式解决冲突。

（三）处理冲突的方法

出现冲突并不可怕，但冲突不会自行消失，关键是如何有效化解。如何化冲突为共赢，下面是常见的集中处理冲突的方法。

1.沟通及时，协调到位

一旦产生冲突，必须做到及时沟通，积极引导，求同存异，把握时机，适时协调。唯有做到及时，你才能最快求得共识而不至于因信息不畅导致矛盾积累。

2.倾听诉说，良好回馈

当冲突发生时不要只顾表述自己的观点，而不给对方阐述的机会，想让对方接纳你的观点，单靠提高嗓门或强行单向输出是难以达到目的的，而应给对方讲述的机会，只有经过双方意见的不断交流，才能达到效果。

3.态度坦诚，换位思考

当出现冲突时，冲突双方切忌自我中心，对对方的负面情绪视而不见，认为处理冲突是对人不对事，更不能认为处理冲突是一方的责任，只有对方才需要改变。双方要换位思考，站在对方立场来体验对方的感受和情绪变化，这样解决冲突会容易得多。

4.情绪正面，宽恕常有

冲突发生时双方均需控制情绪，避免升级。在对方讲述时，你不能因对方的言语或讲述内容不符合自己意愿而感到烦躁，甚至产生怒气。事实上，在负面情绪中的协调沟通常常无好话，很容易冲动而失

六尺巷

清康熙年间，文华殿大学士兼礼部尚书张英的老家人与邻居吴家在宅基地问题上发生了争执。家人飞书京城，让张英打招呼"摆平"吴家。而张英回馈给老家人的是一首诗："一纸书来只为墙，让他三尺又何妨。长城万里今犹在，不见当年秦始皇。"家人见书，主动在争执线上退让了三尺下垒建墙。邻居吴氏见后深受感动，也退后三尺建宅置院，于是两家的院墙之间有一条宽六尺的巷子。六尺巷由此得名。

基础级

去理性。同时记住古话："忍一时风平浪静，退一步海阔天空"，努力创造轻松的气氛，给冲突冷却降温，从而将大事化小，小事化了。

5. 沟通彻底，力争双赢

出现冲突，往往是沟通不畅，信息不对称的缘故。因此，解决冲突的首要前提是通过沟通弄清冲突双方的缘由和诉求。在解决的目标上，尽量争取双赢，从情理法三个方面去权衡，即使在法理不能容时，也要尽可能让对方在情感上得到一些安慰，这样才能保证冲突顺利解决。

行动：领悟原则，实践技能

活动一："精彩人生，健康相伴"项目 1 —— 说服朋友参加活动

在"精彩人生，健康相伴"的组织过程中，需要作动员和沟通的地方有很多，比如，说服领导给予支持，邀请专家进行讲座，说服同事现场提供便民服务等。请运用本节介绍的原则和技巧在活动中实践。

完成一项任务后，小组总结成败得失：

1. 以其中一个典型的案例进行分析，总结成功的因素、存在的不足或失败的原因。

2. 除了本节所讲的说服技巧外，你在应用中还有哪些好的方法，自己归纳总结，取个名称，小组分享。

活动二：案例分析

·案例 8·　　　　　　　　你该怎样拒绝？

时间：星期五下午 3:30。

地点：宏达公司经理办公室

经理助手李明正在起草公司上半年的营销业绩报告。这时公司销售部副经理王德全带着公司销售统计资料走进来。

"经理在不在？"王德全问。

"经理开会去了。"李明起身让座，"请坐。"

"这是经理要的材料，公司上半年的销售统计材料全在这里。"王德全边说边把手里的材料递给李明。

"谢谢，我正等着这份材料呢。"李明拿着材料后仔细地翻阅着。

"老李，最近忙吗？"王德全点燃一支烟，问道。

"忙，忙得团团转！现在正忙着起草这份报告，今晚大概又要开夜车了。"李明指着桌上的文稿回答道。

"老李，我说你啊，应该学学打太极拳。"王德全从口中吐出一个烟圈说道，"人过四十，应该多多注意身体。"

李明闻到一股烟味，鼻翼微微翕动着，心里想："老王大概要等抽完这支烟才离开，可我还得赶紧写这份报告。"

"最近，我从报上看到一篇短文，说无绳跳动能治颈椎病。像我们这些长期坐办公室的人，多数都有颈椎病。你知道什么是无绳跳动吗？"王德全自问自答地往下说，"其实很简单……"

李明心里有些烦，可是碍于情面不便逐客，他瞥了一眼墙壁上的挂钟，已经4点了，李明把座椅往身后挪了一下，站起来伸了个懒腰说："累死我了。"李明开始动手整理桌上的文稿。"无绳跳动和有绳跳动十分相似……"王德全抽着烟，继续着自己的话题……

讨论：

1.李明用哪些非语言行为暗示了自己的繁忙或是不耐烦？如果你是王全德，遇到这种情况会怎么办？

2.遇到这种情况，如果你是李明，你该怎么明确地传递信息？

活动三：你怎样做才能避免冲突

如果你是护士，怎样避免下述矛盾？

·案例9·　　　　　　张奶奶的抱怨

张奶奶因高血压、冠心病住入某院心血管科，她虽已85岁但性格好强，凡事喜欢自己动手，自理能力较强。住院第五天，护士长带领护士们在其床旁开展护理查房。张奶奶半卧在床上，自诉胸闷，症状似有加重。正说时，病区有一位危重患者突发心源性猝死，护士们因情况紧急立即赶去抢救患者。一个多小时后，护士长带着几位护士再次来到张奶奶的床旁，希望继续护理查房。此时张奶奶已失去原有耐心，抱怨道："起初我感觉很不舒服，你们视而不见，后来又说走就走，太不把我当回事了，你们走吧！"

一位护士听到她的抱怨立即回应："你抱怨什么啊，其他病人需要抢救，当然要先救他喽，你要是和他一样，保证你也是最优先的……"

提示：方式有两种：一种是采取回避的冲突处理方式，即患者开始抱怨时，医护人员不多说什么，然后离开病房。第二种采取协作的方式，医护人员意识到自己考虑问题不周时，向患者做好解释，主动承认工作的不足，以取得患者家属的谅解，化解矛盾。

讨论：

1. 此案例产生冲突的原因是什么？该护士的反应是否合适？对解决冲突其何种作用？

2. 根据提示可以有两种冲突解决方式，如果你是该科护士长，你愿意选择哪种方式解决冲突？为什么？

评估：你的沟通技巧过关了吗？

评估一：说服力测评

听到下列问题时，直接用"从来不"、"偶尔"、"经常"、"总是"四个选项描述你平常的状况，然后计算每个选项的的个数，对应题目后面的评分标准计算总分，根据获得的总分评估自己的说服能力如何。

1. 在说服他人时，你是否经常使用第二人称（你／你的／你们），而避免使用第一人称（我／我的／我们）？

2. 你是否能避免使用那种陈词滥调和缺乏热情的问候（如：我能为你做点什么吗），而代之以更有说服力的语言？

3. 你是否能避免使用一些陈旧的用语，如"无法置信"、"令人敬畏"、"我们私下里讲"、"这是千真万确的"，或者"你理解我的意思吗"？

4. 你是否能避免价值判断的短语和句子，如"你应该"，"你必须"？

5. 你是否能避免使用那些没有意义的句子，如："你今天感觉如何？""你现在怎么样？"或者"天气真好啊。"

6. 你是否能避免冒着中断关系的可能来赢得一次无谓的争论？

7. 在做出答案之前，你是否完全领会了对方的意思？

8. 在说服别人时，你是否能避免过多谈论关于自己知道的事？

9. 在说服别人时，你是否能保持足够的耐心？

10. 你是否能避免对那些态度和蔼和热心的人谈得太多？

评估标准：

0 分——从来不；1 分——偶尔；

2 分——经常；3 分——总是。

状况分析：

如果你的分数在 15 分或者 15 分以下，那么你要加大改变你和别人的交流方式的力度；

如果你的分数在 18 分或者 23 分以下，要注意使用更富说服力的语言；

如果你的分数在 23 分或者 23 分以上，那么你做的不错；

如果你的分数在 25 分以上，那么你只需继续保持，毫无疑问，你是一个非常具有说服力的人。

改进办法：

对你得分相对低的问题，请你抄下来贴在你桌子上，每天看一看，至少持续 21 天，这样将有助于提高自己。

评估二：你的冲突处理能力如何？

（一）情境描述

下面有 10 道题，每道题有 4 个备选答案。请根据自己的实际情况，选择一个最适合你的答案。

1. 如果你与某同事产生了矛盾，关系紧张起来，你怎么办？

    A. 他若不理我，我也不理他；他若主动前来招呼我，那么我也招呼他。

    B. 请别人帮助，调解我们之间的紧张关系。

    C. 从此不再搭理他，并设法报复他。

    D. 我将主动去接近他，争取消除矛盾。

2. 如果你被人误解干了某件不好的事情，你怎么办？

    A. 找这些乱说的人对质，指责他。

    B. 以牙还牙，也说一些莫须有的事加在他身上，进行报复。

    C. 置之一笑，不去理睬，让时间来证明自己的清白。

    D. 要求组织上调查，以弄清事实真相。

3. 如果你的父母之间关系紧张，你怎么办？

    A. 谁厉害就向谁。   B. 不介入，不得罪。

    C. 谁正确就站在谁一边。   D. 努力调解两人之间的关系。

4. 如果你的父母老是为一些小事争吵不休，你怎么办？

    A. 根据自己的判断，支持正确的一方。

    B. 尽量少回家，眼不见为净。   C. 设法阻止他们争吵。

    D. 威胁他们：如果再争吵，就不认你们了。

5. 如果你的好朋友和你发生了严重的意见分歧，你怎么办？

    A. 暂时避开这个问题，以后再说，求同存异。

    B. 请与我俩都亲近的第三者来裁决。

    C. 为了友谊，迁就对方，放弃自己的观点。

    D. 中断朋友关系。

基础级

6. 当别人嫉妒你取得的成绩时, 你怎么办?

    A. 以后再不冒尖, 免得被人嫉妒。

    B. 走自己的路, 不管别人怎么看待。

    C. 同他们争吵, 保护自己的名誉。

    D. 一如既往地工作, 但同时反省一下自己。

7. 如果需要你去处理的某一件事会得罪你的两位好朋友中的一位, 要么是当事方的甲, 要么是当事方的乙, 你怎么办?

    A. 向甲和乙讲明这件事的性质, 想办法取得他们的谅解, 再处理这件事情。

    B. 瞒住甲和乙, 悄悄把这件事做完。

    C. 事先不告诉甲和乙, 事后再告诉得罪的一方。

    D. 为了不得罪甲和乙, 宁可不去做这件事。

8. 如果你的好朋友虚荣心太强, 你很看不顺, 你怎么办?

    A. 检查一下对方的虚荣心是否同自己有关。

    B. 利用各种机会劝导他。

    C. 听之任之, 随他怎么做, 以保持良好关系。

    D. 只要他有追求虚荣的表现, 就同他争吵。

9. 如果你对某一问题的正确看法被主管领导否定了, 你怎么办?

    A. 向上一级领导反映, 争取上级的支持。

    B. 消极对待, 以发泄自己的不满。

    C. 一如既往, 在适当的时候再向主管陈述。

    D. 同主管争辨, 准备离开该部门。

10. 如果你同朋友在假日活动的安排上意见很不一致, 你怎么办?

    A. 双方意见都不采纳, 另外商量双方都不反对的安排。

    B. 放弃自己的意见, 接受朋友的主张。

    C. 与朋友争论, 迫使朋友同意自己的安排。

    D. 到时独自活动, 不和朋友在一起度假。

（二）结果分析

评分规则：

根据下面的表格, 将各题得分相加, 统计总分。

	1	2	3	4	5	6	7	8	9	10
A	1	1	0	1	3	0	3	2	2	2
B	2	0	1	0	2	2	1	3	1	3
C	0	3	2	3	1	1	2	0	3	0
D	3	2	3	2	0	3	0	1	0	1

0—6 分：表明处理人际冲突的能力很弱。

7—12 分：表明处理人际冲突的能力较弱。

13—18 分：表明处理人际冲突的能力一般。

19—24 分：表明处理人际冲突的能力较强。

25—30 分：表明处理人际冲突的能力很强。

评估三：上网自测

互联网上有很多冲突能力测量的试题和量表，你可以上网自己测测，看哪些方面自己比较强，哪些方面还需要提升自己。

第三节　把握沟通方式　改善沟通效果

目标：选择合适的沟通方式，提高表达效果

现代社会，医疗护理工作的内容与范畴发生了显著变化，已经从单纯的治疗疾病转化为治疗、护理、预防保健、计划生育指导、健康教育以及家庭病房六位一体的综合性卫生保健服务。医护工作的每一部分均伴随着十分重要的语言交流的过程，作为医护人员，应根据交流对象的不同，灵活选择沟通方式与途径，以完成卫生保健的工作，以提升服务的质量。

通过本节的学习和训练，你将能够：

1. 了解面对面沟通的基本知识，掌握沟通技巧；
2. 了解非语言沟通的内容和表现，学会非语言沟通；
3. 掌握电话沟通、网络沟通的技巧。

准备：灵活选择沟通类型

现实生活和工作中的沟通方式主要有语言沟通、非语音沟通和书面语言沟通。

一、怎样进行面对面沟通

（一）面对面沟通的四个阶段

面对面沟通是两个或两个以上的个体共同参与的口语交流过程。它是语言交流中一种最基本、最常见的的方式，交谈的形式有聊天和专业性交谈两种。在护理过程中，医护人员服务对象是患者及其家属，而在评估、诊断、计划、执行措施和评价中，必须借助面对面的沟通，才能了解患者病因和病情，知晓患者的需求，和谐医患关系。

一般情况下，完整的专业性交谈过程大致分为 4 个阶段：

1. 准备阶段

（1）明确交谈目标，确定交谈所需的时间；

（2）全面了解交谈对象的有关情况；

（3）确定紧扣主题的交谈内容，并列出提纲；

（4）选择交谈的时间、地点和环境；

（5）设计和评估自身的交谈形象和交谈能力；

（6）注意患者的体位、姿势是否舒适，能否坚持较长时间的交谈。

2．开始阶段

（1）建立和培养相互平等、尊重、信任和理解的沟通气氛。如有礼貌的称呼，主动自我介绍，一般性的问候，提起双方熟悉的人和事，帮助交谈对象采取舒适的体位等；

（2）阐明交谈的目的和细节，所讨论问题的性质、交谈所需的时间等；

（3）告诉患者在交谈过程中，希望他随时提问和澄清需要加深理解的问题；

（4）保持合适的距离、姿势、仪态和眼神接触。

3．展开阶段

此时的护患之间的交谈主要涉及疾病、健康、环境、护理等实质性的内容。主要任务有：

（1）应用交谈技巧，与交谈对象共同探讨他们的身心健康问题；

（2）观察对方的各种非语言表现；

（3）提供帮助，如引导交谈方向，为他们调整不良情感，缓解身心痛苦等；

（4）运用倾听、移情、提问、沉默、重复、告知等沟通技巧加强交谈效果。

4．结束阶段

（1）以短暂的沉默、整理谈话内容、不展开新话题、安排休息等方法暗示交谈已将结束；

（2）总结交谈内容和探讨的问题，以及目标达成的情况等；

（3）帮助对方调整由于沟通所引起的悲伤、气恼等负面情绪；

（4）对交谈对象表示感谢。

专业性交谈要有记录。如需要可在交谈过程中边谈边记，但应事先向患者做好解释并征得其同意的情况下方可进行，特别强调记录内容的保密性，以免引起不必要的紧张和顾虑。当然，记录也可选择在交谈结束后进行，如有可能尽量在交谈结束再行记录。

（二）掌握面对面沟通的技巧

1．因人、因时制宜，说好"开场白"

如何引导患者轻松自然地与你交谈，选择合适的开场白尤为重要。应根据不同的场合、时机、患者，选用不同的开场方式。如早晚查房时，应先向全体病人问好；对睡眠不好的患者询问"最近睡得怎么样"；对新入院的患者，先进行简要的自我介绍、介绍病区医生和护士后再询问患者病情、介绍病房环境和住院规则，而不宜起初就介绍住院规则，这样患者非常拘谨而格外紧张。

2. 提问适当，提高交谈效率

封闭式问题的特征是可以用"是"或"不是"等肯定或否定的词语回答。将患者的应答限制在特定的范围内，患者回答问题的选择性较少，特别适用于收集患者资料时的交谈。如：

"你今天觉得胃部不适比昨天好些还是差些，或者是和昨天一样，没什么变化？"（回答三者选一）

开放式的问题常用"什么"、"怎么"、"为什么"等方式发问，它的优点是可以让患者充分发挥，以获得详细的资料如：

"过几天你就要动手术了，对这次手术你有什么想法？"

在护患沟通中，护士应根据具体情况灵活选择不同的提问方式。

3. 澄清模糊，强化信息准确性

澄清是对于对方陈述中的一些模糊的，不完整的或不明确的语言提出疑问，以求得更具体、更明确的信息。澄清有助于找出问题的原因，有助于加强信息的准确性，不仅使护理人员更好地理解患者，还可以使患者更好的了解自己。

澄清常常采用的说法如："请再说一遍"；"我还是不太明白，请你再说清楚一点"；"我没有完全理解你的意思，你能不能具体告诉我……"；"根据我的理解，你的意思是不是……"

4. 恰当沉默，适时打破冷场

在交谈中恰当地运用沉默，也是一种很有用的技巧。沉默可以给沟通双方时间进行考虑；可以使病人感到医护人员是真正用心在听。但是，不恰当地运用沉默，会使对方认为是不耐烦的表现。所以沟通时还要适时打破沉默。打破沉默的方法很多，护理人员可以说："你是不是还想说什么？"或者重复其前面所说的最后一句话来引导患者继续说下去。

5. 告知小心，避免不良后果

告知经常用于入院制度的告知，入院诊断的告知，治疗及检查的注意事项的告知和催款告知等。医护人员在告知中要掌握一些告知技巧，如：病人刚入院时，患者检查较多，对治疗不了解，对环境不熟悉，此时，医护人员要提供热情的帮助和耐心的解释；对某些癌症患者告知诊断时，要考虑其心理承受能力，可先安抚，"有小部分可能变异的细胞需要进行化疗"，然后再一步一步让患者接受事实，并给予鼓励，如"很多人像你一样，经过积极治疗后，都康复出院了。"

6. 巧转话题，适时结束谈话

有些患者自我意识特强，纠缠在一个话题上没完没了，硬性打断，会引起患者的不快，听其下去，影响护理工作。这时，医护人员就要采取灵活的办法，巧妙转移到一个简单的话题上去，争取速战速决，尽快结束谈话；如仍不奏效，就干脆礼貌地说："该休息一会儿了，以后再谈。"总之，以避免刺伤患者自尊心为度。

二、怎样运用非语言沟通的技巧

（一）了解无声语言的价值

非语言沟通是指借助非语言符号所进行的信息传递和情感交流，它是伴随着语言沟通而存在的一些非语言行为，是人的情感和思想的自然流露，也是语言沟通的重要补充。

在沟通中有个著名的"73855效应"，即在面对面人际交往所传递的信息量中，言语本身只占7%，38%出自语音语调，55%来自非语言的身体动作，可见，非语言的沟通形式——无声语言在口语交流中具有重要的价值。

1. 有效的辅助语言表达

人们运用言语行为来沟通思想，表达情感，往往有词不达意或词难尽意的时候。因此需要同时使用无声语言行为来进行帮助，或弥补言语的局限，或对言辞的内容加以强调，使自己的意图得到更加充分更完善的表达。如在不同的情境中，"流眼泪"的身体动作可以表达悲痛与幸福、生气与高兴、委屈与满足、愤恨与感激等多种甚至难以言表的丰富情感。

2. 比言语表达更真实

非语言行为常常比语言行为更真实。非语言行为往往是无意识的，它不像语言沟通中词语的选择可以进行有意识的控制。弗洛伊德认为：没有人能保守秘密，即使他的嘴保持沉默，他的手指却在喋喋不休地"说"着，它浑身的每一个毛孔都渗出对他的背叛。因此，在正常情况下，人们的交谈总是伴随着一些下意识的、不自主的表情动作的变化，它是人的真实情感的流露，这些"微反应"能揭示交流者真实的内心信息。

3. 可以表达语言不能表达的感情

"此时无声胜有声"，表达的就是非语言的效果，如相见时的喜悦，离别时的忧愁，一切都在不言中。特别在医院里，由于疾病的影响或在特殊环境下，医护人员与患者及家属常常通过非语言形式表达他们的内心状况。如握住分娩产妇的手表示安慰；子女在生命垂危的长辈病床前，紧凑眉头，满眼泪水，不自主的搓着双手则传递了他们内心的焦虑和不安。

（二）学会非语言沟通

> **SOFTEN 行为反应模式**
>
> 美国著名沟通技巧培训师唐·加博尔提出创造心理共鸣的模式，体现在以下6方面：
> S=Smile（微笑）
> O=Open（开放）
> F=Forward（前倾）
> T=Touch（接触）
> E=Eye（眼神）
> N=Nod（点头）
> SOFTEN 本身就是使某物变得柔软、和蔼的意思。

基础级

· 案例 10 · 　　　　　　　　**导诊护士的非语言表达**

护士王红以标准的职业形象站在导诊台前。她衣帽整洁，薄施淡妆，头正颈直，下颌微收，面带微笑，双手自然叠压在下腹部上，双脚呈"V"型站立。当她观察到一患者似有寻求帮助的意向时，主动向前，在距患者约1米处停止脚步，并将身体略微前倾，眼神中流露着友善、同情和尊重，以亲切、舒缓的口气询问患者。得知患者正在发烧，王红特别用手掌在他的额头上进行测试。

案例中，护士王红通过目光、动作、体态、着装、表情、空间距离、触摸等方式与患者进行沟通的过程都属于非语言的沟通。这里，护士规范的姿态、亲切的笑容、和善的目光等非语言的形式，在沟通中具有神奇的作用，带给病人的是一种温馨的、愉悦的、温暖的感受。

非语言沟通包括副语言、体态语言、空间距离等等。学会观察无声语言，可以使你善解人意，准确接收对方信息，同时恰当运用好无声语言，可以帮你准确传情达意。医护人员应重视自己的非语言行为对患者的影响。如护士的表情、仪容和行为举止等均比有声语言更具影响力。同样，护士也要留心护理对象的非语言行为，这样不仅可以了解患者的病情和心理状态，也可以准确把握对方此时是在向你暗示什么，从而掌握患者的真实情况，帮助做出恰当的反应。

1. 保持微笑

微笑在人际交往中发挥着润滑剂的作用，可以迅速拉近彼此的心理距离，增强信任感和亲切感，扫除沟通障碍，创造出和谐的、温馨的氛围。但对于医护人员而言，微笑并非适合所有场合，比如面对受疾病折磨而呻吟不止的患者，就绝对不应微笑。

2. 距离适当

人际距离也是人际沟通的一种手段，沟通双方距离的远近，直接反映出彼此间相互接纳的水平，可以流露出重要信息。

亲密距离（0.15-0.45m），在情感联系高度密切的人之间使用，可以相互感受到对方的体温、气味、呼吸等，护理工作中，医护人员做某些治疗护理时采用亲密距离，如：口腔护理、皮肤护理等。

个人距离（0.5-1.2m），朋友之间进行沟通的适当距离，友好而有分寸。护理人员向病人解释治疗护理的目的和注意事项，进行术前指导、健康教育，或是讨论一些问题时，采用个人距离。

社交距离（1.3-3.5m），事务性交流中的人际距离。护理工作中，护理人员查房、站在病房与病人谈话、在工作区交谈等采用社交距离。

公共距离（3.5-7m），公共场所中陌生人之间的距离，护理人员为病人做集体健康介绍、召开公休座谈会等活动时采用这种距离。

3. 恰当触摸

触摸是非语言沟通的特殊形式，包括抚摸、握手、依偎、搀扶、拥抱等，触摸传递的信息是其他沟通方式无法取代的。医护人员对患

首映效应

你只有一个机会创造一个良好的第一印象，不论好与坏。第一印象常常是很顽固的，他们能够给人以很大的影响，以致于长期不会改变。

刺猬式交往

美国精神分析医师布列克为了形容现代人际关系的复杂与困难而首创的用词，"两只刺猬在寒冷的季节互相接近以便取暖，但是如果过于接近，彼此会刺痛对方，若离得太远，又无法达到取暖的目的。因此他们总是保持有利于双方的距离，既不会刺痛对方，又可相互取暖。"这种状态清楚地显示了人际关系的微妙之处。

者进行适时的、恰当的触摸可以使患者感受到医护人员的支持、关心和温暖。如抚摸婴幼儿，可以缓解其紧张，产生安全感；又如给疼痛的患者按摩，可使他们感到舒适和慰藉。

4. 目光交流

目光最能传递情感，反映人的内心世界。医护人员温和的目光最能体现对病人的关怀与关注，缩短医患之间的心理距离。医护人员与患者交谈时，目光要专注，切忌漫不经心，目光游移。同时，通过目光接触，医务人员还可以密切观察病人的副语言行为，真正理解患者所表达的内容和情感实质。

在与人交谈中，无论是观察对方的目光还是你的目光运用，以双眼的水平线，向上向下不同区域的凝视，表达不同的含义：

两眼注视对方的双眼——关注型注视；

两眼平行至发际的三角形——公务型注视；

两眼平行至嘴唇的三角形——社交型注视；

两眼平行至胸部的三角形——亲密型注视。

5. 辅助语言

副语言或称辅助语言，是指言语的非词语方面，包括语速、语调、音质、音量、节奏、停顿、重音等。语音的表达方式不同，可以传达不同的语义。比如，"你好"一句，不同的语音语调，可以表达不同的含义；当说话者使用较快的语速时，常被视为更有能力；音量高低灵活的运用，目的也常常是引起对方的注意。

6. 服饰得体

服饰是一种无声语言，反映出多种信息。特定服装能反映个人身份、地位、职业、思想、性格、学识等。医务人员衣帽整洁、朴素大方会凸显仪表美、风度美，给患者留下良好的印象，增强交流效果。

三、怎样使用电子手段进行沟通

随着时代的发展和现代信息技术的进步，沟通形式和手段变得丰富多样，这里我们主要讲述电话和网络的沟通。

（一）怎样使用电话沟通

·案例 11· 　　　　　　**社区护士和患者的电话交流**

护士："你好，这里是社区医院，我是护士小王，请问赵阿姨在家吗？"

患者："我就是，你好，小王，谢谢你准时打电话给我。"

护士："不用谢，你左手活动得如何。伤口怎样了？"

患者："伤口倒是好了，只是左手有点麻，另外我不敢用左手去梳头。"

护士："不要紧，你现在可慢慢地进行我上次叫你的手指爬墙活动和手指运动，过一段

时间后，感觉就会好些。手指爬墙活动和手指运动还记得做吗？"

患者："谢谢你，我还记得，我再试一试。"

护士："不用谢。如果有什么需要请及时与我联系。下周我再给你打电话，好吗"

患者："好的，再见。"

护士："再见。"

案例中社区护士在电话沟通中，详细了解该患者的病情、并根据其病情进行指导。

现在电话使用普遍，电话沟通已成为医护工作中的一种十分普遍和重要的交流手段，特别是随着护理模式的改变，电话回访作为一种常用方式为患者和医护人员所欢迎。

1. 打电话时的注意事项

（1）真诚友善。微笑着开始说话，让对方感受到你的微笑。做到音量适中，保持活力。

（2）事先准备。通话之前要写好通话提纲，写明受话人姓名、电话号码和通话要点，从容不迫、娓娓道来，既节约了时间，又显得自己训练有素。

（3）问候开始。待对方拿起电话后，你首先要恭敬地问候"你好！"然后"自报家门"，让对方确切知道你是何单位的何人。如，"你好，这是某某社区护理中心，请问某某在家吗？"

（4）说明目的。为提高电话效率，电话一旦拨通，应主动说明自己打电话的目的，说话应简明，节约时间。语言要明确、具体、简练。

（5）作好记录。无论打电话还是接听电话，事先要准备好纸和笔。一边接电话，一边做简短的记录。

（6）选准时间。打电话要选择双方事先约定的时间或对方方便的时间。避开对方休息和吃饭的时间打电话，若打国际长途，则应算好时差。若打公务电话，则应公事公办，尽量在上班时间内通话。

2. 接听电话时的要领

（1）接听及时。在铃声响过两次或三次后再接最为适宜，一次即接，有点操之过急；响过三次仍不接，则有怠慢之嫌。如确因特殊情况未及时接听，应主动道歉。另外，也不要在铃响过程中突然拿起听筒。

（2）应对谦和。拿起话筒，听到发话人的问候和自报家门后，自己也应仿照对方的讲话模式，向发话人致以问候并自报家门；当发现对方拨错了号码，可礼貌地说一声，"对不起，你拨错了！"而后挂断电话。接话者要耐心倾听对方的讲话，不管对方的身份如何，也不管对方是否有求于己，都应谦恭友好，不卑不亢。

（3）适时回应。如对方讲话时间较长，你不能沉默，要有反应，否则对方不知你是否在听。

（4）中断处理。当正在会晤重要客人或正在开会期间有人打来电话，则应向对方说明原因，表示歉意，并另约时间自己打过去；当正在接听电话，又有另一电话打进，可先向正在通话的对方说明原因，要其勿挂电话，稍等片刻，然后去接另一电话；同时，也向后者说明原因，请求另外约定时间通话。

（5）替人传达。接电话后，发现对方要找的是别人，应礼貌相待。当受话人离此不远，应告之"请稍等"，立即通知受话人尽快接听；当受话人不在，或告之何时再打为宜，或礼貌地询问"可否转告"。

（6）礼貌挂断。一般是尊者、客户先挂电话；双方平级时，打电话者先挂断。

（二）怎样运用网络沟通

网络化时代已经来临，网络沟通在医疗工作中也越来越普及。人们足不出户，通过网络找到交流对象，这种新的交流途径给医护工作者和患者带来了便利。

1.网络沟通的应用

网络沟通的形式在不断发展丰富之中，目前常用的有：电子邮件、网络电话、网络传真、网络挂号与诊疗、网络新闻发布等。目前，我国各个医院都建立网站，不少医院还设有网上挂号、专家咨询、远程医疗、健康宣教等栏目，这些网站的设立创建了医护患者交流的网上平台，网络沟通还应用于医院的管理、教学、办公，如医院信息系统、网络远程教育、网上办公、电子邮件等。随着信息技术的发展，网络沟通的方式会越来越丰富，手段会更加多样。

（1）远程会诊

利用网络、可视电话、图像传真等通讯工具为病人完成病例分析和诊断，确定治疗方案。

（2）患者随访

上门随访患者需要大量的人力和财力，通过网络可以方便快捷地获取患者的信息。如了解患者的服药情况、康复情况等。

（3）健康教育

利用邮件就一个患者关心的主题进行宣教和指导，或通过即时的网络对话，回答患者的问题，给予健康教育和指导。

患者就涉及到某些性、心理等隐私问题，更愿意采用网络沟通，以避免当面交流的不自在和尴尬。另外，患者不愿意透露自己的身份时，通常会采用网络沟通。

2.网络沟通的礼仪

网络沟通是一种既省时又省钱，十分便捷高效的现代通讯方式。网络沟通要遵从以下仪规：

（1）尊重他人的隐私不要随意公开私人邮件、聊天记录和视频等内容，尊重他人的隐私。

（2）使用电子邮件时，要做到主题明确，内容简洁，用语文明。收到他人邮件后，要及时处理，及时回复。

（3）使用即时通信时，注意不要随意给别人发送不加说明的链接或来历不明的链接，以免让他人电脑感染上病毒。

行动：领悟技能，加强练习

活动一：无声的介绍

游戏目的：证明沟通是可以通过手势和其他非语言形式完成的，而且与语言同样行之有效。

游戏形式：全体学员，2 人一组。

游戏时间：10 分钟。

游戏要求：

（1）向对方介绍自己。一方先通过非语言的方式介绍自己，3 分钟后双方互换。要求双方都不准说话，可以通过图片、标识、手势、目光、表情等非语言手段进行沟通。整个介绍必须运用非语言完成。

（2）然后请大家运用语言沟通的方式，解释通过非语言表达的意思，并与对方的理解对照。

思考和讨论：

（1）你用肢体语言介绍自己时，表达是否准确？

（2）你读懂了多少对方用肢体语言表达的内容？

（3）对方给了你哪些很好的线索，使你了解他？

（4）我们在运用非语言沟通时存在哪些障碍？

（5）我们怎样才能消除或削弱这些障碍？

活动二：小组讨论

·案例 12·　　　　　　　　刘护士的劝慰

王女士是一位 26 岁，刚结婚半年还未生育的病人，在最近的体检中发现患有子宫内膜癌，需要做子宫全切手术。手术的前一天下午，刘护士到王女士的病房去探望她。当护士走进病房

基础级

时，发现王女士独自躺在病床上，紧闭双唇，两眼看着天花板，眼泪顺着脸颊部留下来。目睹这一切，刘护士判断王女士内心充满了悲伤的情感，决定与王女士进行一次沟通，试图减轻患者的担忧。

讨论：

1. 刘护士最好采用哪种交谈形式？

2. 在和王女士的沟通中，如何使用非语言沟通？

活动三："精彩人生，健康相伴"项目 2 —— 电话随访

自启动"精彩人生，健康相伴"项目以来，社区卫生服务中心对辖区内的慢性病人进行了登记，并定期家庭随访，由于医护人员不足，今天护士小王对患有糖尿病患者赵大爷进行随访，请小组成员演示。

评估：你的沟通过关了吗？

评估一：你的非语言沟通能力如何？

下面是对非语言沟通能力的评估，请在最适合你情况的分值栏里画圈。

表 2　非语言沟通能力评价表

语言交流状况	评估分							
1. 在与他人沟通时，我直视他们的眼睛	7	6	5	4	3	2	1	0
2. 沟通时我利用手和胳膊做出手势	7	6	5	4	3	2	1	0
3. 我转过身正对着跟我说话的人	7	6	5	4	3	2	1	0
4. 跟别人说话时，我尽量用愉快和合适的声调	7	6	5	4	3	2	1	0
5. 跟别人说话时，我用合适的音量	7	6	5	4	3	2	1	0
6. 听别人说话时，我注意到他们传递的非语言信号，并做出回应	7	6	5	4	3	2	1	0
7. 与别人沟通时，我与他们的眼神接触，并注意他们的音调、面部表情、姿势、手势和形体修饰	7	6	5	4	3	2	1	0

基础级

	7	6	5	4	3	2	1	0
8.听别人说话时，我保持安静，在他们表达自己的观点时不打断	7	6	5	4	3	2	1	0
9.听别人说话时，如果他们很幽默，我会微笑，并在适当的时候点点头	7	6	5	4	3	2	1	0
10.听别人说话时，我通过非语言暗示表示我的支持和关注	7	6	5	4	3	2	1	0
11.在我说话或对别人的话做出反应时，我用非语言暗示表示我作为有效沟通者的舒适、镇定和信心	7	6	5	4	3	2	1	0

评估标准及结论分析：

7分：显著；6分：优秀；5分：很好；4分：中等；3分：一般；2分：不好；1分：能力较低；0分：缺乏能力。

如果你的总分在50分以上，你的非语言沟通能力强；如果你的得分在30分以下，你在这方面应该努力了。

评估二：职场电话沟通习惯测试

1. 你平时对打电话的人是什么态度？
    A. 热情友好的　　　B. 没有注意过　　　C. 经常不耐烦
2. 你是否愿意告诉别人自己对工作的感受？
    A. 经常　　　　　　B. 从不表露　　　　C. 不经常
3. 你的个人问题总会影响你对工作的态度吗？
    A. 经常　　　　　　B. 偶尔　　　　　　C. 从不
4. 如果有人批评你的单位或公司的话，你通常有什么反应？
    A. 表示赞成　　　　B. 持反对意见　　　C. 虚心聆听
5. 你的电话留言是否没有传达给合适的人？
    A. 经常　　　　　　B. 有时　　　　　　C. 很少
6. 打电话给你的人觉得你的耐心怎样？
    A. 很有耐心　　　　B. 不错，但应该再好一些
    C. 一点耐心都没有
7. 当你被人打扰时是什么反应？
    A. 你感到很恼火，但尽量去帮助他们
    B. 你很乐意为他们效劳
    C. 你告诉他们你很忙，建议他们找别人帮忙
8. 你的熟人认为你接听电话怎么样？
    A. 很好　　　　　　B. 有时还行　　　C. 很糟
9. 在电话中交谈时你经常面带笑容吗？

基础级

    A. 经常   B. 有时

    C. 为什么要微笑？反正他们看不到

10. 你在单位接电话时说的第一句话是什么？

    A. 喂   B. 你的单位名称

    C. 你好/早上好/下午好

11. 电话结束时你会向对方道谢吗？

    A. 总是这样的   B. 有时会

    C. 只有当对方态度好的时候

12. 你觉得该怎样形容你自己的语调？

    A. 平平淡淡   B. 和气友好的   C. 清晰明了的

13. 在铃声响过多少次之后你会接电话？

    A. 2-3   B. 4-5次   C. 超过5次

14. 打电话时，如果对方的回答达到了你打电话的目的，你会为此而致谢吗？

    A. 经常   B. 有时   C. 极少

15. 如果有人打电话询问一些事情，而你不太肯定答案的时候，你会怎样做？

    A. 告诉他们你认为正确的答案

    B. 告诉他们你不知道，请他们等一会儿，你去找找看

    C. 告诉他们你不知道，表示歉意，并把问题的细节写下来，设法找到准确的答案，然后安排时间让他再打电话来（或者你打电话给对方）。

（二）结果分析

请根据以下评分标准，对照你的答题评分。

题号	1	2	3	4	5	6	7	8	9	10	11	12	13	14	15
A	3	3	1	2	1	3	2	3	3	1	3	1	2	3	1
B	2	2	2	1	2	2	3	2	2	2	2	3	3	2	2
C	1	1	3	3	3	1	1	1	1	3	1	2	1	1	3

    分数44分以上：优秀。你在电话中的表现非常得体，你几乎可以和每一个人融洽相处；你可能还会有某些地方需要改进，仔细检查一下你的答案，看看哪些题目你得的分数最低，那就是你的薄弱环节。

    40分－43分：良好。大多数时候，你在电话中的表现会令对方满意；不过你应该进一步提高你的技巧，检查一下你的答案，找出你的问题所在。不要只满足于现状，要不断改进。

35 分 –39 分 :不错。你应该增强自信心，要相信自己，相信自己能做得更好，这会让你在电话中更加自如地与对方交谈。

30 分 –34 分 :有待改善。你总是想着回答对方的问题，处于一个被动的位置，没有主动掌握双方的交谈过程。不管是接电话还是打电话，你都要尽量主动一些、积极一些。检查一下答案，看看哪些答案得了最低分，改进这些反面。你也应该自信一些，自如应付电话中出现的各种情况。

低于 30 分 :各方面都须改进。你在电话中的表现不好，不能妥善处理出现的问题。你感到打电话全无头绪吗? 把你的答案与标准答案比较一下，考虑一下你该如何改进。

（资料来源: http://xiaoshou.mlbuy.com）

基 础 级

单元综合练习

活动一：小组讨论

1. 在交流过程中，满足对方的需求，对于沟通的成效有着重要的意义。思考一下，想一想其中的奥秘在哪里？

（1）当用微笑待人时，为什么能得到对方的回报？

（2）当替对方考虑问题时，为什么总能得到对方的尊重？

（3）当给对方真诚赞美时，对方为什么感到很开心？

（4）满足他人需要的心理状态和思维方式是对一个人做人状况的一种体验，你同意这种说法吗？为什么？

2. 要说服、拒绝人，应该掌握哪些技巧？这些技巧之间有哪些联系？

活动二：情景扮演

阅读下列案例，以小组为单位，按照所提供的4种劝说方案进行扮演，并逐个进行分析和评价。如果你是护士小王，将怎样劝说，请设计。

基础级

> **·案例13·** **如何劝慰赵女士**
>
> 赵女士，36岁，单位会计，因车祸而失去一只脚，现伤口已愈合，即将出院回家疗养。丈夫是销售员，经常出差。女儿才10岁，读小学三年级。家中公公、婆婆都已70多岁，公公因脑溢血后遗症常年躺在床上，婆婆身体也不好。平时主要靠赵女士照顾二老。
>
> 赵女士性格开朗，住院开始几天情绪尚较稳定。现在她的同室病友来告诉护士说，赵女士正在伤心地哭泣。护士小王略微使自己平静一下便去看赵女士。
>
> 王护士：赵阿姨，你怎么了？突然这么伤心！有什么事情告诉我，我会尽力帮助你。
>
> 赵女士：（边哭边说）我怎么能不伤心呢？我女儿好可怜！我丈夫今天早上告诉我，说我婆婆哮喘又发了，昨天陪她看病挂盐水；躺在床上的公公只好留给我那10岁的女儿来照顾。晚上没人烧饭，她只啃了2个面包，做完功课就上床睡觉了，真可怜……我现在又是这个样子，出院以后怎么办……（泣不成声）。

方案一：王护士站在赵女士床边，面对赵女士的哭泣显得十分无助，不敢正视患者，回避患者的目光，说："赵阿姨，你先休息，过一会我再来看你……"然后离去。

方案二：王护士站在赵女士床边，在赵女士倾诉的过程中多次插话："赵阿姨，好了，别哭了！""阿姨，你的难处我能理解，别哭了吧。""赵阿姨，别哭了，你应该保重身体才是，太伤心了对你的身体恢复没有好处……"

方案三：王护士站在赵女士床边，专注的倾听她的哭诉，有时同情地点点头，最后说："赵阿姨，你的困难我十分理解，但我现在不知道怎样才能帮助你……我想一下，等会儿我再来看你……"

方案四：王护士在赵女士身边的凳子上坐下，身体前倾，专注地听着她的哭诉，目光始终注视着她，不时的点头应答，鼓励她尽情地倾诉，并恰当触摸赵女士的手和胳膊。最后说："赵阿姨，你真是太不幸了，不过，你不用太悲观。现在科技发达，装上假肢，你仍旧可以行走活动的。你的女儿真懂事，那么小就知道照顾老人，你真应该为你懂事能干的女儿感到骄傲……，现在，你和你丈夫的单位都在和肇事司机和他所在的单位交涉，交通管理部门也在帮助处理这件事，我想你会得到补偿的……"

活动三：用电子邮件与客户沟通

健民公司是一家专门生产医疗、保健设备的大型合资企业，公司的客户遍及大江南北，公司的产品也受广大客户欢迎。

一天下午，负责售后服务的钱经理拿着几份客户的投诉信打印件给办事员小赵，要求他针对客户投诉的产品质量和售后服务等问题给予回复。

如果你是小赵，将如何运用电子邮件与客户沟通。

第二单元　演讲（当众讲话）

本单元训练重点：

● 怎样明晰演讲目的，把握听众需求

● 怎样充分进行准备，克服紧张心理

● 怎样把握演讲主题，运用演讲技巧

● 怎样借助多种手段，提高演讲效果

基础级

第一节 做好演讲准备 调节紧张情绪

目标：做好准备，调节心理

现代社会中，交流沟通日益频繁，人们需要面临各式各样的演讲，当众发言演讲的能力已成为沟通交流中不可缺少的才能。在医护工作中，向领导陈述想法，提出建议；向同事表明观点，阐明主张；向下属布置工作，交代任务；向患者进行健康教育，宣传疾病预防知识等，都需要有当众讲话的能力。掌握了演讲的技巧，能使你在更大程度上影响人们的态度和行为，从而满足自己的工作需要，达到自己的工作目标。

> 一人之辩，重于九鼎之宝，三寸之舌，强于百万之师。
>
> ——刘勰

在较正式的场合，按照预定的主题当众完整地表述自己的意见和看法的发言，就是演讲。而在实际情形中，你是否出现过：在公众场合站起来讲话时，感觉很不自在，甚至心里发慌，思路混乱，头脑一片空白。你一定钦佩那些在大庭广众下侃侃而谈之人。那些敢演讲、善演讲的能力是哪里来的？怎样使自己在演讲中能有条不紊，清晰地表达？怎样使自己沉着冷静、反应敏捷？

通过本节学习和训练，你将能够：

1. 把握演讲的目标；
2. 分析听众的特点和需求；
3. 学会收集演讲的内容资料；
4. 学会克服紧张的心理。

准备：充分准备，克服紧张

一、怎样确立演讲目标

演讲目标就是演讲者通过演讲期望产生的效果。演讲首先要有明确的目标，在演讲之前先问问自己，"为什么你要演讲？听众希望从你的演讲中得到什么？"是传播一种知识或信息，还是劝说听众接受你的思想，是激发听众采取行动、改变意识，还是鼓舞士气、营造出一种氛围，这些都是必须提前明确的事情。

（一）明确演讲目标的类型

演讲目的通常有告知情况、说明事物、说服他人三种。

1. 告知情况。向听众传递事件的信息。如护理人员在入院介绍时向患者介绍医院情况、注意事项，以帮助患者适应医院工作流程要求，积极协助医生的治疗工作。

2. 说明事物。向听众说明某个事物状态的信息。如医护人员在对糖尿病患者进行健康教育时，除系统介绍该病的病因、预防、治疗及并发症外，还可向他们传授介绍如何测血糖、如何注射胰岛素等方法。

3. 说服他人。转变或加强听众的态度或观点，以便使听众支持演讲者的观点，或采取演讲者期望的行动。如针对患者在医疗保健方面的某些知识误区和不良习惯进行宣传教育，说服他们端正认识，改变不良的生活习惯。

（二）与听众的需要和兴趣结合起来

你希望通过这次演讲达到什么目的？必须与听众的需求和兴趣联系起来。你打算帮助他们理解些什么，或者试图帮助他们做些什么？确定演讲目标时，要做到：

1. 目标明确。最好能用一句话概括。如果你需要用更多的句子来说明的话，说明目标还不够明确。

2. 目标具体。目标过多、过杂，也可能使你的演讲失败。

3. 目标一致。要让听众知道，你和他们是一体的，目标一致。

二、怎样分析演讲对象

了解听众是谁？听众是哪些人？他们需要听什么，他们最想听什么，听众了解多少，听众抱什么样的心态和态度听？怎样抓住听众的需求，如何使演讲获得成功？在演讲前，你要做到：

（一）了解听众社会特征

听众的职业、文化程度、信仰、价值观、生活环境、生活方式、行为习惯、经济条件等。

（二）了解听众的心理状态

听众有哪些偏好，对什么感兴趣，他们关注什么，他们遇到什么问题等。

（三）了解听众的认知能力

听众的年龄、视力、听力、记忆力、反应能力及健康状况不同，就要选择适宜的方法和内容。如对学生演讲，则以故事结合图片方式进行；对老年病人演讲则内容要简短、明了，便于记忆。

> **·案例 14·** **成功演讲 5000 多场的秘诀**
>
> 　　罗素·康威尔的《钻石就在你家后院》讲座被美国演讲协会点名，前后演讲过近 6000 场。也许有人会问:《钻石就在你家后院》何以如此成功? 这个演讲如此重复，想必对演讲者来说已经根深蒂固了，演讲时的字句与音调应该没有什么变化了。其实不然，康威尔博士深知听众各异，他写到:"每次到一个小镇或城市，我都尽量提前到那里，去看看邮政局长、理发师、酒店经理、校长和一些牧师们，然后来往于不同商店，同人们交谈，了解他们的历史文化及发展机遇。然后我才进行演讲，就适合当地的话题与那些人开怀畅谈。"

　　案例中，罗素·康威尔博士的成功在于他脑中时刻想着听众，在演讲时融入当地特色，他所引证的素材也来源于听众，并使听众也成为演讲的一部分，效果自然不言自明了。

三、怎样准备演讲材料

　　围绕自己演讲的目标，准备演讲内容就需要搜集相关资料。

　　（一）掌握搜集资料的途径

　　搜集有效信息资料的途径主要有 5 种：

　　1. 上网查询。通过互联网快速查询最新资料。

　　2. 图书馆查询或到书店购买。通过书籍、杂志、报纸寻找有关资料。

　　3. 专家咨询。通过向业内人士咨询了解。

　　4. 市场调研。通过设计调查问卷与调查对象接触收集资料。

　　5. 个别访谈。通过个人交谈，搜集资料。

　　（二）搜集多种材料

　　根据演讲目标，尽可能从多种渠道搜集与演讲内容有关的资料，收集不同的观点、故事、引例，甚至笑话来丰富你的演讲内容。搜集的资料尽量做到人性化、个性化、详实化、戏剧化、视觉化。搜集材料的原则是：

　　1. 选择吸引大家注意力的，听众感兴趣的材料。

　　2. 选择反映主题的材料。

　　3. 不同的场所、不同听众特点使用的材料。

　　4. 材料具体化、细节化。

　　5. 选择准确的材料。

基础级

> **·案例 15·** **数十倍的收集演讲资料**
>
> 　　"我总是搜集十倍于我要使用的材料，有时甚至达到百倍。"约翰·甘德曾这样说。他说的是准备演讲的方法。1956 年，他着手准备有关精神病院的演讲。他前往各地医院，与院长、护理者和患者分别谈话，日复一日，走了数不清的路，记满了许多笔记本。在他的办公室

里，堆满了政府与各州的报告、私立医院的报告、各委员会的统计资料。最后，他写成演讲稿的纸张，只有几十克重。可是，记得密密麻麻的笔记本及他所依据的材料，却足有几千克重。

（三）准备演讲提纲

演讲提纲可以通过提要或图表的方式，把演讲主题、结构布局等简洁明了地展示，它体现出演讲的基本思想和层次安排。提纲如同建筑之前的设计图纸，有了提纲，演讲者可以成竹在胸，按照提纲演说，能确保演讲内容连贯、结构完整，并具有较强的逻辑性。

提纲的内容包括：演讲的具体目标是什么，开场白部分如何说，如何在主体部分组织要点和论证材料，以及在结语部分说什么。

长度为 10 分钟的说服类演讲提纲示例：

主题句（或标题）：

1. 开场白：＿＿＿＿＿＿＿＿＿＿＿＿＿＿＿＿

（约 5% 的时间）

2. 观众期待的收获（观点）：

＿＿＿＿＿＿＿＿＿

3. 事实论据

类似的经历（最好是个人经历）

＿＿＿＿＿＿＿＿＿

（约 90% 的时间）

4. 结尾：

a. 强调观点＿＿＿＿＿＿＿＿＿＿＿＿＿＿

b. 提出建议＿＿＿＿＿＿＿＿＿＿＿＿＿＿

c. 感谢听众＿＿＿＿＿＿＿＿＿＿＿＿＿＿

（约 5% 的时间）

基础级

演讲提纲尽量使用关键词和短语，演讲应用时能一目了然。

四、怎样调适紧张心理

（一）正视恐惧事实

实际上并非只你一人害怕当众演讲，许多著名的演说家都没有完全消除登台的恐惧，恐惧是可以通过训练来控制或克服的。心理学的

秘密：

在正式场合演讲，每个人都会紧张，哪怕是名家大腕，只不过他们会调整心态：

内容准备——有话可说；

心理准备——我能说，我敢说！

研究成果告诉我们，适度的恐惧与紧张可以提升人的反应能力，加快思维的运作。因此，在演讲时首先要视"紧张"为演讲过程的一部分，告知自己，在这种状况下，紧张是正常的，而不紧张才是不对的。其次，要适度运用紧张感，积极乐观鼓励自己，把自己调整到最佳状态。

（二）调节紧张的有效方法

1. 深呼吸。深呼吸的目的是供给你充分的氧气，帮助你在演讲中更好地控制自己的声音。在安静的场所，人站立，微微闭上眼睛，全身放松做深呼吸，心情放松，不去想即将进行的演说，而是想象面前有一幅优美的景象。

2. 肌力均衡运动。有意识地让身体某一部分肌肉有规律地紧张和放松，比如你可以先握紧拳头，然后松开。目的在于让你某部分肌肉紧张一段时间，然后你便不仅能更好地放松那部分肌肉，而且能更好地放松整个身心。

3. 充分的准备。熟记演说提纲，对安排好的层次结构和内容进行口语化加工，进行必要的练习，特别是要把开头语说好，前面几句话说好说顺了，心理平静，紧张就会慢慢解除。同时，要尽量早到演讲会场，适应环境，包括对演讲空间的熟悉，对需要使用的视听设备的测试，以保证在演说过程中能得心应手。

4. 转移注意力。运用一些简单的方法转移注意力，可以消除紧张的情绪。如演讲前与身边的主办者或熟悉的人简短交谈几句，可以转移注意力，更好地放松身体和思想。

5. 积极暗示。给自己鼓劲："我已经准备得很充分，一定会演说成功。"

> **演讲自信五步法**
>
> Foot —— 迅速阔步，比平时快15%
>
> Body —— 昂首挺胸，伸直腰
>
> Face —— 表情放松而和谐
>
> Eye —— 寻找一两个亲切的面孔
>
> Mouth —— 对着后排的听众大声开口

行动：了解听众，提高做准备的能力

活动一：心态练习

（一）活动规则和程序

连续念 3 遍，要求念出声，声音逐步加大：

"我一定要最大胆的发言、我一定要最大声的说话、我一定要最流畅的演讲！我一定能成功演讲！"

（二）讨论与总结

这种自我暗示法对我起到了什么作用？

活动二："精彩人生，健康相伴"项目 3 —— 做一次关爱老年人健康的演讲准备

2012 年 10 月，央视开展一项公益行动"我的父亲母亲"，该活动的主题是关注老年痴呆人群。随着我国老龄化社会的到来，这个问题越来越受重视。作为一名医护工作者，假如你接到社区的邀请，要做一场"关爱老人，预防阿兹海默症（老年痴呆症）"的演讲，你将如何进行演讲准备。

提示：

1. 明确演讲目的。
2. 收集阿兹海默症的有关资料
3. 分析听众人群的心理需求和特点。
4. 拟写演讲提纲和准备演讲的辅助工具。
5. 做好演讲心理准备。

活动三：为慈善活动捐款的演讲拟写提纲

提示：

1. 确定演讲目标：通过你的演说，鼓动大家为慈善活动贡献爱心。
2. 确定符合听众的开场白；确定你演讲的听众是什么人群（学生 / 企业员工 / 社会人士等）；说明活动的主题。
3. 确定演讲材料及内容安排的顺序：为什么开展这次活动，具体帮助谁，怎样帮助他们等。
4. 确定结尾部分：呼吁大家参与，贡献爱心。

评估：你做得怎么样

评估一：自我评估

学完了本节的内容，回答以下问题，检查一下自己，看看是否掌握了其中的要点。

1. 为演讲作准备的步骤有哪些？
2. 在每次演讲之前是否十分明确自己演讲的目标？
3. 在演讲之前是否作充分的资料收集准备，并且知道到哪里去收集？

4. 分析演讲的听众要从哪几方面着手？

5. 提纲的写作方法是什么？

6. 你克服紧张心理的办法有哪些？

评估二：你具有成为成功演讲者的基本素质吗？

下面有 15 道问题，请按照自己平时的状况做出肯定或否定的回答。

1. 你喜欢向他人陈述你对某一特定论题的观点吗？

2. 你对他人做出的反映敏感吗？

3. 你说话时喜欢用手比划吗？

4. 你与他人对话时直视他的双眼吗？

5. 你在谈话时常常会被鼓舞，感到内心油然而生的一种力量在向外涌动吗？

6. 你喜欢将自己所学所闻告知他人，让他们一起受益吗？

7. 你在思考时，头脑中会呈现出图像吗？

8. 你能用简洁的语言解释一个复杂的观点或介绍一种复杂的设备吗？

9. 你希望帮助他人像你一样清楚地理解事物吗？

10. 你在压力之下能保持冷静吗？

11. 在谈及一个对你十分重要的话题或事件时，你是否想要做即兴演讲？

12. 你具有拉拉队长的特征吗？

13. 别人依照你的建议处理某一情况并取得良好效果时，你会感到骄傲吗？

14. 会议结束后，你会想把方才所说的内容做一下总结吗？你会自己完成吗？

15. 你可曾想要成为一名演员或歌手？

对于以上问题，如果你的回答有一半是肯定的，表明你有成为一名出色演说家的潜质；也可能已表现出强烈的学习欲望，能够学会当众进行精彩、有效的演讲。

第二节 契合演讲主题 内容丰富有序

目标：学会紧扣演讲主题，把握演讲内容

把握演讲内容，做到主题突出，层次清晰，这是演讲能力的核心部分，也是演讲能否成功的关键。在演讲中，必须将所有内容紧紧地围绕主题展开，通过摆事实、讲道理；运用数据、事理；通过推理来讲述主题思想。

通过本节学习和训练，你将能够：

1. 学会突出演讲主题的方法；
2. 学会组织演讲内容的技巧；
3. 学会设计开场白和结尾。

准备：如何使演讲主题突出，内容清晰

·案例16· 这条小鱼在乎……

在中国某医学院任职的一位美籍教师对学生演讲前先引用一则小故事："在暴风雨后的一个早晨，一个男人在海边散步，沙滩上有许多被暴风雨袭卷上岸的小鱼被困在浅水洼里。忽然，他看到一个小男孩正在捡起水洼里的小鱼，并且用力将它们扔回大海。这个男人说："孩子，这水洼里有数百条甚至数千条小鱼，你如何能救得过来？""我知道。"小孩头也不抬的回答。"哦？那你为什么还在扔？谁在乎呢？"小男孩边扔边回答："这条小鱼在乎！这条，还有这条……"

教师讲完了这故事，满怀深情地说道：

"今天，你们在这里开始大学生活。每一个人都将在这里学会如何去拯救生命。虽然你们救不了全世界的人，救不了全中国的人，甚至救不了一个省、一个市的人，但是可以救一些人，可以减轻他们的痛苦。因为你们的存在，他们的生活而有所不同——你们可以使他们的生活变得更加美好。这是你们能够并且一定能做得到的。"

这次演讲以富有哲理的小故事开始，深深吸引了听众。接着演讲者进行了由此及彼的引申，形象地阐述了医学院学生应树立的高尚的

职业道德，使演讲主题得到了升华，具有了一种隽永的感召力。

一、怎样突出演讲主题

演讲应该有鲜明的主题，演讲的主题能体现出演讲的思想价值和审美品味，使演讲具有深刻感人的艺术魅力。演讲主题的确定与演讲的表达形式密不可分，演讲的表达形式上可分为叙述型、说明型和论述型三种。为了让演讲的表达更加清晰，主题突出，你必须注意：

（一）集中一点，具体阐述

绝大部分的演讲是有时间限制的，你要在规定的时间内，确定你讲话的内容，把最想说的话充分表达出来就可以了，否则会费力不讨好。集中突出的方法有多种：

1. 开宗明义

开宗明义就是在演讲的开头直截了当地揭示主题。它的特点是开门见山，使听众一听就明白演讲的主旨，进而全面理解其思想内容。如《一切为了患者》演讲的开头语：

"行医之难，如履薄冰，而急救工作更是如此，远不是单凭热情和技术就能完成好的，这其间的甘苦只有经历过才知道。"

开篇入题——"行医之难，如履薄冰，而急救工作更为如此"。从这一句话可知其演讲的主题：急诊科的工作仅有热情和技术是远远不够的。

2. 片言居要

用精练的文字，放在文章的关节处，要害处，能够起到画龙点睛，警策全篇的作用。采用这种方法，能使主题表现得格外清晰明朗。

如著名演说家佩特瑞克·亨利《诉诸武力》的演讲，便是用"不自由，毋宁死"的片言，来揭示全篇的主题。因此，演讲中当叙事抒情的时机已到，恰如其分的片言议论，使演讲达到水到渠成、情理交融的效果，使听众的情感得到升华。

3. 反复申说

演讲中，为了让听众彻底了解演讲的主旨，有必要对自己的观点反复进行申说与解释，中外许多著名的演说家，都曾采用这种方法来突出演讲的主题。如《一切为了患者》有演讲词中：

"为了患者，委屈算不了什么……"

"为了患者，压力也算不了什么……，真正的压力是面对疾病对急救大夫意志的考量。"

"为了患者，苦和累更算不了什么……，每当看到患者因我们的苦和累而起死回生时，你会觉得这点苦和累根本算不了什么，所有的付出都是值得的。"

演讲者运用一连串的排比句反复申说，表达了急诊科医护人员一

基础级

> 在一次演讲中不要期望得到太多。宁可只有一个给人印象深刻的思想，也不要五十个让人前听后忘的思想。宁可牢牢地敲进一根钉子，也不要松松地按上几十个一拨即出的图钉。
> ——海茵兹·雷德曼（德）

切为了患者而不怕受委屈、不怕压力、不怕工作苦和累的奉献精神，突出了演讲的主题。

4. 正反对比

想要透彻的说明一个观点，单从一个角度去论证是不够的，运用正反对比法，可使主题鲜明突出。俞敏洪在同济大学的演讲片段中讲到相貌与成功有关，举了马云和李彦宏以及他自己进行的对比，充分说明了相貌与成功无关。

事例三讲：
　　古代的不如现代的；国外的不如国内的；别人的不如自己的。

（二）选材严谨，取舍得当

演讲主题确定以后，就必须收集、占有大量的材料，占有材料就像领兵打仗一样，兵多将广就有实力。有了材料以后，要学会取舍，选择那些最能表现主题的材料。

1. 典型的材料。典型材料并不一定要选择名人轶事，身边普通人或者自己亲身经历的故事反而更能打动听众。

联系个人经历演讲会使你显得真实自然、与听众产生共鸣。

2. 真实的材料。材料要准确真实，来源可靠，未经核实的材料不可用。

3. 贴切的材料。材料的选择要与听众的身份、切身需求相一致。

二、怎样做到言之有物、言之有理

在规定时间内讲述演讲内容，要做到言之有物，言之有理，才能令听众心服口服。你可以采取下列有效的方法：

1. "点石成金" 法

有人把通过事实论证提出的观点，得出有力结论的方法叫"点石成金"法。"点石成金"法中，"点"是所要表达的观点，"石"是用来做论据的事实，"金"是由论据得出的结论。开场直接提出观点，吸引大家注意力，接着引出能够证明观点的论据，最后得出结论。

2. "钩子、西瓜与刀叉" 法

在做论证性演讲的时候，也可以先不提出观点，而使用具体的实例论证后得出论点，这种方法被形象地称为"钩子、西瓜与刀叉"法。"钩子"代表开始的有吸引力的几句话，先钩住观众；"西瓜"代表是实例，使用具体实例来突出论证观点。使用实例时，最好讲述自己亲身经历的故事或刚刚发生的、大家关注的热点事件。"刀"和"叉"是结尾，代表从实例中得到的结论或向大家提出的建议。如案例：

演讲的禁忌

1. 切忌使用口头禅。
2. 忌艰涩冗长，杂乱无章。
3. 冷淡乏味，豪言空谈。

> ·案例17·　　　　俞敏洪在同济大学的演讲（片段）
>
> 　　没想到同济大学的同学们把我如此"高大"的形象放在大屏幕上，这就是理想与现实的差距。所以我相信同学们看到我的第一眼一定感到非常的失望。实际上，每一个人都是非常普通的，我们很多时候会发现生命中非常重要的东西跟我们未来的幸福和成功其实没有太多

的联系。比如，有人认为，相貌跟未来的成功会有很多的联系；有人认为，自己的家庭背景会跟成功有必然的联系；有人认为，上名牌大学的人会成功，在大学里成绩好的人比学习成绩差的人更加容易取得成功……所有这些因素可能有部分是对的，但大部分基本无效，比如说相貌。如果说一个人的相貌和成功有关，那就不会有马云和阿里巴巴，因为如果在座的同学认为马云长得好看，那一定是审美出了问题。当然，这并不意味着相貌好看的人就做不成事情，比如说，另外一位大家比较熟悉的公司老总百度老总李彦宏。李彦宏非常英俊潇洒，他所有的照片看上去都像电影明星一样，但是他也取得了成功。所以不管相貌如何，都能取得成功，只不过李彦宏和马云坐在一起吃饭的时候，他们通常不太愿意坐在相邻的椅子上，因为两个人的对照到了惨不忍睹的地步，解决的方法就是把我放到他们两个中间，起到一个过渡的作用。像我这样，相貌没有什么特点的人也能取得成功。……

所以，不管是男是女，最重要的是自己内心世界的丰富，自己风度和气质的培养，自己胸怀的扩展以及对理想目标坚定不移的追求。随着年龄的增加，这些会慢慢变成你的智慧，所有这一切才是构成你成功的真正的本质。但是同学们，人生总是要有份期待，哪怕是没有希望的期待。

这段演讲成功的运用了"钩子、西瓜与刀叉"法，演讲开始并未立刻切入正题，而是对自己的容貌进行了一番打趣，一下子吸引住了听众的注意力；在论证相貌与成功的辩证关系的时候，列举了马云、李彦宏等人的事例，令听众心服口服；演讲的结尾得出结论，丰富自己的内心世界，培养自己的风度与气质，让自己成为一个充满智慧的人，才能取得成功。

3. 黄金三点论

当众向别人说明自己的观点、某件事情或介绍某种产品时，关键在于条理清晰、简洁明了。一般情况下，把说明的内容最好概括在三点之内表达，简明清晰，听众易于接受，效果比较好。黄金三点论是指选取某一个角度，按照内在的逻辑关系，围绕要表达的主题，分成三个层次来说。如："下面我从三个方面说一说：第一，……；第二，……；第三，……。"或"向大家作如下解释：首先，……；其次，……；最后，……。"如案例：

·案例18· 　　　某医院护士竞聘护士长岗位的演讲（节选）

参与这次竞聘，我愿在求真务实中认识自己，在积极进取中不断追求，在拼搏奉献中实现价值，在市场竞争中完善自己。我深知护士长工作十分重要，这主要体现在以下三个方面：一是为院领导当好参谋，二是为护理姐妹们当好主管，三是为一线员工当好后盾。具体说就是摆正位置，当好配角；胸怀全局，当好参谋；服从领导，当好助手。

案例中竞聘演讲的节选部分运用了"黄金三点论"，按照上级领导、同级部分同事、下级多数员工的内在逻辑顺序来进行论述，有条有理，层次清晰，能给听众留下深刻的印象。

三、怎样做到清晰生动地表达

为了能够清楚而又生动地表达演讲内容，你可以采用以下方法：

（一）遵循事物发展的内在规律

事物都有其自身发展的内在规律，都有本质特征。根据事物发展的内在规律和本质特征进行表述，往往容易表述清楚，听众也容易听明白。如介绍一栋建筑的地理位置时，按照东、南、西、北的空间方位分别介绍比较合适；介绍一个历史景点时，可按照时间发展顺序进行介绍，效果往往比较好。

（二）用"五何公式"进行叙述

在叙述性演讲中，必须把一件事情发生的时间、地点、人物、原因、结果这五大基本的要素交代清楚。为了方便记忆，这五个要素的表达又称为"五何公式"，即"何时、何地、何人、何故、何果"。结合主题表达的需要，围绕"五何"的内容进行叙述，一般能保持内容的完整和清晰。

（三）多用口语，少说术语

演讲时要善于使用口语，尽量少说书面语和华丽的辞藻；避免向非专业人士使用专业术语；巧妙的使用比喻，增加表达的形象感和生动性，增强感染力。

·案例 19·　　　　　洪昭光教授的健康演讲（摘录）

◆ 合理膳食十个字：

一、二、三、四、五；红、黄、绿、白、黑。

◆ 养心八珍汤：

慈爱心一片，好肚肠两寸，正气三分，宽容四钱，孝顺常想，老实适量，奉献不拘，回报不求。把这八味药放进"宽心锅"里文火慢炒，不焦不燥；再放到"公平钵"里精磨细研，越细越好。三思为末，淡泊为引，做成菩提子大小，和气汤送下。

◆ 一二三四健康法：

一个中心：以健康为中心。两个基点：糊涂一点，潇洒一点。三大作风：助人为乐，知足常乐，自得其乐。八项注意：四大基石，四个最好。四大基石：合理膳食，适量运动，戒烟限酒，心理平衡。四个最好：最好的医生是自己，最好的药物是时间，最好的心情是宁静，最好的运动是步行。

洪昭光教授的健康科普讲座，讲的是日常生活饮食起居中如何保

持健康长寿的原则和例子，他把深奥的科学理论、复杂的医学知识乃至独特的医疗处方，通过高度概括、生动幽默的语言娓娓道来，变成了普通人易懂易记的"健康箴言"，既生动浅显，又精辟入里，从而风靡全国，深受欢迎。

（四）用"平视交流法"贴近听众，吸引听众

在演讲中，你表达的观点，所用的材料，使用的语言词汇和表达方式必须注意采用平视交流法。即：和对方的理解力水平保持一致；和自己的身份保持一致；和所处的场合保持一致。让你的演讲走入听众心里。

（五）精心设计开头和结尾

演讲的开头和结尾都很重要，开头是第一印象，唤起听众兴趣；结尾是余音绕梁，引起听众共鸣。

1. 引人入胜的开头

古人云：善于始者，成功已半。开场白是演讲者与听众架起的第一座桥梁，成功精彩与否，将直接影响演讲的效果。好的开场白要做到既新颖别致，引人入胜，又能营造相宜的气氛，激发听众的兴趣，让人翘首以待。常见的开场白有：

（1）以故事开头

演讲开始就列举一个实例，或者先讲一个故事，吸引听众注意，然后引入你的论题。如前面的案例《这条小鱼在乎》就是从身边的事例讲起，引入正题，一下子就抓住了听众。

（2）以悬念开头

演讲者可以利用听众的好奇心，采用挤牙膏的方法，制造悬念，让听众一头雾水，感到十分好奇，将听众的注意力吸引到演讲中来。

（3）以幽默诙谐开头

演讲者用幽默的语言开场，能一下子抓住听众的心，很快打开场面，切入主题。如以新颖风趣的自我介绍开头的案例：

·案例 20·　　　　凌峰的自我介绍

在下凌峰，这两年大江南北走了一道，男观众对我的印象特别好，因为他们见到我有点优越感，本人这个样子对他们没有构成威胁，他们很放心，（大笑）他们认为本人长得很中国，（笑声）中国五千年的沧桑和苦难都写在我的脸上了。（笑声、掌声）一般说来，女观众对我的印象不太良好；有的女观众对我的长相已经到了忍无可忍的地步。（笑声）她们认为我是人比黄花瘦，脸比煤球黑。（笑声）……

在这个别开生面的介绍中，凌峰勇于自嘲，幽默诙谐，把现场的男女观众的情绪都调动了起来，增强了大家的参与意识，很好地活跃

了现场的气氛。

（4）以即景生情开头

你可以演讲现场听众眼前的人、事、景为话题，延伸开去，把听众不知不觉地引入到演讲之中。

2. 画龙点睛的结尾

俗话说"编筐编篓，重在收口；描龙画凤，难在点睛。"演讲的结尾，就是演讲的"收口"、"点睛"。好的结尾要起到既收拢全篇，画龙点睛；又简洁明快，耐人寻味，说服性的演讲结尾要富有鼓动性。常见的演讲结尾有以下几种：

（1）总结归纳式

每个人记忆时间长度是有限的，听完我们的演讲后，可能前面讲的内容会被遗忘，因此，在演讲结束之前，要给听众做一个要点总结归纳，以加深印象。

（2）风趣幽默式

除了某些较为庄重的演讲场合外，利用幽默风趣的语言结束演讲，可使演讲更有趣味，令人在笑声中深思，并给听者留下一个愉快的印象。

> **·案例 21·**　　　　　　　　　**意外的结尾**
>
> 　　著名作家老舍先生在一次演讲中，开头即说，"我今天给大家谈六个问题"，接着，他第一、第二、第三、第四、第五，井井有条地谈下去。谈完第五个问题，他发现离散会的时间不多了，于是他提高嗓门，一本正经地说："第六，散会。"听众起初一愣，不久就欢快地鼓起掌来。

老舍运用一种"平地起波澜"的造势艺术，打破了常规演讲模式，从而出乎听众的意料，收到了幽默的效果。

（3）名言警句式

结尾时，引用名言、警句、谚语、格言、诗句等作为总结，不仅使表达精炼、生动、富有节奏和韵律，而且还可以使演讲的内容丰富充实，具有启发性和感染力，可以给人以生动活泼、别开生面之感。

（4）激情号召式

演讲本身是一种思想和激情的燃烧，结尾时，把要表达的思想观点或号召呼吁浓缩成一两句话，用排比等修辞方式表达出来，感情激昂，对听众的理智和情感进行再次提醒、呼吁、号召。

（5）余音绕梁式

这种结尾语尽而意不尽，意留在语外，像撞钟一样，清音有余，余味袅袅，三日不绝，回味无穷。余味式结尾好像秋天瑰丽的晚霞一样，收得俊美漂亮，并且伴有"鱼舟唱晚"的娓娓之声，让听众留连忘返，久久回味。

行动：掌握方法，加强练习

基
础
级

活动一：主题演讲

一、活动规则和程序

每位学员围绕"精彩人生，健康相伴"这一活动主题，结合各种健康的话题，拟写一份演讲稿并当众演讲，可以采取"黄金三点论"的方式组织内容。

二、讨论与总结

学员分组讨论，根据所掌握的知识对自己或他人的演讲进行分析。如开头和结尾属于哪种类型？是否能引起听众注意？采用什么方式突出主题？

活动二：故事接龙，训练叙述能力

步骤一：由指导师给出一个主题，如"护患故事"、"一次义诊"等等；

步骤二：各小组围成一圈，开始接龙；

步骤三：各小组自选一名队员给出故事的开头，然后依次接续故事，每个人说三句；

步骤四：每个小组最后一人接龙完成后，选出一名队员将接龙出的完整故事向同组人叙述；

步骤五：由教师选出较好的一组进行点评。

活动三：看图说话，训练清晰表达能力

一、活动规则和程序

教师提前准备一幅较为复杂的几何图形，请一位学员看图描述，其他学员根据描述画出该图形，教师指导学员找出叙述的最佳内在逻辑关系进行叙述。

二、讨论与总结

1.陈述者是否表达清晰？

2.学员是否在认真倾听？

3.学员为什么没有画出正确的图形？

4.信息传递的误导主要在哪个环节？

评估：把握演讲内容难不难

评估一：自我评估

阅读下面学员小王的一段演讲词，请你指出有何不足之处，并尝试用"钩子、西瓜与刀叉"的方法为其修改润色。

"随着物质生活的提高，眼下时兴装修热，凡迁入新居的，十有八九，都要装修。其实完全没这个必要。你即使把地面铺上象牙镶上翡翠，把墙壁贴上黄金嵌上宝石，对生活其中的人来说又有多大意义呢？房子好最多让人羡慕，人好才让人敬佩，'旧时王谢堂前燕，飞入寻常百姓家'；而杜甫的'茅屋为秋风所破'，心念寒士，千年后人间仍有赞叹声，能够长久的并不是房子，屋宽不如心宽，润屋不如润身，当忙于装修之时，还是致力于修身吧！"

评估二：小组评估

学员在当众演讲"精彩人生，健康相伴"时，其他学员参照下表互评，培训师点评。

表3　评估表

评估项目	优	良	一般	差
演讲主题是否突出				
演讲内容的表达是否清晰				
内容是否丰富，举例是否通俗易懂				
开场白是否有吸引力，有创意				
结尾部分是否强调主题或提出建议				

基

础

级

第三节　掌握演讲方法　语言规范生动

目标：把握方式，得体表达

在演讲过程中，演讲内容很重要，但如何表达这些内容也很关键。演讲，有"三分讲，七分演"之说，丰富的演讲内容需要有得体的表达方式来配合。在实际演讲过程中，把握表现方式和注意演讲内容一样重要。因此，选择合适的演讲方式可以增强演讲效果，使演讲更具专业性和富于生动性。

通过本节的学习和训练，你将能够：

1. 使用规范的语言，合适的语音、语调表达内容；
2. 用得体大方的肢体动作配合演讲；
3. 根据听众合理选择辅助手段。

基础级

准备：如何使演讲语言规范，表达丰富

先看案例：

·案例 22·　　　　　　**阿姆巴迪教授的有趣实验**

哈佛大学的阿姆巴迪教授做过一个非常有趣的实验，他让两组学生分别评估几位教授的授课质量。他把这几位教授的讲课录像带先无声地放给一组学生看，得出一套评估结果。然后与那些已经听过这几位教授几个月讲课的学生的结果进行对比，两个小组的结论竟然惊人的相似。

在与人交流过程中，语言表达和非语言表达发挥着同等重要的作用。这里所讲的非语言表达是指演讲时的语气、语调，人的仪表、举止和表情等等。据权威人士研究发现：在面对面人际交往所传递的信息量中，语言内容本身只占不到10%，而非语言表达方式则占到90%以上。通过非语言表达，人们可以更直观、更形象地判断你的为人以及做事的能力，看出你的自信和热情，从而获得十分重要的"第一印象"。

一、怎样表达生动准确

（一）使用规范语言，准确表达

规范语言的运用，直接影响着演讲的效果。主要的要求有：

1. 准确性

演讲的语言要确切、清晰地表现出所要讲述的事实和思想，揭示出它们的本质和联系。

2. 简洁性

以最少的语言表达出最多的内容。要做到语言的简洁，必须对于自已要讲的思想内容经过认真地思考，弄清道理，抓住要点，明确中心。

3. 通俗性

使用通用规范的语言，遵守约定俗成的规则，让听众易于理解领会。规范的表达方式有：

（1）发音要规范、清楚。除特殊情况外，要使用普通话。

（2）注意防止说错别字。把握不准的字，要及时查字典。

（3）要去除口头禅，如"这个、这个"、"然后、然后"等等，保持语句清爽干净。

你可以找一个录音机录一段自己与别人的谈话或一次演讲，回放检查：有哪些字发音不标准，哪些用词不规范，是否带有口头禅，试着纠正，不断改善自己。

（二）注意语音语调，生动表达

一般在公众面前演讲，其效果会有两种：一种，语言生动、活泼，语音语调跌宕起伏，听众兴致高、现场气氛活跃；另一种，语言单调、乏味，语音语调呆板犹如催眠曲，听众感觉索然无味，甚至酣然入睡。没有感染力的症结主要在于语言的表达，包括语音语调的能否灵活运用。有研究表明：演讲效果中只有 7% 来自于文字内容本身，而有 38% 来源于语音语调。怎样运用语音语调提升演讲效果呢？

1. 句调

句调指全句语音的高低和升降变化。它和声调一样，都是"音调"的变化形式。句调高低变化是由说话的人对他所说事物的态度决定的。如：

今天天气很好?（不太相信。语调升得快而高）

今天天气很好。（极端肯定。语调降得快而低）

今天天气很好!（天气之好出乎意料之外）

句调高低变化的基本类型有升、降、曲、平。疑问句或语义未完时的停顿常用升调；肯定、感叹的语句常用降调；陈述、说明等语句或者感情比较悲痛、庄重的语句，常用平直调。

2. 停顿

停顿是口语表达的标点符号。适当的停顿能够使演讲的语句和段落层次分明。

3.重音

重音是运用轻重对比手段加以强调、予以突出的音，分为词重音和语句重音。词重音是词语中念的最强的音节；语句重音是将一句话中需要强调的词语用重音来加强。同一句话，如果安排不同的语句重音可以表达不同的意思。例如：

我买的衣服。（区别于"你"、"他"）

我**买**的衣服。（区别于"借"、"做"）

我买的**衣服**。（区别于"包"、"笔"）

4.语速

语速变化也是表情达意的重要手段。演讲过程中，语速过快，听众听不清楚，同时让听众认为你是怯场的表现；语速过慢，显得拿腔拖调，使听众厌烦。特别注意的是在演讲过程中语速不能"一崭齐"，应根据不同情感，运用不同的语速。

欢快愉悦的氛围：语速较快，节奏轻快；

肃然起敬的氛围：语速较慢，节奏沉稳而有力，音节加长；

静谧幽远的氛围：语速舒缓，语气柔和；

紧张激动的氛围：语速急迫，语音强而有力。

二、怎样用好身态语言

（一）重视身态语言

身态语言是对言语符号系统起重要辅助作用的交际符号，运用好身态语言可以使演讲更具感染力。

（二）恰当运用身态语言

1.站姿要稳

男士双脚落地，距离保持与双肩大体同宽，注意体态的挺拔；女士两脚站成丁字型，更能体现女性的柔美。

2.两臂自然下垂，手自然放松

要避免影响形象的动作，如双手背后、双臂胸前交叉、双手叉腰、双手插兜等。有讲台时，双手可以自然地放在讲台的边沿，注意防止双手叉在讲台上。

3.目光平视，与听众交流

以前视为主，通视全场，避免只低头看讲稿，看着天花板或盯住一个地方凝视不动，交替使用虚视和凝视，与听众建立起灵敏的信息反馈。

4.手势

要根据演讲内容，配合适当手势。演说的手势应该明确简洁、突出个性、顺其自然、大方得体，帮助澄清或强化中心思想，适合听众和演说场合的要求。

5.仪表风度

仪表指演说者的身材、容貌、姿态、服饰等外在因素，以及由这些因素综合体现出来的外貌形象。演说者的着装要与肤色、发型、性格、体形、职业、气质、所处的情境及演说内容相适应。风度是演说者的精神风貌、气质修养等在言谈举止方面的外在表现，是听众评判演说整体效果的重要指标。

平时多加练习，演讲时无需刻意体现。要结合自身特点，灵活应用，做到自然流露。

> 饮食也许可以随心所欲，穿衣却要考虑给他人的印象。
>
> ——富兰克林

三、怎样借助辅助手段

（一）恰当选择辅助工具和手段

演讲过程中，演讲者要恰当地使用辅助工具，如实物、模型、PPT、幻灯片及其他音响设施来增强演说效果，有效借助图表、图像来表达。

1.辅助道具、实物

根据表达内容和听众接受的需要，选取恰当的道具，辅助复杂深奥的理论阐述或对事物的说明。如对人体结构机能展示，医学原理解读等，生动形象，或者直观具体，能使事物得到更清晰的说明。

2.演示 PPT 文档

现代社会多媒体的使用越来越发达，越来越普及，PPT 是演讲中使用最多的辅助手段。PPT 是利用 Power Point 制作的演示文档，能显示文字、声音、图表、图像等静态和动态的信息，增强演讲效果。

3.图表、图像

图表包括：柱状图、饼图、线型图、框图（流程图、组织图）、演示图和表格。图表、图像可以简明、直观的表达丰富的信息。在演讲中，通过 PPT、幻灯片或在黑板上辅助用图表、图像的方式，可以使听众一目了然，更容易、更准确地明白演讲者的目的。如使用下列图像讲解"我的血糖我做主"，既生动形象又通俗易懂。

图2 糖尿病的症状

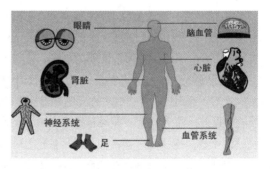

图3 糖尿病的危害

（二）如何使用好辅助手段

1.使用的辅助手段要同主题和听众相切合。

2.尽量用图示，减少文字性的内容，图表要足够大。

3.道具应简明、尺寸足够大让现场所有听众都能看见，选用能够突出重点和吸引视觉的颜色。

4.使用道具时要面对听众。避免展示道具时，目光偏离听众，忽视听众的反映。

行动：认真体会，加强训练

活动一：用手势语表达下列意思

热爱、憎恨、虔诚、向往、号召、关心、热情、愤怒、痛苦、拒绝、心急如焚、表明心迹、一笔勾销、到此为止。

活动二：有声的自我表达

（一）活动规则和程序

1.阅读《妇产科医护人员爱岗敬业演讲稿》材料：

妇产科医护人员爱岗敬业演讲稿

尊敬的各位领导、各位同仁：

下午好！我为各位演讲的题目是《选择妇产科，我们永不后悔》。在××医院里，有这么一支清一色的"娘子军"，却巾帼不让须眉，这就是××医院妇产科。

各位知道，随着生活水平的提高，产妇分娩的风险日渐增大而家属则认为生孩子不是病，到医院去分娩就是进了保险箱，不应该再有任何风险。一方面是性命攸关，一方面是家属的不解。使妇产科工作人员面临双重压力。

记得那是××××年的夏天，我们接到一位产妇。当胎儿与胎盘娩出后，产妇因顽固性子宫收缩乏力出现失血性休克，生命垂危。妇产科全体人员全力以赴、奋力抢救。此时目标只有一个：抢救患者！待到病人的生命体征逐渐平稳，迎来患者亲人们感激的目光之时，瞬间感觉所有的疲惫都化为乌有。毕竟最贵最美的是生命啊！这就是妇产科大夫的爱！说句心里话，我们当中每个人都深爱着自己的家，也深爱着妇产科，而当家庭和工作出现冲突时，大家都毅然选择"舍小家顾大家"。因此，这一切的一切，我们都心甘情愿，更无怨无悔。

2. 用不同符号标注演讲稿的重音、停顿、节奏等。

3. 学生先自己试讲。

4. 培训师选择学生演讲。

（二）讨论与总结

1. 根据自身及他人的演讲效果修改标注。

2. 培训师点评学生试讲的情况，指出优劣得失。

活动三：解读身态语言，模仿他人表达

步骤 1：培训师播放一段电视谈话类的节目，关掉声音；

步骤 2：学员认真观看节目；

步骤 3：培训师要求学生分析主持人的面部表情、眼神、肢体动作；

步骤 4：恢复声音，观看节目，讨论分析的正确与否。

评估：你是否能掌握了演讲的表达方式

评估一：自我评估

（一）理解本节的内容，回答问题：

1. 语言规范表达的常识都有哪些？

2. 演讲时，要如何运用身态语言帮助表达，应该避免哪些不合适的肢体动作？

3. 演讲的辅助工具和手段通常包括哪些内容？

4. 使用图表、图像、多媒体辅助手段应注意什么？

（二）用下列测试题，评估一下你的演讲能力如何？

注意：这些试题用于你的自我评估，请选你所能做到的，而不是你所期望的。实事求是的选择评分后，总结一下自己的能力现状，看看努力的方向在哪里。

1. 在演讲过程中，对于身态语言（肢体动作），通常能够做到的是：

    A. 从没想过这些　　　　　B. 偶尔做一些动作

    C. 经常做但机械呆板　　　D. 经常用感觉不错

2. 对于演讲主题和观点，你能够做到的是：

A. 观点模糊　　　　　　　　B. 有观点，但平淡

C. 观点啰嗦，缺少概括性　　D. 观点高度概括

3. 对于演讲结构设计，你能做到的是：

　　A. 不知如何设计　　　　　　B. 结构层次不清晰

　　C. 结构有层次，逻辑不严谨　D. 层次分明结构严谨

4. 对于演讲的具体内容，你能做到的是：

　　A. 内容空洞不具体　　　　　B. 言之有物但不够通俗

　　C. 道理多故事少　　　　　　D. 内容生动引发共鸣

5. 从心态来讲，你在演讲时能够做到

　　A. 紧张得要命，大脑空白　　B. 每次都会，但能调整

　　C. 重要场合才紧张　　　　　D. 从来不紧张

6. 对于自己的演讲声音，你的评价是：

　　A. 声音小没底气　　　　　　B. 音量可以但缺少力度

　　C. 声音大但不够饱满　　　　D. 声音饱满圆润

7. 对演讲有声语言的总体感觉是：

　　A. 声音平淡缺少节奏　　　　B. 声音过快或过慢

　　C. 节奏无法与内容匹配　　　D. 节奏适当表达流畅

8. 对于演讲的控场互动，你能做到的是：

　　A. 没有概念，不会　　　　　B. 演讲现场有些散漫

　　C. 气氛可以，但不会互动　　D. 能控场，会互动

9. 从场景来说，你的演讲能做到：

　　A. 很少考虑场景　　　　　　B. 想到场景，不清楚要注意哪些

　　C. 了解具体场景，不知如何结合　　D. 能够结合场景讲话

10. 从演讲总体效果来讲，你的演讲是：

　　A. 演讲不能进入情景　　　　B. 感情平淡，缺少说服力

　　C. 有感情少激情　　　　　　D. 有感情有激情感染力强

评分标准：

本测试共 10 道题，每题满分 10，测试总分值为 100 分。

每题 4 个选项对应的分值分别为：A—2 分；B—5 分；C—8 分；D—10 分，所选选项累计即为总分。

评估二：小组评估

学员在进行演讲的同时，从下面的角度评估学员所作的练习。

表4　评估表

评估项目	优	良	一般	差
使用普通话讲述				
节奏停顿合理，使用重音强调内容				
正确的站姿，充分的目光交流，手势和内容合理搭配				
用适当的情绪感染听众				
在演讲过程中合理使用辅助手段				

基
础
级

单元综合练习

在日常的工作和生活中，当众发言演讲无处不在。古人讲，"三寸不烂之舌，强于百万之师"，在职业场合中，具备高超的演讲能力，能为单位、团队和你自己争取到最大的利益，因此，演讲水平的高低与你的事业成败息息相关。通过本单元的学习和训练，希望你的演讲能力能有新的提高。

现在请你和你的小组一起做三个综合性练习：

活动一：做一次说服类的演讲准备

学校组织献血活动，大多数同学都积极响应，但个别同学有些犹豫。作为班长的你了解到，他们只是担心献血会影响自己的身体，而你很清楚献血对身体非但没有丝毫影响，反而还有益处。你要动员大家积极参加这个活动，如何准备这次演讲？

提示：

1.写下你的演讲目标：说服同学，积极参加献血的活动。

2.收集一些必要的相关事例的资料，最好是你自己的或是身边朋友的。

3.要针对你的听众的心理特点来安排你的演讲内容，写下提纲。

4.可以采用点石成金的说服方法，开场时提出你的观点：中间部分用数据或事例来证明你的观点，结尾提出倡议。

活动二：案例分析

请阅读下列案例，回答文后问题。

·案例 23·　　　　**用微笑抚慰心灵，把爱心化为力量**

尊敬的各位领导，各位同志：

你们好！作为一名为生命增添绿色的医技工作者，今天，我就在这里为大家讲述一份——绿叶的情怀！

儿时做过许多梦，梦过薄纱起舞，梦过英武戎装，惟独没有梦到过这袭纯洁高尚的白衣！记得当我穿起这洁白纯洁高尚的服饰踏上这神圣的岗位时，心中充满了期待与憧憬，年少轻狂的我怎知这份神圣中蕴藏着的默默的、无私的奉献！在大伙眼里，医技是一份风险系

数低、轻松自在的职业，可是又有谁知道这其中的艰辛呢？一声电话声就是我们战斗的号角，时间就是生命！带着一份炽热的爱心，穿梭在没有硝烟的战场上，当那一张及时而准确的报告单出现在医生手里时，当患者经抢救或治疗后重新露出笑脸时，而我们的背影早已消失在茫茫的夜幕中。

匆匆而来，悄悄而去，没有鲜花，没有掌声，却有一种为生命带来希望的自豪在心底弥漫！

1. 该演讲属于哪种类型的演讲？
2. 你认为开场白和结尾的效果如何？
3. 这篇演讲在内容表达方面使用了哪些技巧？

活动三：围绕"我的成长之路"这一主题，当众进行一次演讲

提示：

1. 这是说服类的演讲。
2. 可以用"钩子、西瓜、刀叉"法组织材料，通过具体事例得出结论。
3. 合理选择开场白和结尾的表达方式。
4. 可适当根据演讲内容来选择一些辅助手段。
5. 运用合适的身态语言。

第三单元　书面阅读表达

本单元训练重点：

● 怎样收集、归纳、整理材料

● 怎样进行有效书面阅读

● 怎样写作常用文书

第一节　善于搜集查证　提高阅读效率

目标：学会高效阅读

阅读也称书面阅读，是指从书面材料中获取信息的过程。书面材料主要是文字，也包括符号、公式、图表等。阅读是主动的过程，是由阅读者根据不同的目的加以调节控制的，是日常生活中必不可少的技能。能否有效阅读是影响一个人事业成功与失败的关键，掌握有效的阅读技巧是一个人必备的生存技能。

当今社会，信息材料纷繁复杂，获取信息的途径多种多样，如何从众多材料中筛选出所需资料，进行去粗取精、去伪存真，不断的总结、归纳，实现高效阅读的目的。

通过本节训练，你将能够：

1. 根据工作需要，通过合适途径查找资料；

2. 对资料进行识别和甄选，获得所需资料；

3. 阅读相关资料，并对其进行整理、归纳和汇总。

准备：如何进行高效阅读

先看案例：

·案例 24·　　　　　　　　**心血管科被扣奖金的原因**

某院心血管科在 2011 年 12 月底年终总结发现：2011 年 1 月－12 月期间，科室总收入比 2010 年增长 5%，而患者的收治人数比 2010 年下降了 8%，平均住院费用增加了 17%，药品费用占住院总费用的 52%。因平均住院费用和药品费用超过医院限额，科室年终奖金被扣 4.6 万元，平均约 2000 元／人。为此，科主任非常着急，希望尽快查明 2011 年住院患者下降、平均住院费用和药占比增高的原因，故安排王医生彻查此事。

假如你是王医生该怎么办？应该从哪些方面收集资料并分析住院患者下降的原因，平均住院费用和药占比增高的原因，并提出解决问题的方法。

基

础

级

一、怎样获取资料、收集信息

（一）明确收集资料的目的

当面临一项任务需要收集资料时，首先对任务进行分析，明确收集资料的目的、要求等，然后确立收集资料的途径和方法，从而获得准确可靠的资料。

（二）选择合适的信息收集渠道

现代社会收集信息的渠道越来越丰富，获取资料的方式与手段也越来越先进、快捷。如：图书馆、资料室、档案室、政府机关、互联网、报纸、杂志、广播、电视、手机短信、专业人士访问、调研、团体交流和个别访谈等，都可以成为收集资料的途径。

> 水滴集多成大海，
> 读书集多成学问。

（三）选择合适的查找途径

1. 图书馆查资料

图书馆可获得的信息之源有图书、报刊、电子资料、网络资源等。图书资料的查询方法有两种：手工和电子检索。手工主要为卡片目录、分类目录或数字编号等；计算机为多检索途径，可通过题名、分类、主题词、著者四种途径检索。

2. 互联网查资料

互联网是查找资料最便捷的渠道。政府网站、专业网站或专门的数据和期刊检索系统公布的资料比较权威。基本搜索步骤如下：

（1）明确搜索的概念和意图。

（2）选择描述概念的关键词及其他形式（如同义词、近义词等）。

（3）选择合适的搜索功能并确定搜索引擎。

（4）确定是使用简单搜索还是高级搜索。

（5）搜索前应仔细阅读搜索引擎主页说明。

（6）使用合适的关键字（词）或者引擎语法的表达式搜索。如："个人简历样本"、"登革热的防治"等。

（7）查看搜索结果。看看共返回多少搜索结果？与你的期望是否相符？与你的目标相差多远？如搜索结果不理想，则需要修改搜索概念，重新调整搜索需求，找出更合适的关键字。有时候虽然搜索结果并不理想，但你会在页面中发现一些更合适的关键字。

（8）在其他搜索引擎中尝试同样的搜索。

3. 查找病案资料

医院病案室保存了大量的病案，是医院宝贵的资料来源。目前病案分为纸质和电子两种。纸质具有方便借阅、易于携带等特点，但占据空间大，查找速度慢；电子病案查找相对容易、阅读方便、也可复制粘贴，缺点是只能在医院网络系统中查阅，受网络限制而不宜在院外查阅。具体方法如下：

（1）纸质病案可根据患者住院的年月日、科室、住院号或患者的

基础级

身份证号码进行机械查找，或到某科室查找现住院患者的病案。

（2）电子病案可以凭用户名和密码登陆病案管理系统，然后输入患者的电子档案号或身份证号码，即可查阅某患者现在及以前的住院病案，方便、快捷，简化了查阅流程，缩短查阅时间，便于医生或其他人员收集患者资料。

（3）通过医院科室或部门间的联网，在第一时间内查阅某患者的检查结果、住院费用、用药、治疗及护理等；科室负责人还可查询科室收入与支出，统计工作量等，为工作提供极大方便。

二、怎样对资料进行筛选、归纳

（一）对资料进行筛选

当今社会是信息爆炸的社会，如何在信息海洋中快速找寻所需信息至关重要。灵活、成熟、高效率的读者可调节阅读速度来适应阅读目的和材料，可采用浏览（Surveying）、略读（Skimming)、寻读(Scanning)、研读的 (Studying）的"4S阅读法"。

> 无目的读书是散步而不是学习。
> ——胡适

1. 浏览（Surveying)

阅读前，先对全文进行浏览，目的是知其大意。如有摘要或简介可以直接阅读，确定资料是否符合实际需要或了解其大意。

2. 略读（Skimming)

以很快的速度阅读，并略去部分内容，来获取文章要旨和关键点，可选用纲目式、重点式和跳跃式等方法。

3. 寻读(Scanning)

阅读时，应特别注意提示词或特殊标记（如加粗字、斜体字、不同字体、编号或特殊的标点符号等）等，从中快速查找信息。

> 提高阅读效率五窍门
>
> 1. 扩展视幅；
> 2. 焦点移动；
> 3. 眼脑直映；
> 4. 消除回视；
> 5. 避免发声。

4. 研读 (Studying)

应以评价文章为目的，或者汲取全文观点或理论时，再进行细致或思辨性的研读。

短时间内浏览或略读众多资料，剔除与目的无关或相关度低的资料，保留相关程度较高或价值高的资料进行仔细研读，便于把握材料要点，节约阅读时间。

（二）对资料进行归纳

1. 理清资料思路

叶圣陶先生说："大凡读一篇文章，摸清作者的思路是最要紧的事，按作者的思路去理解，理解才能透彻。"叶老的这个思想，揭示了在阅读中抓住文章思路的重要性。阅读时可以按照文体的特点和规律有侧重地进行阅读，便于把握资料所表述的思路、观点。从表达的角度，文章分为记叙文、议论文和说明文和实用文体四种文体，每种文体都有各自的阅读技巧：

（1）阅读记叙文时，要搞清记叙的六大要素，即时间、地点、人物、事件、原因和结果。此外，还要善于抓住记叙文的线索。

（2）阅读说明文时应先从文章结构进行分析，说明文一般是先提出说明对象，进行简要说明，然后具体描述其本质、特征，最后作总结。

（3）阅读议论文时应先抓住论点，然后仔细研读论据以及论点和论据之间的关系。

（4）阅读应用文体需要弄清楚文体种类，把握主题、对象、内容、缘由、落款和日期等重要的信息。

2．理解关键信息

阅读的核心是理解，理解内容时需把握几点：

（1）把握文章要点和中心。

（2）正确理解文章层次和各部分的关系。

（3）正确理解文章中常用词语的含义。

（4）正确理解结构比较复杂的长句的含义。

（5）正确说明文章写作上的特点。

（6）理解文章的社会意义。

3．读懂图表

图表、图片、示意图、草图等文字阅读量小，信息量大，直观明了，形式灵活多样。要读懂图表，理解其包含的信息，应注意三点：

（1）读懂标题，明白图表的目的。图表标题即表头，它提供的有效信息往往是图表的中心内容，表明了一定的主体处于怎样的状态或是什么内容。

（2）理解各项内容及其之间的联系。图表的内容一般由几个项目状况的数据构成。研究图表主题就是要看在图表标题统领下的各个项目，在什么时间处于什么数据状态。通过对图表进行横向和纵向的分析综合，把握其内在联系，归纳出图表的中心观点或结论。

（3）注意图表的说明或图例，以免误解。说明或图例是对不能直接罗列或体现在表中的内容所作的文字补充说明，是图表材料的有机组成部分。它可以使图表的本意得到更全面、更彻底的表达，所以图表如果有附注，在阅读时一定不能忽视，不然会影响对图表的分析和理解。

4．学记读书笔记

"不动笔墨不读书"，阅读时做笔记是一个良好的阅读习惯，有利于积累知识、储存信息；有利于加深理解，加强记忆；有利于对知识加工、整理等。记笔记的方式有两种：一是直接记在书本上；一是记在笔记本或卡片上。记笔记要做好以下方面：

最好带着问题阅读图表，那样才能尽快捕捉关键的信息。同时要依照问题和找到的信息，进行推理判断。注意在判断时，一定要依据图表中的信息，做到细致入微、有理有据。

（1）选定目标，有重点的记录。

（2）条理清楚，规范统一。

（3）简明扼要，详略得当，准确实用。

（4）善于运用，防止光记不用。

三、怎样对材料进行整理、总结

（一）对资料进行整理

整理资料时可将同类或相近的资料归为一类，即分类。分类方法主要有两种：一是主题分类法，即按照相同或相近的观点将资料编成组。二是项目分类法，即按照一定属性，把收集的资料分项归类。整理资料时要注意以下几点：

1.收集的资料要准确、实用

围绕主题和任务选择内容，确定哪些资料可用，哪些资料不可用。

2.鉴别资料真伪

对资料进行筛选、取舍，选资料时不宜夹杂个人好恶与偏见，更不能曲解资料的客观性、真实性。

3.收集的资料应有典型性、代表性

尽可能选择最能反映、表达或支撑主题的资料。

4.汇总的资料要全面、完整。

避免有缺失或遗漏、以偏概全。

5.汇总宜简单、明确、有条理，并注明资料来源和出处。

（二）归纳材料大意

归纳大意是将整篇文章概括成简单的提纲。这样不仅能够掌握每段的主要意思，还能进一步了解作者是按怎样的次序组织材料的，了解段与段之间的关系。

1.归纳材料的要求

要做到：语句通顺、准确、精练，内容清楚，不能含糊其词。

2.归纳大意的方法

（1）摘句法。摘录能概括全段内容的句子，直接使用或稍加整理。此法适用于有中心句的段落。

（2）归并法。先找出每个段落的大意，然后将几个段落的大意归并在一起，最后归纳出全文大意。

（3）取舍法。如一篇文章有几层意思，也会有主次之分，抓住主要的，舍去次要的，即可得出大意。

此外，还可通过抓住关键语句来把握文章大意。所谓关键性语句，即对表述内容、点明（暗示）中心或表达情感起重要作用的语句，如中心句、过渡句、照应句、总结句、抒情句、议论句等。关键语句常起总结或画龙点睛的功效，查找关键句目的有利于挖掘全文或段落的

行动：掌握阅读技巧

活动一：和王护士一起完成任务

王护士，女，27岁，某院 ICU 护士。近半年来发现很多车祸伤患者在 ICU 监护期间躁动不安，频繁使用大剂量镇静剂但效果欠佳，给护理工作带来极大困难。为此，王护士想找出车祸伤患者烦躁不安及使用镇静剂效果欠佳的原因，并设法解决此类问题。假如你是王护士应从哪些途径收集资料？选择何种检索方式？

提示：

此类资料收集，常需查阅与问题相关的文献，宜选择专门的检索系统，中文搜索可选择如 CNKI、万方、维普等数据系统进行检索，英语搜索可通过 Pub—med 或其他英文搜索途径进行检索。

活动二：看图表案例并回答问题

·案例 25·　　贫困大学生与非贫困大学生压力来源比较

贫困生	生活事件	分 值	非贫困生	生活事件	分 值
1	家庭经济困难	2 094	1	被人误解或错怪	1 806
2	家人患重病	2 067	2	准备考试	1 776
3	准备考试	1 979	3	考研	1 758
4	被误解或错怪	1 962	4	家人患重病	1 738
5	考研	1 876	5	没考上理想大学	1 674
6	考试失败	1 839	6	想家	1 668
7	操心日常开支	1 811	7	家庭经济困难	1 659
8	想家	1 772	8	对专业不满意	1 635
9	宿舍有干扰	1 703	9	自由时间增多	1 612
10	没考上理想大学	1 701	10	宿舍有干扰	1 611

1. 此表格的主题是什么？
2. 在生活压力方面的排序两组学生有何不同？
3. 此表能得出什么结论？

活动三：上网帮许燕收集防治登革热的资料并作整理

为有效防治登革热的流行，新到工作岗位的护士许鑫根据上级的部署，需做好登革热防治的准备，为全面了解该病在中国流行的历史，和目前的现状以及如何有效防治，她上网收集了一些资料，不知如何归纳总结。请和许鑫一起上网收集这个专题的资料，并从下面几个方面进行总结整理：

1. 登革热发病的原因。
2. 全球的流行分布与我国流行的历史。
3. 我国目前发病流行的现状。
4. 登革热流行的基本环节、预防控制与预警方法。
5. 我国目前预防和控制登革热存在什么样的问题。

评估：你会收集资料和进行内容归纳了吗

评估一：自我评估

请从你搜索的资料中找出一篇文章，限时阅读该篇文章，把握内容大意，并对其汇总。评估对本节掌握程度。

表5　资料汇总自评表

项　目	优	良	一般	差
找到资料（思路）				
找到需要的信息				
看懂资料表述的观点				
看懂资料的思路和要点				
整理汇总所需资料				

评估二：小组评估

围绕某个主题收集资料，并将收集的资料在小组中展示，讲述收集内容，要求同学之间进行互评：

表6 资料收集互评表

项 目	是	否
资料是否齐全		
资料与主题相关程度		
对资料大意表述是否准确		
是否在规定时间内完成		
资料来源是否合适		

第二节　掌握基本技巧　准确得体表达

目标：掌握书面表达技巧，准确恰当表达

医护工作中，除了口语交流外，书面交流也十分重要。书面交流包括"读"和"写"。如果说"阅读"是收集信息，接收信息的话，那么"写作"就是运用信息，表达信息。在日常生活和工作中，每个人都需要掌握选择基本文体、利用选取资料、借助图表、规范清晰表达的写作基本功，以便更好地与人交流。

如何选择基本文体、采用各种书面形式？如何充分利用和组织材料、掌握基本写作技巧？如何采用适当的写作风格，增强说服力，达到准确恰当的书面表达？

通过本节学习，你将能够：

1. 根据写作目的和要求选择文体；

2. 根据主题和观点，选取合适的支撑材料和内容；

3. 学会运用合适的风格和多种方式表达。

准备：学会书面表达

一、怎样选择文体

当今社会，应用文的使用范围之广和使用频率之高已是不争的事实。常用的行政事务和日常事务文书包括：决议、决定、意见、通知、通报、公告、请示、批复、报告、函、会议纪要和简报、计划、总结、调查报告、述职报告、求职简历、邀请书、感谢信等，以及专业性比较强的应用文如市场调查报告、可行性论证报告、招标书、投标书、广告词等。

不同的文体有特定的交流对象，有规范的写作格式，选择恰当的应用文文种首先取决于你交流的目的，取决于完成任务的性质。熟悉不同文种的表达功用和表达技巧，能更好地完成写作任务，达到交流目的。

基础级

二、怎样组织材料

主题是决定材料取舍的重要标准。主题一旦确立即应根据主题选择意义明确、具有充分表现力的材料，而将与主题无关或关系不大的材料坚决剔除。具体方法如下：

（一）选择真实材料

实用文章的生命在于真实，正确的观点是建立在真实材料基础上的。资料准确无误、确凿可靠，观点和要点就有说服力。材料真实的第一要点是确切，不但要有真人实事而且事件发生的时间、地点、人物、数字、引文等细节均要精确无误；资料真实的第二要点是全面，有些资料从某一点或某个角度看是真实的，但仅是总体中某个部分的真实也不能代表总体。如用某片段的真实资料去反映事物的总体风貌，以偏概全，也是偏颇的、不真实的。

·案例 26·　　　　　　　**2015 年急诊科工作总结**

在全体医护人员的共同努力下，急诊科得到了社会的认可，就诊病人逐日增多，使我们科全年（XX 年）共接诊人数 19776 人次（平均每天就诊人数 50 — 60 人次），留观输液人次 11066 人次（平均每天留观人数 30 — 40 人次），清创缝合（包括拆线、换药）共 568 人次，"120" 出诊共 466 人次（平均每天出诊 1 — 2 次），抽胸水 67 人次，抽腹水 48 人次，局部封闭针 56 人次。我科的效益稳步上升。

上述案例中，医院急诊科撰写年终总结时需要对一年的工作量进行总结，一般需要用数据对不同工作内容进行准确描述，这些数据来源于实际工作的统计，要求精确无误、真实可靠。

（二）选择典型材料

典型材料是指最有特征和代表性，能够揭示事物本质，集中表现主题的资料。典型资料有两个特点：一是代表性，典型资料可以"以一当十"、"以少胜多"；二是深刻性，典型资料有助于揭示事物本质。

三、怎样谋篇布局

文章应言之有物、言之成理，而有物、成理均是建立在"有序"基础上，序即文章结构。在遵守不同文体格式基础上，对于结构的安排，必须进行构思，要谋篇布局。一般要求如下：

（一）完整性

文章结构是部分与部分、部分与整体之间内部联系与外在形式的统一，是构思与表达和谐的外在表现。构成文章的各个部分均应服从主旨需要，以时间、空间、逻辑顺序来组织和统帅各部分材料，使其浑然一体。

（二）严密性

文章要求首尾呼应、前后连贯做到文脉畅通，句子与句子之间在逻辑和语意上应连贯、思路清晰、一目了然。

（三）层次性

按照一定顺序安排材料，先写什么，后写什么，怎样开头与结尾、如何过渡和照应，须在动笔之前考虑清楚。

（四）灵活性

文章结构要富于变化，章节、段落、语句的过渡要灵活巧妙。不宜一成不变、单调刻板。

四、怎样把握应用文的语言风格

写文章要"言之得体"，不同的文体有不同的语言风格。在写作应用文时，必须根据文章主题的特点，采用适当的语言风格，来支持自己的观点，提高文章的说服力。应用文的语言特点是：

（一）规范

规范，是指语言形式要遵守约定俗成的语言习惯，不随意打破语言常规，不自造新词，不滥用方言。应用文的语言要求合乎社会的、时代的、科学的语言标准。

1. 使用名词要规范

应用文特别是公文、事务文书和专业文书，使用名称、时间、数量都要规范。机关名称要用全称或规范的简称，使用缩略语要慎重。

2. 遣词用语要规范

不能随意生造新词，不能任意紧缩词语，如"装布"（"装饰布置"）、"败乱"（"败坏搞乱"）、"妥确"（妥当确切）之类的词，容易费解。不能随意将成语、惯用语等固定词组中的词素更换，如"五波三折"、"离题万丈"等词语，特别是当前在网络上出现的一些新造词语，在约定俗成之前，不能随意运用在公文中。

3. 语法要规范

要遵守通用的表述习惯。

（二）准确

准确就是表达明白清楚，做到不产生歧义，不引起误解，能够使人们看了就懂，并可以付诸实践。例如，有份通知这样写道："今天下午在学院礼堂举行'校园十大歌手总决赛'，请参赛者准时参加。"通知上的时间就不明确，13—18点都可以算下午，却要求参赛者"准时"，岂不成了笑话。因此，为了做到明确，对内容有关的时间、地点、范围、条件等，必须表述准确、周密。

在书面表达时，为了体现准确的语言风格，那就必须做到：

最好的思想，最深厚的感情，只能被最美妙的语言表达出来。
——老舍

公文不一定要好文章，可是必须写得一清二楚，十分明确，句稳字稳，通体通顺，让人家不折不扣地了解你所说的是什么。
——叶圣陶

1. 所用的词语有明确的单义性，表意确切，避免歧义；

2. 一般不用语气词、感叹词、儿化词；

3. 不用富于描绘性、形象性的词语；

4. 不用口语词语和方言；

5. 不滥用简称、略语；

6. 正确运用各种数量的概念，多用数据说话，忌虚晃漂浮。

（三）简约

简约就是叙事简洁完备，约而不失一词；说理精辟透彻，简而不遗不缺；既不冗长累赘，又不能言不及义。这就是开门见山，直截了当，实话实说，不绕弯子，不穿靴戴帽，不故弄玄虚，不矫揉造作，而是力求简明扼要，不枝不蔓，干净利索地表达。

书面表达要达到简约的语言风格，就必须做到：

1. 词语精当

(1) 根据不同的需要，采用专业词语。

(2) 适当使用单音节的文言词。

(3) 使用介宾短语，使表述简洁、严密。

2. 句式简洁

(1) 普遍运用成分共用句，即利用联合短语作句子成分，把若干个相关的意思凝聚在一个句子里，使句子结构紧凑，语言简洁。

(2) 使用"的"字短语。具有名词功能的"的"字短语，省略了表客观对象的词语的中心部分，既简洁，又明确。

(3) 运用无主句。几个句子省略了主语，意思还是十分明确，不会引起误解。

3. 篇章严谨

(1) 标项撮要，要项叙述。即将各层次、段落用序码标明，并把每一层次或每一段落的要点写在该层次或该段之首，既使内容简洁明了，又省却了词语的过渡，显示出清晰的条理性。

(2) 结构简明，眉目清楚。即开头直叙其事，或提出行文的依据缘由，或提出要点，简要说明目的或结论。中段申述事理。结尾或总述归纳，或提出希望要求等。结构简明，眉目清楚，它排斥文艺语体常用的倒叙、补叙、穿插呼应等结构方法。

（四）平实

平实就是所使用的句子平淡无奇，实实在在，朴实不虚浮。其特点是不用或少用形容词之类的附加成分，不用或少有比喻、夸张、渲染、烘托之类的各种修辞方式，而是实实在在地叙述事实、铺陈景物、解析事理。

文章不难于巧，而难于拙；不难于细，而难于粗；不难于曲，而难于直；不难于华，而难于质。

信言不美，美言不信。

——老子

行动：学会书面表达

活动一：课堂讨论

以小组为单位进行讨论，推选一名发言者报告讨论结果，再由其他小组补充。

讨论内容：指出材料1的错误之处并纠正；分析材料2的缺陷之处，讨论并修改。

材料1：语句

1.患者的血压偏低，但精神清楚。

2.评估患者咽部不适及口腔粘膜的状况。

3.患者伤口愈合好，嘱30日回院检查。

4.对老年人及慢性病患者尤其要注意预防感冒。

5.开刀的是他父亲。

材料2：护理记录

病人精神好，未诉口干及咽部不适，胃肠减压畅……未排气，无腹痛、腹胀，未闻及肠鸣音，已拔出尿管，小便未解，查口腔粘膜完好，双肺呼吸音清，已能在床上主动活动，皮肤完好无破损。

活动二：比较不同文体的写作风格

将学生分为两组，要求运用不同的文体写作：一组根据下列材料以学院的学生会的名义写一篇呼吁老师和同学捐款的倡议书；另一组用文艺语体写作一篇诗歌或散文，标题为"用我们的手温暖你的手——致贫困山区的失学儿童"。

比较两种不同文体的用词和语法上的差别，总结应用文体的语言特点。

资料：某大学医学院护理专业二年级学生孙雯雯，2012年6月被诊断为"白血病"，其父母均为农民、收入低，奶奶身体欠佳且常年卧病在床，有一个妹妹和一个弟弟，分别读高中和初中，家庭负担较重。近半年的治疗使本不富裕的家庭雪上加霜、负债累累，现该同学危在旦夕，希望大家热心救助。

评估：你是否掌握了书面表达的基本方法

评估一：自我评估

如果写一篇应用性的文章，你是否能了解它的文体规范，能根据文章目的和要求选择材料，能讲述出它基本的风格要求。以验证你是否真正掌握了书面表达的基本技巧。

评估二：小组评估

在小组面前讲述模拟写作的过程，并展示你的作文稿，请同学为你打分。

表 7　书面表达互评表

内容	优	良	中	差
文体选择正确程度				
支撑材料合适度				
字、词、句子运用准确度				
表达信息的多样性				
谋篇布局合理程度				

基

础

级

第三节 熟悉应用文体 撰写基本文稿

目标：学会撰写常用的应用文书

应用文是处理公务和个人事务时不可或缺的工具。应用文写作是最直接有效地表达观点、交流思想、传播信息、解决问题，为现实社会服务的写作。掌握应用文的写作方法与技巧，是医务人员顺利开展工作的重要保证。

通过本节学习，你将能够：

1. 了解应用文书的概念、分类及特点；

2. 熟悉常用公务、事务文书的格式及写作要求；

3. 学会撰写常用的应用文书。

准备：学习常用文书的写作方法

常用的文书有多种分类，按照基本用途可以分为两大类，即由于行政管理的公务文书、用于处理日常事务的事务文书。其中，公务文书主要介绍通知、请示、报告、会议纪要、函，事务文书主要介绍会议记录、计划、总结、简报、述职报告、商品说明书等几种最常用的文体。

一、怎样撰写公务文书

（一）理解公务文书

公务文书简称公文，是国家机关和社会机构在行政管理中为处理公务而按规定格式写作的书面材料。种类包括：命令、议案、决定、公告、通告、通知、通报、报告、请示、批复、意见、函、会议纪要等。

（二）掌握行政公文格式

行政公文的写作有固定的格式与要求。一份完整的行政公文由三个部分组成：文头、正文和文尾。其中，正文部分尤为重要，它包括：标题、主送机关、正文、落款，此为行政公文的核心部分，也是写作的一个难点。

基础级

1. 标题

一般由三部分组成，即发文机关＋事由＋文种，这种规范式标题一般用于重要、庄重的公务。也有分两部分的：一是发文机关＋文种（标题下可加时间）；二是事由＋文种；三是转发＋始发机关及原通知标题；还有一部分只有文种。

2. 主送机关

机关名称要写清楚、正确，机关简称要规范。

3. 正文

（1）原由

交代行文的依据、目的、作用和意义，叙述时间、单位、地点、人物和事件等，常用"目前……"，"根据……"，"为……"。

（2）事项

交代事项有两种写法：

并列式：一般写的是横向的、静态的情况。各部分之间无紧密联系，独立性强，但共同为说明主旨服务。其好处是概括面广，条理性强。

递进式：一般写的是公务纵向的动态过程或者事理，各部分层层递进，每一部分不可缺少，前后顺序不能颠倒。其特点是结构严密、逻辑性强。

在一篇公文中，两种方法可以交叉使用，即以一种方法为主，在某一部分或某一层次中用别一种方法。

（3）结尾

常见有：一是各文种专用语如："以上请示，妥否"、"特此通知"等；二是希望、号召类。有的公文结尾部分可省略。

4. 落款

写清楚成文日期（用汉字书写），并加盖印章。

（三）学会常用公务文书写作

1. 怎样写通知

通知是要求下级机关办理或相关单位周知及执行的事项，批转下级机关公文，转发上级机关和不相隶属机关的公文，任免人员时使用的公文。

（1）种类

按照内容和功能的不同可以分为六种：

① 指示性通知。指示性通知是具有指示性质的公文。主要功能是指导下级机关开展工作、提出任务、阐明工作活动的原则与方法，具有指挥性和强制性。

② 知照性通知。主要功能是传达信息、通报情况、告知事项。例如设立或撤消机构、启用或废止印章、变更时间或地点等。其内容具

体单一，不需要接收者执行办理，只写出告知内容即可。

③批转、转发性通知。批转性通知是上级机关对下级机关呈报的公文认可并认为具有广泛学习、推广、借鉴作用时，加上批语，表明态度，转发给下级；转发性通知是将上级机关、不相隶属机关的公文转发给自己的下属机关与部门。这类通知一般正文较短，将批转、转发的文件作为附件一同下发，并提出执行的要求，具有指导作用。

④发布、印发性通知。发布性通知是用来发布由本机关撰写的并以本机关名义发出的公文；印发性通知主要用于印发本机关撰制的工作要点、计划、纲要、领导讲话等非法定公文材料。这类通知的执行要求比较严格，发布、印发的文件作为附件随通知一并下发。

⑤会议通知。其主要功能是对参加会议的有关事项进行说明。包括会议的时间、地点、事项、要求等。

⑥任免通知。其主要功能是公布任免事项。

（2）特点

①广泛性。在所有公文中，通知是使用最广泛的。首先，不受机关或组织性质、级别的限制。其次，通知不受内容轻重繁简的限制，比较灵活、实用。

②时效性。通知事项往往要求立即办理、执行等，不允许拖延。有的通知只在一定时间内有效，如"会议通知"。

③内容单纯，行文简便。一份通知一般只布置一个工作事项，对写作格式无严格要求，与其他公文相比，较灵活简便。

（3）写作要求

①明确目的，分清种类。通知种类较多，行文也有差异，因此行文前先弄清通知的目的和内容，再选用正确的通知种类，写出符合题旨的通知。

②事项明确、措施具体。通知的目的旨在要求有关单位或人员执行、办理，其事项要明确、措施要具体并切实可行。

③用语得体，讲求时效。通知既可下行，也可平行，因此用语应得体。通知下行时要突出权威性和指令性；平行时要体现尊重性和协调性。讲求实效，提高效率、不能贻误时机。

（4）正文写法

指示性通知的正文其缘由是发通知的依据、目的和意义，力求简短概括，随后用"特作如下通知"或"特通知如下"转入通知的内容。通知事项应分条列项写，并提出具体要求、措施、办法等。指示要明确、切合实际。

批示性通知的正文一般包括转发对象和批示意见两个部分。转发对象要写明被转发公文及原发单位的名称。批示意见根据实际可长可短。要求下级机关执行的通常用"参照执行"、"遵照执行"、"研究执行"、"认真贯彻执行"等。

发布性通知的正文都很简短，只需写明发布的意义和目的，提出执行要求即可。

会议通知的正文一般包括召开会议的机关、名称、起止时间、地点、内容和任务、参会人员的条件和人数、报到时间及地点、与会人员应携带的文件和材料等。

任免通知的正文要写清楚决定任免的时间、机关、会议或依据文件及任免人员的具体职务。

一般性通知的正文，要交待办什么事、什么时间完成和要求等。

·案例 27· 　　　　关于做好夏季高温和汛期安全工作的通知

院属各科室、部门：

近日，市民政局转发了南京市安全生产委员会《关于切实做好夏季高温期和汛期安全生产的通知》(宁安委办字〔~〕010 号)，对夏季安全工作进行部署，现将文件内容结合我院实际通知如下：

一、加强领导，提高认识，切实落实安全责任制。坚持"安全第一，预防为主"的方针，切实把夏季防暑降温工作和汛期安全生产工作纳入重要议事日程。

二、做好高温季节防暑降温及安全工作。各科室、部门要进一步完善夏季安全工作制度，并提出切实的防范措施(略)。

三、做好汛期事故防范工作是安全工作的重中之重，根据汛期特点，采取针对性措施(略)。

四、认真开展夏季安全检查。各科室、部门应先做好自查工作；对一些重点部门、单位，特别是油库、食堂等容易引起重大事故的地区，要组织专项检查，并加强监控。对查出的事故隐患要制定切实可行的整改措施，落实到人，确保整改效果。

五、加强值班工作，确保信息畅通。各科室、部门严格执行高温和汛期的值班制度和事故专报制度，如遇到异常和突发事情能及时、有效的处理。

特此通知。

　　　　　　　　　　　　　　　　　　　　　　　XX医院安全处

　　　　　　　　　　　　　　　　　　　　　　　XXXX年X月X日

---

2. 怎样写请示

请示是用于下级机关向上级机关请求指示、批准的一种公文。是常用的上行文。

（1）特点

① 请求性。请示与批复是公文中唯一的双向对应文体。故请示的行文往往带有一定的意愿和要求，具有鲜明的请求性。

②专业性。一份请示只能就一项工作或一种情况、一个问题进行请示，在一份请示中不可提及多个事项，此对"一文一事"的要求最为严格。

③时效性。请示涉及的问题和情况，大多较为重要或紧急，需要在一定时间内办理和解决，因此，应及时撰写、及时呈报，以免延误解决问题的时机。

④针对性。请示的针对性很强，必须是本机关没有政策依据、没有审批权限或没有能力解决的重要事项。

（2）写作要求

①不越级请示，不横向请示。请求平行职能部门审批其管辖范围内的事项，则使用"函"。

②不应多头主送。请示主送机关只能是一个，即主体的直接上级机关。

③注意"一事一文"。如果一项工作涉及多个问题需要上级批准解决，应该将专题分解，分别行文请示。

④请示事项必须明确具体，切忌请示事项模棱两可或不提具体要求。

⑤内容宜实事求是，理由充分，语言简洁明了，准确具体。提出的意见、问题或建议，应合情合理、有法有据。

·案例 28·　　　　XX乡卫生院关于增设产科床位资金的请示

XX县卫生局：

　　明年是生育高峰期，我院管辖地域临产的妇女达XXX人，而我院的产科只有XX个床位，床位数严重不足。为解决实际困难，经研究，拟在原来的基础上增设XX个床位，以解燃眉之急。我院现有资金X万元，尚缺X万元，特请求县卫生局帮助解决所缺款项问题。

　　妥否，请批复。

　　　　　　　　　　　　　　　　　　　　　　　XX乡卫生院
　　　　　　　　　　　　　　　　　　　　　　　XXXX年X月X日

3.怎样写报告

报告适用于下级向上级汇报工作、反映情况、提出意见或建议、答复上级询问的一种公文。

（1）特点

①汇报性。汇报应以事实和具体数据为支撑，常采用叙述形式直陈其事。

② 陈述性。以陈述事实为主，将事情的来龙去脉交代清楚，便于上级机关能迅速、准确地掌握有关情况，不需要作者对汇报内容作任何评价。

③ 单向性。行文方向为单向，由下级机关向直属上级或业务主管部门汇报工作、反映情况。常在某事件进行中或后行文，便于上级掌握情况，一般不需要回复或批示。

④ 客观性。反映的情况必须是真实信息，既报喜又报忧，不允许弄虚作假。

（2）种类

① 工作报告。用于汇报工作，让上级了解工作进展情况，接受上级的指导和监督，并为上级机关制定政策、部署工作提供依据。正文主要构成是：基本情况、主要成绩、经验教训和存在问题。结束语可用"特此报告"、"以上报告请审阅"。

② 情况报告。向上级机关及时反馈工作的进展，工作过程中反映出来的带有倾向性的问题和动向。写作时要抓住事物的重点，反映典型的事件。

③ 答复报告。上级单位询问某一项工作的执行结果时，下级单位根据询问的内容给予答复的报告。

（3）写作要求

① 目的明确。一是根据目的确定报告种类；二是根据目的选择典型材料和重点内容。

② 内容真实。任何未经调查的材料不得写进报告，汇报必须实事求是，既不夸大成绩，也不掩饰缺点和问题。

③ 重点突出。撰写报告时宜抓住重点，突出中心，合理安排结构，分清主次，详略得当，材料处理点面结合。

④ 不能夹带请示事项。

> **请示与报告的区别**
>
> 1. 从实际作用看：请示是"请求指示、批准"，要求上级给予批复，而报告是"汇报工作，反映情况，提出意见或者建议"，重点在反映情况上。不需要办理、回复。
>
> 2. 从内容上看：报告陈述工作情况，涉及内容广泛，可以一文一事，也可以一文多事。请示必须一文一事。
>
> 3. 从行文时间看：请示是事先行文。报告是在事件前、事情进行过程中和事件后都可以行文。
>
> 4. 惯用语不同。报告多用"特此报告"、"以上报告，如有不当，请指正"等；请示多用"以上请示当否，请批复"。

·案例 29·　　关于ＸＸ年度计划免疫工作的报告

ＸＸ省卫生厅：

　　我市ＸＸＸＸ年度计划免疫工作成效显著，常见传染病的发病率与去年同期相比大幅下降，其中伤寒下降48.7%、百日咳下降39.5%、乙型脑炎下降82.3%、乙肝下降45%。之所以取得如此成效，是由于我市在市、区、街道设立三级预防保健网，按计划进行了百白破、麻疹、伤寒、副伤寒、脊髓灰质炎等预防接种。

　　为健全计划免疫冷链系统，我局拨专款ＸＸＸ万元，为市、区、街道配备冷库、制冷器、冰箱、冷藏包等，保证了疫苗质量、确保预防接种的效果。我市儿童计划免疫覆盖率，已达到或超过卫生部规定的标准。

　　虽然取得了以上成绩，但也存在一些不足，例如宣传发动工作做得不够细致，特别是近郊或乡村的一些农户，有些家长对预防接种不够重视，抱有侥幸心理。这是今后要注意的问题。

　　特此报告。

××市卫生局（公章）

××××年×月×日

　　4. 怎样写会议纪要

　　会议纪要是专门记录会议基本情况和会议内容的文书，是根据会议记录、会议文件及其他相关材料加工整理而成的。会议纪要是反映会议基本情况和精神并要求有关单位执行的一种文体。

　　（1）特点

　　① 内容的纪实性。会议纪要应如实反映会议内容。

　　② 表达的要点性。会议纪要是依据会议情况综合而成，撰写会议纪要应围绕主旨及主要成果整理提炼而成。强调介绍会议成果，而不是叙述会议的过程，切勿记流水账。

　　③ 称谓的特殊性。会议纪要常采用第三人称写法。由于会议纪要反映的是与会人员的集体意志和意向，常以"会议"作为表述主体。

　　（2）格式

　　会议纪要通常由标题、正文、主送、抄送单位构成。

　　标题有两种情况，一是会议名称加纪要，如《全国农村卫生工作会议纪要》。二是召开会议的机关加内容加纪要，如《××市卫生局关于防控登革热疾病会议纪要》。

　　正文一般由两部分组成：

　　① 会议概况。主要包括会议时间、地点、名称、主持人、与会人员、基本议程。

　　② 会议精神和议定事项。常务会、办公会、日常工作例会的纪要，一般包括会议内容、议定事项，有的还可概述议定事项的意义。工作会议、专业会议和座谈会的纪要，往往还要写出经验、做法、今后工作的意见、措施和要求。

　　（3）写法

　　根据会议性质、规模、议题等不同，大致可以有以下三种写法：

　　① 集中概述法。概括叙述会议的基本情况，讨论研究的主要问题，与会人员的认识、议定的有关事项，包括解决问题的措施、办法和要求等。多用于召开小型会议，讨论的问题比较集中单一，意见比较统一，容易贯彻操作，纪要的篇幅相对短小。如果会议的议题较多，可分条列述。

　　② 分项叙述法。大中型会议或议题较多的会议一般采取分项叙述

法，加上标号或小标题，分项写。侧重于横向分析阐述，内容相对全面，常常包括对目的、意义、现状的分析，以及目标、任务、政策措施等的阐述。

③发言提要法。整理会上具有典型性、代表性的发言，提炼出内容要点和精神实质，然后按照发言顺序或不同内容，分别加以阐述说明。能比较如实地反映与会人员的意见，某些根据上级机关布置，需要了解与会人员不同意见的会议纪要，可采用这种写法。

5. 函

各级机关或各类企业在开展工作和业务往来中，经常需要就某些工作事项与平行或不相隶属的机关或兄弟企业交流信息，或联系业务，协商工作，或表达意愿，提出请求等等，这种联系的"桥梁"和"纽带"就是"函"。

（1）商洽函

平级机关、不相隶属机关、兄弟企业之间商洽工作，联系事宜的函。如《关于联合主办产品发布会的函》。

（2）答问函

向有关单位询问情况，征求意见的函，是询问函；针对来函给予明确答复的函，是答复函。

（3）申请与批复函

向没有隶属关系的业务主管部门请求批准事项的函。如市属某集团公司给省土地规划局《关于扩建职工宿舍所需用地的函》，请求予以批准。

按行文方向分为发函（来函）与复函（回函）。从格式上分为公函与便函。

·案例30·　　　　**北京XX医院关于联系员工学习事宜的函**

X医函（2013）2号

北京XX大学：

为提高我医院信息中心员工的业务能力和管理水平，我院拟选送3名业务主管，到你校进修学习半年，主要学习信息化管理。从2013年2月15日开始，到2013年8月15日结束。要求每人都脱产走读。有关进修费用，按上级文件规定交纳。

以上事项，同意否，敬请函复。

（印章）

二〇一六年一月五日

这是一篇给不相隶属机关的商洽函。行文简洁，开门见山，语言

得体。

> ·案例 31·　　**关于员工学习事宜的复函**
>
> X 函（2013）2 号
>
> 北京 XX 医院：
>
> 　　你单位北京 XX 医院关于联系员工学习事宜的函（X 医函（2013）2 号）收悉。经研究，答复如下：
>
> 　　同意你单位的 3 名员工到我校进修学习。
>
> 　　　　　　　　　　　　　　　　　　　　　　（印章）
>
> 　　　　　　　　　　　　　　　　　　二〇一六年一月十五日

标题："事由＋文种"（省略了发文机关）。
发文字号
主送机关是来函的发文机关。
正文：
1. 引述来函。
2. 答复事项。

　　这是某大学接到来函后，根据实际情况给予的回复，表明态度，简洁明了。

二、怎样撰写事务文书

（一）理解事务文书

　　事务文书是党政机关、社会团体、企事业单位或个人在日常工作或生活中处理日常事务的实用性文书。

（二）掌握事务文书的写作要求

1. 对象具体

　　一份事务文书主要为哪些人撰写，要求哪些人了解并使用，都应具体。比如某单位或部门的工作计划和总结，它的写作对象就是这个单位或部门的员工。

2. 格式固定

　　各种事务文书形成了比较固定的格式。在写作中应遵循这些规则，写出的文书合乎规范，方便使用。

3. 写法实际

　　各种事务文书是为了解决实际问题、处理实际事务而撰写的，撰写的文书应以满足实际需要为原则。写作时观点的确立、材料的运用均应切合实际。

（三）学会常用事务文书写作

1. 怎样写会议记录

　　会议记录是开会时当场将会议基本情况和会议报告、发言、讨论、决议等内容如实记录下来的文书。

（1）特点

①真实性。会议记录是对会议情况的客观记录。

> **会议纪要与会议记录的区别**
>
> 　　第一，性质不同：会议记录是讨论发言的实录，属事务文书。会议纪要只记要点，是法定行政公文。
>
> 　　第二，功能不同：会议记录一般不公开，无须传达或传阅，只作资料存档；会议纪要通常要在一定范围内传达或传阅，要求贯彻执行。

②资料性。会议记录是分析会议进程，研究会议议程的依据，是编写会议简报和撰写会议纪要的重要资料，还可以作为原始资料编入档案长期保存，以备需要时查阅。

（2）结构

由标题＋正文＋尾部三部分组成。

①标题：会议名称＋文种，如"××医院第三次股东会会议记录"。

②正文：首部＋主体＋结尾

首部：会议概况，包括会议名称；会议时间；会议地点；会议主席（主持人）；会议出席、列席和缺席情况；会议记录人签名等。以上6项在主持人宣布开会之前填写好。

主体：会议内容。包括：会议议题，如果有多个议题，可以在议题前分别加上序号；发言人及发言内容。记录每人的发言时都要另起一行，写明发言人的姓名，然后加冒号；会议决议，决议事项应分条列出。有表决程序的要记录表决的方式和结果。

结尾：另起行，写明"散会"并注明散会时间。

③尾部：右下方写明：主持人：（签字）、记录人：（签字）。

・案例32・　　　　　　　　**天地康乐公司项目会议记录**

时间：2015 年 6 月 5 日上午 9 时

地点：公司第一会议室

出席人：各分公司与直属部门经理

主持人：李聚才（集团公司副总裁）

记录：钟红（总经理室秘书）

主持人讲话：今天主要讨论一下"美廉康乐城"的兴建立项以及如何开展前期工作的问题。（略）

发言：

第一分公司齐总：该项目的选址应定位在亚运村以北，清水河以南……（略）

第二分公司刘总：该项目应以体育健身为龙头，带动其他餐饮娱乐项目（略）

市场部郭总：汇报市场调查与预测的结果（略）

财务部洪总：汇报公司的资金状况（略）

技术部王总：汇报建筑项目招、投标情况（略）

决议：

（一）——（四）（略）

散会（上午 12 时）

主持人：李聚才（签名）

记录人：钟　红（签名）

这份会议记录格式规范，条理清楚。记录依据会议程序，分为主持人讲话、集体讨论、会议决议三部分，整个会议记录紧扣会议议题，重点突出。

2．怎样写计划

计划是国家机关、企事业单位、社会团体或个人对今后一段时间的工作、生产和学习提出目标以及实现目标的步骤、方法和措施等的文书。由于计划涉及的内容和期限的不同，有不同的名称。如规划、方案、安排、设想、打算、要点等。

（1）特点

①预见性。计划是为做好未来工作，完成今后任务而制定的，具有鲜明的预见性。制定计划前，必须总结前段时间工作的经验教训、对现有的和可能的有利和不利因素、对计划执行中可能出现的各种情况等进行研究、分析，并制定相应的对策、方法、步骤和措施。

②目标性。制定计划时要将一定时期内要完成的基本任务、实现的预期目标或达到的效益等写清楚。

③可行性。制定计划的最终目的是指导实际行动，因此，在制定目标和任务时要切合自身实际，确保目标的实现，制定的措施、办法宜切实可行。

④权威性。有些计划要求单位或组织内全体员工必须贯彻执行，是通过努力完成的目标。一经法定会议通过或行政机关批准的计划，就具有正式文件的权威性和约束力。

（2）格式

由标题、正文和落款三部分组成。

①标题。通常有四种写法：

单位名称、计划时间、计划内容和计划名称四要素构成。如《XX医院XXXX年度工作计划》。

计划内容加文种组成。如《关于降低医院内感染发生率的工作计划》。

单位名称、计划内容和计划名称组成。如《XX医院提高突发公共卫生事件处理能力的应急预案》。

计划时间、计划内容和计划名称组成。如《XXXX年度行政工作安排》。

②正文。包括前言、主体、结尾三部分。

前言是计划的开头部分，主要阐明制定计划的背景、依据、目的、意见和指导思想等。前言部分的表达宜简明扼要。

主体一般由目标任务、措施和步骤三部分构成，目标任务是工作、活动要达到的标准和要求，即"做什么"。措施是完成任务的具体方式和手段。如采取哪些手段、创造哪些条件、运用哪些方法、进行哪些分工等，即"如何做"。步骤主要指时间、人力、物力、财力的具体分

基

础

级

配和安排，即"什么时间做完"。

结尾即结束语，包括补充性说明，为完成目标任务而提出的希望、号召与建议，或执行计划应注意的事项等。

③ 落款。在正文的右下方写上制定计划者的名称或名字，并署上日期。如作为文件外发，还应加盖公章。

（3）写作要求

① 实事求是，统筹兼顾。撰写计划必须实事求是，要充分分析客观条件，所撰写的计划既要前瞻性，又要留有余地，使执行者通过一番努力才能完成。如事关全局性计划，还应将各方面的问题思虑周全，如计划需分解到部门，要处理总计划和分计划、整体与局部之间的关系，做到统筹兼顾。

② 突出重点，条理清楚。一段时间内要完成的事情很多，先做什么，后做什么，主要做什么，次要做什么，必须有重有轻，有先有后，点面结合，有条不紊，才有利于工作的全面开展。

③ 明确目标，步骤具体。计划的目标必须明确，有利于执行者明确努力的方向；步骤和进程宜具体，有利于实施和检查。

3．怎样写总结

总结是党政机关、企事业单位、社会团体及个人对前一阶段工作进行系统回顾、分析评价，从中得出规律性认识并指导今后工作的文书。

（1）特点

① 客观性。总结是事后回顾，所回顾的都是客观存在，做过什么、成功与否等都必须符合客观实际。真实客观地分析情况，总结经验，不能言过其实，也不必文过饰非。

② 理论性。总结离不开实践，应用事实说话。但总结也不宜停留在事实表面，宜透过事物的现象看本质，用大量的感性材料进行去伪存真、去粗取精，得出规律性认识。

③ 启发性。启发性的意义并不能停留于对实践的理性认识，更是为了对今后实践的启发和指导。通过总结，可以加深对实践的认识和理解从而再接再厉，继续战斗；也可以在原有基础上调整或整顿，避免重蹈覆辙，从而打开新局面。

（2）格式

由标题、正文、落款三部分组成。

① 标题：总结的标题常有以下三种形式：

公文式：即单位名称、时间、内容和文种组成，如《XXXX 公司 2011 年度工作总结》。

文章式：由总结的内容或观点概括而成。此种标题一般不标明"总结"二字，如《缩减办公经费，提高经费使用效率》。

正副标题式：正题用来概括文章主旨和中心，副题具体说明单位、时间和文种，如《改变管理方式，提高服务质量——XXXX科室经验介绍》。

② 正文

正文由开头、主体和结尾三部分组成。主要包括以下内容：

基本情况：简单交代总结的时间、背景、事情经过、基本成绩与收获等。

现有成绩与不足：此为总结的主要内容。一般先叙述成绩，成绩的表现方面，收获有哪些；然后指出工作中存在的不足，并分析导致失误的原因与危害。

经验教训：通过对实践活动进行客观分析，得出经验与教训，挖掘日常工作中深层次的内涵，将具体问题上升到理论高度，从中总结出规律便于指导今后工作。

改进意见及设想：是在总结经验教训的基础上，明确今后方向，提出改进措施与建议。

③ 落款

一般是署名和日期，要写单位全称和完整的年、月、日（中文式）。

（3）写作要求

① 实事求是，一分为二。实事求是是写好总结的基础。要如实反映工作中的成绩与问题、经验与教训，不能只报喜不报忧，更不能脱离实际随心所欲地拔高观点。反映的情况不能片面化，更不能前后矛盾。

② 抓住重点，切忌平淡。总结根据目的、内容和性质的不同而有所侧重，善于抓住主要的、本质的和规律性的问题。

③ 突出个性，注重特色。总结要写出不同单位或同一单位不同时期的不同特点，不能千篇一律。故要求写作前先充分了解情况、准备丰富的材料，认真梳理和深入剖析，把握本质和规律，形成特点，防止一般化和老一套。

4. 怎样写简报

简报是机关、团体及企事业单位编发的简要反映情况、报道工作、交流经验、揭露问题的一种文书，也叫"动态"、"简讯"、"摘报"、"工作通讯"、"情况反映"、"情况交流"、"内部参考"等，它是内部编发的常用文书，内容涉及面非常广泛，是进行对内、对外交流的一种很好的媒介。

（1）特点

① 快，指反应迅速及时。简报具有新闻性，追求时效性，要求发现、汇集情况快，撰写成文快，编印制发快。

② 新，指内容新鲜、有新意。简报要提出新情况、新问题和新经验。善于捕捉工作、社会生活中的"新"，使简报具有更强的指导性和交流性。

③实，反映情况要客观。即简报所反映的情况和问题要真实、准确，不能随意夸大或缩小。

④短，指简短。文字短，内容精，开门见山，直接叙事，一语中的，尽可能一事一议，少做综合报道。简报字数一般为几百字，至多不过一千字。

（2）种类

①工作简报：反映本地区、本单位、本部门日常工作的简报。包含内容较为广泛，定期或不定期编发，在一定范围内发行。

②会议简报：是会议期间反映会议情况，其内容包括会议的进行情况、讨论发言及会议决定等。

③动态简报：包括情况动态简报和思想动态简报。

④专题简报：是将某一项专门工作或中心的动态、进展、问题、经验向有关部门通报的简报。内容集中，事件单一，及时地将动态、进展、问题、经验反映出来，以利于推动工作。

（3）写法

简报一般包括报头、正文、报尾三部分内容。

①报头。一般应占第一页的三分之一版面，由名称、期数、编写单位名称、日期、分隔线几部分组成。

②正文。标题要醒目、简明，使人一看就能抓住即将表达的内容。简报开头应有一个总的概括性说明，用简要的文字把事件的时间、地点和意义、作用交代清楚，揭示简报的中心思想。也可先写出事情的结果，然后再分析、说明，以引人注意，具有统领全篇的作用。主体承接开头，用充分的、典型的、真实的材料和数据说明开头提出的问题，起着阐述中心内容或说明主要观点的作用。最后简要总结，或提出希望、要求、号召等。

③报尾。注意报：上级机关；送：同级或不相隶属单位；发下级单位。

基础级

·案例33·　　　　　　工　作　简　报

（第19期）

红花岗区长征镇卫生院　　　　　　　　　　　　2014 年 5 月 10 日

献血献爱心　　　血浓情更浓
——长征镇卫生院组织全体职工义务献血

5月10日上午，长征镇卫生院组织了一次"血浓情更浓、义务献血"活动。院办公室向全院职工发出献血倡议书，为了不影响各科室正常工作，院办公室作出了具体的安排。

上午9点，参加献血的20名同志早已在医院门口等候市血液中心义务献血车的到来，9点30分，献血正式开始，综合科医师李旭峰第一个高高挽起衣袖，以轻松的表情完成献血。接着大家谈笑风生地排队填表、验血、抽血。采血过程非常顺利，共为市血液中心义务献血4000毫升。院长助理感谢职工用实际行动奉献社会、关爱病员。

这次义务献血活动不仅为职工提供奉献爱心的平台，更为培养大家的公民意识、奉献精神和服务能力起到了积极的推动作用。

报：××××

送：××××

（共印30份）

5. 述职报告

述职报告是政府机关、企事业单位、社会团体的各级领导干部、管理人员，向上级机关或群众陈述其任职期间履行岗位职责的书面报告。分为三类：任期述职报告、年度述职报告和临时性述职报告。

（1）特点

① 个人性。述职报告要求述职者对自己负责的工作进行回顾，总结经验和优势，找出不足与教训，并对履职情况做出客观评价。

② 真实性。述职报告是考核、评价干部和其晋升的重要依据，述职报告一定要实事求是，真实、客观地陈述，力求全面真实、准确反映述职者履职情况。

③ 通俗性。述职报告通常由述职者在会议上口头陈述，要求语言通俗易懂，尽量口语化，让所有参会者都能听懂、明白。

（2）格式

由标题、署名与日期、称谓和正文四部分组成。

① 标题。有三种写法：第一种直接用文种做标题；第二种由述职人和文种构成；第三种由单位名称、职务、任职时间和文种组成。

② 署名和日期。可以写在标题下面，也可以写在正文后面。

③ 称谓。即听取述职报告的对象，可以是部门、负责人或全体员工。

④ 正文：引言+主体+结尾

引言：概述现任职务、任职时间、岗位职责、工作目标及对自己工作的总体评价，确定述职范围和基调。

主体：即履行岗位职责的情况。包括工作思路、指导思想、成效和经验等；注重介绍工作实绩并写明起止时间；概述存在的问题、工作中的失误、改正措施以及努力方向等。这是报告的重点部分。

结尾：一般以总结方式结束全文，也可采用"以上报告，请领导和同志们指正"、"以上是我的述职报告，谢谢各位"等作结尾。

（3）写作要求

① 实事求是。真实反映述职者履行职责的情况，无论陈述成绩还是缺点，均应抱着实事求是的态度，决不能弄虚作假。

② 突出特点。述职报告具有强烈的个人性，因此要选择具有代表性的典型事例，切忌千篇一律，人云亦云。

③ 语言应简洁、朴实、通俗易懂、口语化。

行动：学写应用文

活动一：评析案例

请从标题、主送机关、缘由、事项、结束语、成文日期以及语言表达等方面评析以下的案例是否规范。

关于 XXXX 医院等事业单位岗位设置的请示报告

XXX 区人事局：

根据省人事厅《关于加快事业单位岗位设置管理实施工作的通知》精神和省卫生事业单位岗位设置结构比例指导标准的要求，我局管辖的 X 个事业单位严格按照通知精神和岗位设置结构比例指导标准进行岗位设置，制定了本单位岗位设置方案，现予呈报。

如无不妥，请尽快批示。

XXX 卫生局
2013 年 6 月 3 日

活动二：情景写作

XXXX 医院年度总结会议经过精心准备，已于 2015 年 12 月 11 日顺利召开，请你根据以下材料，写一份会议纪要。

材料 1：会上，正院长王庆生同志出席会议并作了 2015 年工作总结报告。市卫生局领导及相关负责同志也出席了会议。

材料 2：本次会议共有 60 余人参加。包括业务副院长、院办主任、医务处处长和护理部主任及各科室和部门的主任、党支部书记、护士长等。

材料 3：会议表彰了 2015 年度先进集体和个人。

材料 4：会议部署了 2016 年医院发展目标与主要工作任务：1. 进一步解放思想、深化改革，加快医院发展步伐。2. 进一步加强特色专科建设，打造特色专科，拓展业务范围。3. 进一步加强内涵建设，重视人才培养，提高核心竞争力。4. 进一步抓好医疗质量，确保医疗安全，完善医疗服务体系。

活动三：为"精彩人生，健康相伴"写简报

"精彩人生，健康相伴"已开展系列活动，请选择已开展的一项活动，写份简报进行交流。

评价：你掌握常用应用文的写作技巧了吗

评估一：自我评估

通过本节学习是否已经掌握了常见应用文书的特点、格式和写作要求等，能够撰写常用的文书。

评估二：小组互评

请将你撰写的会议纪要在同学中展示，让同学评价你写得如何？

表 8 评价表

内容	优	良	中	差
篇幅是否恰当				
是否重点突出				
表达是否准确、精炼和清晰				
针对性如何				
制作是否规范				

单元综合练习

活动一：请阅读下列资料，并回答问题：

1.冬季气候有哪些特点? 冬季养生分几个方面?

2.该文章如何谋篇布局的? 结构安排是否合理?

3.请对文章内容进行归纳、整理和汇总，评述一下这篇文章的语言风格特点。

・案例 34・　　　　　　　　　　**冬季养生知识**

冬季普遍寒冷、干燥、多风。中医指出，冬季养生应遵循自然、心静的原则。故养生包括以下三个方面：

一、精神养生

1.宁静为本，保养精神

2.心理调节

二、食物养生

1.多食温热，少食寒凉。冬季养生仍以食物养生为主，宜多食用富有温热性质的食物，而少食寒凉生冷食物。

2.多食滋阴、润肺、补液生津的蔬菜、水果、豆类等食品，少食辛辣食品，以改善脏腑功能，增加抗病能力。

3.适当用保健食品。

4.注意补充水份。每日饮水不少于 2000-3000 毫升。

三、起居养生

1.早睡晚起　在冬季保证充足的睡眠时间尤为重要。冬季宜早睡晚起，保持8-9小时睡眠，老人可适当增加。

2.避寒就暖　冬季注意衣着保暖，室内温暖，减少寒气侵袭，尤应注意足部保暖；但忌暴暖、过度烘烤。

3.环境舒适　室内温度、湿度适宜：室温宜保持在18-22℃之间，相对湿度在50%-60%左右。

值得一提的是冬季养生要贵在坚持、注重心身结合，才能达到预期效果。

活动二：“精彩人生 健康相伴”项目4——设计方案

2017年，XX社区将开展“精彩人生 健康相伴”宣教活动，请为该活动制定方案。

活动三：根据自己的工作实际情况，写一篇不少于800字的工作总结，要求具有准确、规范、简约和平实的语言风格。

提示：总结要求写清楚做了哪些事，是怎样做的，取得了哪些成绩或经验，有什么体会，存在问题以及今后的打算等。

II

与人合作与团队协调力训练

第一单元　明确合作目标

本单元训练重点：

- ● 怎样表达合作意愿，快速融入团队
- ● 怎样将个人目标升华为团队目标
- ● 怎样正确定位自己
- ● 怎样遵守规则，维护合作关系

第一节　表达合作意愿　积极融入团队

目标：培养合作意识　快速融入团队

众所周知，工作中人与人之间存在着各种各样的合作关系，下级与上级、个人与部门同事，个人与其它部门人员，个人与外单位人员，组成了不同类型的合作关系，也正因为有这种合作关系，才有可能顺利地完成工作任务，达成个人与团队双赢。现实中，对每一个人来说，只有融入团队，在相互合作中最大化地发挥出团队作用，才能在团队价值提高的同时，相应提升个体自身的价值。

通过本节学习和训练，你将能够：

1.了解团队的概念、要素及高效团队的特征；

2.学会积极表达合作需求，创造合作机会；

3.学会调整心态，积极融入团队。

准备：主动合作　融入团队

·案例1·

想跳槽的王红

新人王红刚进一家医药市场调研公司工作半年就想跳槽，究其原因，不是工作不适应，经理曾表扬她很适合做市场调研工作；对工资也较满意，缴完"五金一险"，税后拿到3000元多。但王红自己觉得跟同事越熟越有隔阂。譬如，同事刘丽喜欢在她面前说三道四，为此心里很纠结；下班后同事们喜欢一起出去吃吃喝喝，次数一多，她觉得很无聊；第一次新员工评分，部门主管却只给她良好的测评结果，为此与主管理论了一番，最后，主管询问经理后给她调了等级，但双方产生了心理距离。王红觉得很苦闷，思考再三，决定跳槽。

案例中，王红在这家公司碰到的问题，可能今后在其他公司也一样会碰到，与其匆匆跳槽，倒不如学会如何适应新环境。那么，王红应怎样做，才能在最短的时间内融入集体，避免受到排挤和孤立？才能与大家和谐相处，享受到融入集体的快乐？

一、什么是团队

（一）团队的内涵

团队是指一个组织内，由两个或两个以上的人组成的一个工作共同体。在此共同体内，负责人利用每一个成员知识、技能和经验，按照工作流程或业务性质要求，进行分工协作，共同攻克遇到的问题，最终达成既定的目标。由于团队成员在工作上相互依附，情感上相互影响，心理上彼此关注，行为上共同执行规范，因此，团队作为一个组织的内在系统，是一个有机整体，其特征是为共同目标而分工合作，为集体荣誉和利益而共同努力。

值得注意的是团队和群体有着本质的区别，群体可能有共同的目的，却缺乏协作性，属于没有凝聚力的一个松散型的集体。

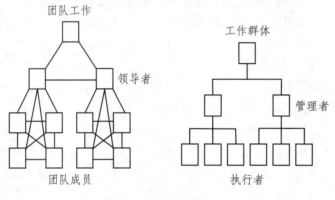

图1　团队与群体的区别

团队是因为志趣、爱好、技能、工作关系等，为完成共同目标，自愿组合、协助合作、共同承担风险而组成的一个群体。团队中，每个人都有自己明确的分工和要求，能主动交换意见与想法，所以团队能够产生"1 + 1 > 2"的力量。

（二）团队的要素

团队构成有五个重要的要素，可总结为"5P"，分别为目标、人、定位、权限、计划。

1. 目标（purpose）

每个团队在运作前，都有一个既定的追求总目标，分解的阶段性目标以及个人需达成的个体目标，这是团队及成员的工作指向，也是过程导航的前进方向。

2. 人（people）

人是构成团队最核心的要素，是实现既定目标的主体。通常，两个或两个以上的人就可以构成团队，在实际工作中，往往依据工作任务要求，工作流程，工作复杂程度而配备各种类型的团队成员，以保

失利的"梦之队"

每年美国的NBA比赛结束后，都会从各个优秀队伍中挑选最优秀的球员，组成实力强大的"梦之队"参加奥运会。但"梦之队"有时候不能战胜实力比它弱的球队，令球迷大跌眼镜。

"梦之队"失利的原因可能在于他们不是真正的团队。虽然他们是世界上最顶尖的球员，但平时不属于同一团队，可能没有形成内部各成员间在打法、跑位上的特有流程和模式，缺乏团队精神，无法形成有效的团队战斗力。

障任务的顺利完成。

3. 定位（Place）

团队定位包含两层意思：一是指团队定位，亦即团队在单位组织中处于什么位置，由谁选择和决定团队成员，团队最终应对谁负责，团队采取什么方式激励下属等；二是指个体定位，作为成员在团队中扮演什么角色，承担什么责任，完成什么任务。

4. 权限（power）

团队中负责人权力的大小。它与团队的发展阶段相关，一般来说，团队越成熟，负责人权力相应越小，在团队发展初期，领导权相对比较集中，负责人的权力就大。

5. 计划（plan）

计划是团队为完成任务或达成既定目标而制定的工作步骤，实施的工作方案。任何团队目标的最终实现，都依赖于科学合理的工作计划，没有计划的行动肯定是盲目的，无法有效保障目标的实现。

（三）高效团队的特征

一个团队成功与否，重要的标志是其工作的效率，工作效益。一个高效团队的主要特征有：

第一层次：有共同的理念、明确的目标、一致的承诺，这是建设高效团队的前提和基础。

第二层次：严格的规范、恰当的领导，这是建设高效团队的保证。

第三层次：相互的信任、有效的沟通，这是建设高效团队的关键。

第四层次：内部和外部的支持，是建设高效团队的必要条件。

> **天堂和地狱的故事**
>
> 有人问教士天堂与地狱的区别，教士把他领进一间房子，只见一群人围坐在一口大锅旁，每人拿一把汤勺，可勺柄太长，盛起汤也送不到嘴里，一个个眼睁睁地看着锅里的珍馐饿肚子。教士又把他领进另一间屋子，同样的锅，人们拿着同样的汤勺却吃得津津有味。原来他们是在用长长的汤勺相互喂着吃。教士说："刚才那里是地狱，这里是天堂。"

基
础
级

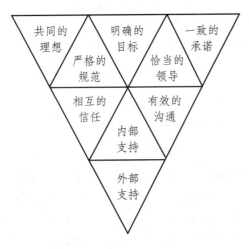

图 2　高效团队的特征

二、如何具备合作意识

（一）基于共同利益，形成合作意识

医护人员工作在临床第一线，承担着救死扶伤、治病救人的重要

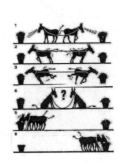

职责。然而，医疗工作中不确定因素和突发事件时有发生，患者的具体情况和需求也千差万别，为此，医疗团队应基于医护人员的职责，以挽救患者生命为目标，要能快速形成救护合作，提供优质安全医疗服务。特别是，当突发事件发生时，往往需要医护人员的整体配合，尽最大努力减轻患者痛苦，治病救人。

·案例 2·　　　　　生死时速　为生命接力

2015 年 6 月 11 日早上，放疗科病区门口的电梯旁，一位非放疗科的病人突然休克，晕倒在地。放疗科护师许艳、黄珠玉与郭燕医生闻讯第一时间跑到现场实施抢救。当时病人意识丧失，心跳呼吸全无，郭燕医生立即对病人进行心外按压及呼吸气囊辅助呼吸，护理人员迅速建立静脉通道、吸氧，放疗科徐华主任与甘琳护士长亦及时到场指挥抢救，随后急诊科、麻醉科和综合 ICU 等相关科室人员加入抢救团队。抢救现场，医护人员争分夺秒，有序运作，默契配合，全力抢救。10 多分钟后，病人慢慢地恢复了自主呼吸与心跳，随后被送到急诊科继续治疗，鲜活的生命远离了死亡线。

案例中，医护人员在病人突发意外时，首先想到的是病人的安危，没有为区分是哪个科室的病人而延误抢救，真正尊重了病人的人身健康权。医护人员快速应变、多科合作、团结一致、救死扶伤，体现了医务人员的职业操守。

（二）与人合作共事，提高工作效率

事业成功往往是众人共同合作的结果。医院里，上下级之间、医护人员之间、医护人员与病人之间，不同的人处于不同的位置上，大家需要合作，才能完成治病救人的任务。

现代社会中，懂得合作、善于合作，就能不断创造高效率和高效益，就能得到相互间的理解与认同。

三、如何快速融入团队

·案例 3·　　　　　张华的困境

张华在学校时成绩很优秀，参加工作后常常恃才傲物，个性孤僻。当时和他一起进入医药公司工作的还有同班同学李强，李强工作认真，努力完成领导分派的每项工作任务，和同事交往主动热情，办公室的同事不抽烟，他把烟戒掉，很快赢得了同事和领导的好感。年终评选优秀员工，由于李强的优秀业绩和同事的支持，他受到了表彰。而张华尽管工作业绩的数据超过李强，但评选大会上他一票也没有得到，好业绩没有被表彰。张华很懊丧，认为自己不受重视，感觉英雄无用武之地，辞职而去。

随后他换了几个单位，但一直没有找到自己满意的工作。

案例中，小张为什么会出现如此困境，不是他工作不努力，也不是没有工作能力，更不是没有取得好的工作业绩，主要原因是他作为新人，未能放低姿态，未能很好地处理同事关系，缺乏主动融入团队的意识。

（一）主动表达

在新团队中，要主动交流，表达你的合作愿望，让别人了解自己，认同自己，接纳自己。如同在一个大型宴会上，你所围坐的席面，左右客人都不熟悉。菜肴上来后，如果你主动用公用餐具给左边客人夹菜，向右边客人敬酒，你就很快融入到席间友好的范围，好感自然而生。工作中积极表达合作的方式有很多，如帮同事去办一件非常微小的事情，主动承担日杂事务，积极提供一些有益的参考意见，利用自己的社会资源帮助团队解决一些实际性的问题等，尽管有些事情很小，但能使你很快融入团队，成为大家欢迎的一个新成员。

（二）谦虚做人

在新环境中，一切都是新的。此刻，即使你曾有过成功的辉煌，但你仍要以归零的心态，一切都重新开始。工作过程中，要尊重每一位同事，虚心向老前辈学习，不可随意对同事的工作方式或完成任务的结果评头品足。要知道，你敬别人一尺，别人也会敬你一丈，这样才会和谐，才会消除不必要的隔阂，帮助你完成好每一项任务，建立起自己的威信，所以，你应学会善意地遮盖自己的锋芒，在适当的时候，运用适当的方法表现出自己的长处，以取得同事与领导的信任和支持。

（三）努力工作

工作中必须以积极的心态对待团队交付的每一件任务，即使有一定的困难或具有挑战性，也不要推诿或抱有抵触情绪，而要想办法主动与同事协商完成任务。事事都要向前看，不要等别人吩咐该做什么的时候才知道自己的职责所在。记住，只有主动地去做，你才能获得业绩的突破。同时，你在新团队中，必须坚决服从领导的工作安排，认真完成每一项工作，这样就能赢得领导认可和同事的赞许。

行动：你能主动表达合作意愿吗

活动一：给普通员工写欢迎信

了解活动背景，在商议讨论基础上，委托一位成员负责执笔，起草一封欢迎临时工的信。通过这个活动，检验合作意识和合作意愿。

活动背景：

公司为完成政府有关部门再就业安置任务，承担了就业困难群体的就业安置任务，决定雇佣一位临时工，女性，年龄已四十岁，曾短暂失业。该女性员工在试用期的三个月中，每天负责收发信函、整理内务、来访接待、电话接听等杂务。大家感到，办公环境整洁多了、工作很有秩序。为此，公司领导决定与她签定为期一年的聘用书，并承诺如果需要，将长期聘用。为了激励她的工作积极性，领导委托大家写一封欢迎信。

活动要求：

字数 700—1000 之间，行文通畅，充分表达对新同事的欢迎情感。通过欢迎信表达出对这名新员工给予大家的帮助和价值，明确合作的需求，评价合作的效果。信中必须引用一句关于合作的谚语，列举一个合作的事例。

活动二：我们是一家人

（一）游戏程序

1. 将全部人员分为 A、B、C、D 等几组，每组 3—4 位成员。

2. 组内学员间先进行自我介绍，介绍自己的姓名、工作单位、职位和爱好等。然后推举一位成员代表小组作介绍，要求将组内每一位学员的情况介绍完整，并加上自己的评价。

3. A 组介绍完后，其他组代表对 A 组发言作一句话评价。（评价必须是正面的：如 A 组成员都很年轻，非常有朝气；A 组成员看来经验很丰富；A 组成员都是女孩子，都很漂亮。）B 组介绍完后，其他组代表对该组发言也作一句话评价。以此类推，直到所有小组介绍完毕。

4. 每组介绍自己的代表和发表评价的代表不能是同一个人。

5. 每组发言时间不得超过 2 分钟。

（二）相关讨论

1. 你是否容易记住别人，用什么方法？

2. 自我介绍和介绍别人，哪一种方法更容易令你印象深刻？

3. 你是否善于赞扬别人？

4. 你是否善于寻找其他成员的共同点？

（三）总结

1. 这个游戏适用于大家初次见面，互相了解的阶段。如果彼此已经认识了一段时间，需要将问题作些调整，增加一些难度和深度。需要注意的是对别人的发言要做出积极、正面的评价，以促使团队关系进一步的融洽。

2. 作为活动者，不要羞于发言以及对别人作出评价，你可以自始自终假想你是在与家人沟通，完成这个游戏任务后，你会收到意想不到的效果，即在别人充分了解你的同时，你也结交了许多新朋友。

评估：你是否具备合作意愿

评估一：评价欢迎信

各小队宣读各自撰写的欢迎信。各小队安排一个代表评价其它小队欢迎信。培训师进行综合评价，选拔出表达清晰、诚挚热情的小队，并对执笔者提出表彰和奖励。而获得奖励小队的执笔者则要发表获奖感言。注意，这封虚拟的欢迎信，实际上是写给自己的，执笔者通过信来理解合作的意义与价值。

从一个独特的视角，了解学员的合作愿望，判断合作意识的强弱。对有工作阅历的员工，要求回忆进入公司的第一顿工作午餐是如何安排的。对没有工作阅历的学生，要求回忆新入学第一次班级集合是怎样的情景。

评估二：你与人合作的意愿如何

回答以下问题，以文字的形式写下来，评估自己对合作意愿的认识。

1. 在目前的岗位上，为完成组织赋予的工作任务，你在哪些方面需要他人的合作？

2. 你的同事和直接上级的工作中，哪些方面需要你，或者是无法离开你的帮助？

3. 你的工作组织中，大家的共同利益体是什么，组织能够为你带来哪些利益？

4. 你对于组织的价值是什么？大家通力协作、相互配合，是否能够增加共同利益？

评估三：你的团队合作精神如何

企业中的团队合作是效率和品质的重要保证，每个人因为个人心理品质的不同，会对团体表现出不同的态度，这种态度可以判断这个人与团队的亲密程度，或者是作为是否具备团体合作精神的标准。

下面的测试题只需按自己的真实意愿选择回答。

基础级

1. 本部门维修工程师在周末下午 5：30 回家途中接到重要客户打来电话，因购买你单位生产的设备出了故障，要求紧急更换零件，由于堵车，维修工程师向还在办公室暂未回家的你求助，希望你帮忙送货。你是：

    A. 同意亲自驾车去 30 公里以外的地方送货；

    B. 回维修工程师电话，怕堵车，不好办；

    C. 请维修工程师告诉客户，因堵车，只能下周才能解决。

2. 如果某位与你竞争最激烈的同事向你借一本经营管理的资料，你是：

    A. 立即借给他；

    B. 同意借给他，但心里不痛快；

    C. 借故找理由，不借给他。

3. 如果同事为方便自己去旅游而要求与你调换休息时间，在你还未作决定如何度假的情况下，你是：

    A. 马上应允；

    B. 告诉他你要回家请示家人；

    C. 拒绝调换，推说自己已经参加旅游团了。

4. 你如果在急匆匆驾车去赴约途中看到同事的车出了故障，停在路边，你是：

    A. 毫不犹豫地下车帮忙修车；

    B. 告诉他你有急事，不能停下来帮他修车，但一定帮他找修理工；

    C. 装作没看见他，径直驶过去。

5. 如果同事在你准备下班回家时，请求你留下来听他倾诉最近让他彻夜难眠的烦恼，你是：

    A. 立即同意；

    B. 劝他第二天再说；

    C. 以家里有事为由，拒绝他的请求。

6. 如果同事因事要去医院探望亲人，要求你替他去车站接一位领导，你是：

    A. 立即同意；

    B. 找借口劝他另找别人帮忙；

    C. 以汽车坏了为由拒绝。

7. 如果同事的儿子想选择与你同样的专业，请你为他做些求职指导，你是：

    A. 立即同意，并主动找些最新资料给他做参考；

    B. 答应他的请求，但建议他去找最新的资料做参考；

    C. 只答应谈几分钟。

8. 如果你参加一个新技术培训班，学到了一些对许多同事都有益的知识，你是：

　　A. 返回后立即向大家宣布并分发参考资料；

　　B. 只泛泛地介绍一下情况；

　　C. 保密，不泄露任何信息。

评估：

全部或大部分回答"A"：你是一位善良、有爱心，很善于合作的人。

大部分回答"B"：以自我为中心的人，不愿意为自已找麻烦，不想让自已的生活规律、工作秩序受到任何干扰。

大部分回答"C"：是一个缺少友善精神的人，不善于同别人合作，缺乏团队意识，应反思改进。

目标：明确目标，正确定位

医护人员与人合作，必须要明确自己的工作职责和工作任务，了解自己医院与科室的发展目标，熟悉医院组织文化、管理理念和发展规划，把个人目标和医院发展目标结合起来，做到心往一处想，劲往一处使。与人合作时，每个人都要认清并找准自己的位置，对自己进行角色定位，清楚自己能干什么，适合干什么，如何做才能有利于团队总体目标的实现。

通过本节训练，你将能够：

1. 了解团队的宗旨、目标，将自己的工作任务与团队的发展目标结合起来，做到心往一处想；

2. 了解团队角色类型，进行正确角色定位，避免角色错位。

基础级

> **团队目标 SMART 原则**
>
> 具体（Specific）
> 可衡量（Measurable）
> 可达到（Attainable)
> 真实（Real）
> 时间要求（Time）

准备：明确团队目标　准确定位自己

一、怎样清晰团队目标

（一）统观全局　团队合作

医院是医护工作者向人提供医疗护理服务的机构。医护人员在一起共同工作的宗旨就是救死扶伤，治病救人。具体地讲，就是通过医务人员的集体协作，对病人及特定人群进行治病防病、促进健康。

·案例 4·　　　　　　非典战役中的钟南山团队

钟南山，中国工程院院士，广州医学院第一附属医院呼吸疾病研究所所长。

2003 年春节，突如其来的非典型肺炎，把钟南山推到了一场大战的最前线。钟南山领导的呼研所成了非典型肺炎救治的技术核心与攻坚重地。钟南山身先士卒，全力以赴投入工作。在他带动下，医院上下拧成一股绳，形成一个团结战斗的集体，表现出大无畏的献身精神，在紧张抢救病人的同时，钟南山和他的研究团队日夜攻关，终于在短时间内摸索出了一套行之有效的救治办法，就是世人皆知的"三早三合理"，即"早诊断、早隔离、早治疗"和"合理使用皮质激素、合理使用呼吸机、合理治疗并发症"。临床实践证明，这套方法大大提高了危重患者的成功抢救率，降低了死亡率，且明显缩短了患者的治疗时间。很快，钟南山以医学专家的渊博学识，沉稳地告诉大家，非典型肺炎并不可怕，可防、可治、可控。很快，社会情绪开始趋稳。最终钟南山和他的团队取得抗击非典型肺炎战役的胜利。

对此，广东省委、省政府给予高度评价：广州医学院第一附属医院在抗击非典型肺炎事件中起到了主导性作用，钟南山院士功不可没。

案例中，钟南山和他的团队很清楚知道他们在干什么，他们的目标是在抢救非典型肺炎患者的同时，要在短时间内迅速摸索出一套行之有效的救治非典病人的办法，平息社会上闻非典色变的恐慌现象。所以，每一个人都有明确的分工，都有一个共同的奋斗目标。

（二）明确目标 合作完成

目标是指引团队发展和方向的源动力，目标可以使个体提高绩效水平，也可以使群体充满活力。

2003 年，钟南山领导的科研所成为广东省非典型肺炎救治的技术核心与攻坚重地。他们的共同目标是寻找病源、研制抗病药品、制定患者的治疗方法，使社会情绪趋于稳定。为了这个共同目标，很多医护人员放弃自己的休息时间，抛下需要照顾的家庭，形成了一个团结战斗的集体，最终取得抗击非典型肺炎战役的胜利。

医疗行业是为人类健康服务的，从本质上说就是尊重人的生命、尊重人的权利和尊重人的尊严，为服务对象提供最佳的治疗和身心护理。工作中，医护人员必须严格执行医院的规定，要明确"为了患者生命安全"这个根本目标，而患者也要配合医护人员制定的治疗方案，如进行皮试时，患者不要觉得上个月看病时已经做过皮试了，没有过敏反应，没必要次次都做。遇到这种情况，医护人员要及时讲清共同目标是生命安全，要让患者理解对自己生命安全负责的必要性和重要性。

（三）升华个人目标 形成共同目标

个人的工作目标与大家的共同目标，不完全一致。为了共同的利益，大家走到一起，合作就是为了增强合作双方的共同利益。平时工作，人们大都有着确定的个人利益，由于利益的驱动，人们往往容易看到个人的目标而忽略团队共同的目标。

> **西天取经经验：
> 共同目标**
>
> 《西游记》中的师徒四人，聚合在一起的目标是赴西天取经。在合作之初，这仅是唐僧的一个人的目标，他要完成从唐朝皇帝那里接受的任务。孙悟空的目标是，从五行山的重压下解脱；猪八戒的目标是回到天神的地位；沙和尚的目标是解除罪犯身份。经过师傅的引导，他们共同将自己的目标升华为西天取经。

·案例 5·　　　　　　"南山风格"塑团队

钟南山院士从医以来，他获得了不少的科学成果和社会荣誉，他是近十几年来推动我国呼吸疾病科研和临床事业走向世界前列的杰出领头人之一。他和他的同行们在这个专业的突

出贡献，奠定了我国呼吸疾病某些项目的研究水平在亚太地区的领先地位。多年来，钟南山"奉献、开拓、实干、合群"的精神被同行们亲切地誉为"南山风格"，熏陶出了一个勇于奉献、蓬勃向上的团队，使广州呼吸疾病研究所成为了国内瞩目的学术阵地——国家重点学科、广东省重点实验室、国家临床药理基地、博士学位授予点。

钟南山院士领导的团队清楚了解所要达到的共同目标，并坚信这一目标一定要实现，也一定能实现。这个共同目标激励团队所有成员把个人目标升华到共同目标，并为团队目标的实现而不遗余力。

二、怎样正确定位角色

（一）了解团队角色类型

基础级

每个团队都由不同的角色组成。英国剑桥产业培训研究部贝尔宾博士和他的同事们经过多年的研究与实践，提出了著名的贝尔宾团队角色理论，即一支结构合理的团队一般有八种不同的角色，它们是：实干者、协调者、推进者、创新者、外交家、监督者、凝聚者、完善者。他的基本思想是：没有完美的个人，只有完美的团队；人无完人，但团队却可以是完美的团队。

要发挥团队的最大功效，团队中每个角色都不可缺少，同时，要根据团队中成员的不同性格分配他们的任务。对于外向性格的人，让他们负责协调队员之间的关系、处理人际关系等任务，比如协调者、统领者、创新者、资源收集者；而对于内向性格的人，则适合一些中规中矩、比较专业的工作。

（二）进行正确的角色定位

了解角色后，团队成员要正确认识自己在团队中的位置，认识该位置所处的级别，明确该位置要求的标准、职能和职责范围。此后，团队成员要做到情、事交融，既要做到在其位、谋其政，还要干一行、爱一行，这样才能达成团队的总体目标。

尺有所短，寸有所长。团队成员在正确的自我角色定位后，还要客观评价自己扮演角色的实际价值和意义，既不过高看待自己，也不妄自菲薄，盲目自我否定，更不随意贬低他人，如能相互之间做到"取他人之长，补自己之短"，就一定会创造出更好的团队工作绩效。

> **西天取经成功经验：角色互补**
>
> 《西游记》中，唐僧、孙悟空、沙和尚、猪八戒这四位性格各异，兴趣不同的人能组成一个"团队"，而且相处融洽，能完成西天取经这样的大事。这是一支优秀的团队，他们分别扮演了不同的角色，优势互补：唐僧起着凝聚和完善的作用，孙悟空起着创新和推进的作用，猪八戒起着联络和监督的作用，沙和尚起着协调和实干的作用。

在医护行业中，医护人员被赋予了多元化的角色，而且角色不是一成不变的。如，儿科护士角色，不仅要担当直接护理者，还要担任患儿及家长的代言人、教育者等角色；手术室护士角色应重点突出协作者角色，如术前完整准确的用物准备，术中迅速灵活的器械传递，严密观察患者的病情变化等。护士要根据患者实际情况的需要，因人因时因地制宜，以最佳的角色功能适应护理的需要，为患者提供最优质的服务。

（三）避免角色错位

人生舞台上，人人都是演员，每时每刻都按照社会规定的角色，说该说的话，做该做的事。也许，在家庭中你是被父母宠着的宝贝，可以撒娇、任性，但在工作岗位上，你必须严格按规章办事，不得冲撞、冒犯领导、同事。如果你是新来的，即使你学历高，工作能力强，你也必须懂得先来后到的做人常识，必须脚踏实地从基层干起，从点点滴滴做起。

（四）注意能够扮演配角

作为职业新人，刚进入职业生涯，在一个工作团队中，可能要扮演"蘑菇"角色。即被安置在不受重视的部门，平时做打杂跑腿传话的事情，团队工作出现问题，尽管不是你的原因，却可能受到批评或指责，甚至连辩解的机会都没有。遇到这种情况，你一定要冷静对待，正确认识"蘑菇"经历，并认定这种磨练是职业发展的必然过程，无需背上沉重的思想负担，如果你能做到这些，就能在境界上跨进一大步，在行动上有收获，能取得来自团队周围更多人的帮助和支持。

行动：提升合作目标　进行角色定位

活动一：医院 50 年院庆筹备工作分工

活动背景：

某医院拟举行建院 50 年庆典，医院高度重视这个活动，成立筹备领导小组，院长亲自担任组长，副院长、党委书记担任副组长，办公室抽调三人，其他 7 个部门各抽调一人，具体筹备工作由办公室三位人员与医院工会、宣传部、财务部、医务部、护理部、后勤保障部等职能部门执行，要求在 14 天内，做好庆典大会的全部准备工作。

按照筹备组长的要求，办公室的三人要写一个初步计划，明确每个人的工作任务分工。主要工作项目有：对外宣传、拟订会议文字资料、推选优秀员工、确定礼品规格种类及购置、邀请嘉宾、组织文艺演出、布置会场、预算经费、调度车辆、安排宴会等，确保庆典活动取得预期的效果。

每个小队选择三个人，用 15 分钟时间，确定庆典筹备分工方案，然后交给全队讨论。

八种角色的特点

实干者：将想法变成现实。

协调者：沉着、自信、有控制局面的能力。

推进者：思维敏捷；开朗；主动探索。

创新者：帮助团队扩展思路。

外交家：外联能力强。

监督者：评价分析行动方案。

凝聚者：提升士气，人际润滑。

完美者：确保高质量。

基础级

活动二：角色扮演——出入院的医患合作

每组成员自己分工，扮演不同的角色，模拟医院出入院的情景。

需要扮演的角色有：门诊护士（负责组织患者就诊）、门诊医生、住院处护士（通知病区护士；进行卫生处置；护送患者入病区）、病区医生、病区护士、病人、病人家属等。若小组有自己需创新的部分，也可增加其他角色。

旁白者：负责在小组扮演中交待时间、地点、人物和事件，让大家明白该组所要表演的内容。

角色需扮演的地点：门诊、病区、住院处。

角色扮演者着装要求与自己所扮演的角色相符，如护士要穿护士服、医生要穿白大褂和带听诊器。

模拟时间不得超过 20 分钟，不得漏掉医生、护士的操作程序。

基础级

 **评估**：你的团队目标管理能力、角色认知能力如何

评估一：庆典筹备人员分工

讲评各个小队的分工方案。在方案中，充分考虑到每个部门的特点，发挥各自的优势，要注明理由。根据分工安排，评定每个小队的成绩。

评估二：角色扮演

1. 小队队长分配角色时是否考虑队员特点?
2. 队员是否乐意接受队里分配的角色?
3. 队员在不同角色的扮演中，是否注意以下事项：健康教育时注意用语的通俗性；注意迎送礼仪；注意护士和医生护理过程中的操作程序和细节；突出医护人员的权利和义务的表现。

评估三：团队角色认知能力测试

在团队中，角色认知能力是指个人在团队中自我认知、自我定位、扮演和转换角色的能力。请通过下列问题对自己的这项能力进行差距评测。

1. 你如何认识团队中的各个角色？
    A. 每个角色都是必需的   B. 有主角和配角
    C. 有的角色可以去掉或合并

2. 你如何看待自己在团队中的位置？
    A. 我的位置和其他成员一样重要   B. 有时会发挥重要作用
    C. 我的位置最重要

3. 在执行不同的任务中，你如何转化自己的角色？
    A. 主动转变，总能扮演新的角色   B. 因任务而变
    C. 保持一定的姿态

4. 你如何看待自己在团队中的优缺点？
    A. 能认清自己的优缺点   B. 经常看到自己的缺点
    C. 经常看到自己的优点

5. 你如何看待自己在团队中扮演的角色？
    A. 在协作中才能发挥作用   B. 发挥一定的重要作用
    C. 处在非常重要的位置

6. 你如何看待自己的角色和他人角色的区别？
    A. 都是不可或缺的   B. 不能简单比较和区别
    C. 有重要程度上的区别

7. 你如何看待团队的领导？
    A. 领导是一种行为   B. 领导是团队的组织和协调者
    C. 领导是一种职位

8. 你如何面对角色在客观上存在的差异？
    A. 分工产生差异   B. 责任产生差异
    C. 能力产生差异

9. 在唐僧西天取经的团队中，你如何认识孙悟空的角色？
    A. 推进者   B. 创新者   C. 外交家

10. 你如何看待岗位互换？
    A. 无规划就会失去本来目的
    B. 能在一定程度上得到提高
    C. 可以感悟不同角色

评估：

选 A 得 3 分，选 B 得 2 分，选 C 得 1 分。

24 分以上：说明你的角色认知能力很强，请继续保持和提升。

15 ~ 24 分：说明你的角色认知能力一般，请努力提升。

15 分以下：说明你的角色认知能力很差，急需提升。

基

础

级

第三节 建立合作关系 商议合作规则

目标：明确任务 遵守规则

美国护士协会将医护合作定义为医生与护士之间的一种可靠的合作过程，在这过程中医护双方都有各自的任务，是一种有明确分工、有密切联系和信息交换、相互协作、补充和促进的共事过程。如果没有医生的精湛医术就没有病人治愈的希望，而没有护理人员的精心护理、认真核对医嘱、细心观察病情，也不能迎来病人康复的曙光。所以，只有医护人员有效、密切地配合，形成良好的合作关系，才能共同促进临床工作的和谐进行，更好地为广大患者服务。

在医护合作过程中，为保护双方利益和共同目标的实现，要有一定的规章制度来约束。俗话说，无规矩不成方圆。做任何事都要有一定的规矩、规则和做法，否则无法成功。只有通过公平、合理、通透的规则制定，才能为执行合作任务、实现合作目标提供保障。

通过本节训练，你将能够：

1. 学会主动与相关人员建立合作关系，并且不断维护；
2. 积极参与合作计划的制定，明确自己的工作任务；
3. 确定大家共同认可的规则，列入合作计划中。

准备：维护职业关系 遵守团队规则

先看案例：

· 案例 6 ·　　　　　　**影响和谐医护关系的窃笑**

一个 67 岁且体重 81KG 的糖尿病女患者用了小剂量镇静药物后，出现了尿解现象。护士小刘想替患者更换一个半卧位的舒适的体位，以适合患者分泌物很多的需要。当小刘和另外一个护士费力搬动患者的时候，旁边的一位年轻医生一边窃笑，一边手背在身后说："我倒想看看你们准备给她摆一个什么样的 POSE？"小刘尽管瞬时懵了一下，但很快淡定地解释说："患者分泌物多，我想给患者一个舒适的体位。"另一个护士忍不住回敬了医生几句，医生觉得面子上挂不住，气恼地离开了。

案例中，医生因为不了解整体护理的特点和内容，对护士工作没有给予尊重，导致护士产生不满情绪，影响了医护之间的关系，最终影响到患者的医疗质量。因此，协调的医护关系是取得优良医护质量的重要因素之一。理想的医护关系模式应是：交流——协作——互补型。即有关病人的信息及时互相交流；医护双方积极配合、协作，尤其在病人病情突变或需急救时，形成相互有力的支持；切实按医护双方道德关系，相互尊重、信任、协作、谅解、制约、监督。只有这样，才能构建出和谐的工作场景与人际关系，才能提高医疗的质量和水平。

一、怎样建立合作关系

（一）维护和扩大职业圈

在社会中，人要建立相应的合作关系，才能与人合作。人的社会关系可以分为血缘关系、地缘关系和业缘关系。业缘，是指职业范围所涉及到的人际关系，这是从业者最重要的人际关系。

职场中，用人单位喜欢具有工作阅历的人，喜欢拥有适宜的合作关系、善于解决问题的人。很多单位使用新员工时都心存疑虑，主要是担心新职业人，尚未建立起自己的职业圈，做事缺乏必要的支持和帮助，影响任务完成或工作的质量。所以，你一定要花费一些精力去构建、维护和扩大你的职业圈，并主动融入社会，与周围的人建立相互信任的合作关系，不断增加社会资源。

（二）分出合作关系的远近疏密

可以用一种形象的说法来描述职业关系，即职业圈。以自己为圆心，依据合作关系的远近疏密，划出三个同心圆套在一起。离圆心近一些的称为内圈，中间状态的称为中圈，远一些的称为外圈。

内圈，主要是你的直接领导、工作搭档或者直接下属的合作关系。内圈之人是你最重要的工作合作者。中圈，主要是本部门的同事、其他部门相关员工、外部相关部门的人员。工作合作虽没有内圈频繁，但也属经常往来。外圈，大范围的合作关系，有客户、高层领导、间接下属和职业生涯中各方面的朋友，大家合作的频率较低，但在关键时刻，外圈之人也有着重要的作用，因此，平时还必须保持正常的联系，切不可抛在一边不予顾及。

（三）遵守人际交往原则

1. 相互尊重　真诚合作

医生和护士为病人服务时，只有分工不同，没有高低之分。医护双方是相互尊重、相互支持、真诚合作的关系。同时，医护双方要充分认识对方的作用，承认对方工作的独立性和重要性，相互支持对方工作，即护士要尊重医生，主动协助医生，对医疗工作提出合理的意见，认真执行医嘱。医生要理解护理人员的辛勤劳动，尊重护理人员，重视护理人员提供的患者情况，及时修正治疗方案。双方只有及时交流，相互配合、相互支持，就一定能为患者提供优质的医疗服务，最大限度地保证患者的生命权和健康权，防止和减少医疗纠纷的发生。

> **·案例 7·　　　　　　医护合作　患儿得救**
>
> 　　某医院儿科收治一名高热患儿，经医生初诊"发烧待查，不排除脑炎"。急诊值班护士凭多年经验，对患儿仔细观察，发现精神越来越差，末梢循环不好，伴有谵语，但患儿颈部不强直。于是，护士又详细询问家长，怀疑是中毒性菌痢。经肛门指诊大便化验，证实为菌痢，值班护士便及时报告给医生。经医护密切配合抢救，患儿得救。

　　案例中，护士行为符合护理"要细致观察，及时为医生提供病情变化的信息"的职业规范要求。由于护士对患儿仔细询问和检查，使之确诊，并及时配合医生抢救，患儿转危为安，这是履行道德责任的表现，也体现了医护工作的合作性、协调性和整体性。

　　（2）相互信赖　关心体贴

　　医生的工作复杂、责任大，需要丰富的专业知识和临床经验，在诊疗过程中，担负着直接和首要的责任；护士的工作具体、繁重、紧张，需要极其细致、耐心和一丝不苟的直接操作，在护理中担负着主要和直接责任。医护双方要理解对方的工作特点，尊重对方的人格，信赖对方的能力，团结互助，为医院的医疗事业和患者的健康共同努力，而不能出现轻视一方现象。

> **·案例 8·　　　　　　批评不当惹纠纷**
>
> 　　患者周某，男：76 岁，工人。因患结肠癌在某医院做手术，手术过程中，因患者血压低需用多巴胺维持，当多巴胺输入 30ml 时血压回升，2 小时后血压平稳（140/80mmHg），此时，医生欲减少多巴胺浓度，但护士突然发现多巴胺是从硬膜外管输入的，而且多巴胺已输入了80ml（64mg）。医生得知后，在家属在场的情况下批评了护士，导致家属认为是医疗事故。后经有关专家会诊，一致认为，从硬膜外管注入多巴胺对患者不会产生任何不良反应。

　　案例中，医生当着家属的面批评护士，这种方式不恰当。因为在事实经过及产生的后果不完全清楚的情况下，告知患者及家属会使他们产生误解，也会对患者造成不良的心理刺激。因此，医生违反了医疗保护的原则，也造成了医患纠纷，不利于良好医护关系的建立。

　　（3）相互学习　共同提高

　　在临床实践中，医生的治疗方案为护理工作提供了依据，护士认真执行医嘱，对医疗工作提供了护理支持。护理人员还可以利用自己接触患者机会多，观察患者比较细致，听到患者家属反映多的优势，及时对诊疗工作提供信息反馈和建议，以及及时发现医疗上的差错，如个别开错方、用错剂量等情况。护士要学习基础医学知识，而医生同时也应学习护理知识，互相取长补短。

·案例 9·　　　　　　　　**医护共同查房　解除患者险情**

　　某三甲医院外科 ICU 为了提高医疗质量，采用了护士同医生共同查房的方法，取得良好的临床效应，具体方法是：晨间护理均由夜班护士在下班之前完成，各病区护士长及带班组长提前 20 分钟上岗，深入病区，全面了解病人病情，注意发现护理问题，在第一时间掌握第一手资料。晨间交班和床边交班后，带班组长及责任护士随同各病区医师共同查房，首先由主治医师汇报病人病情及各种化验结果，制定初步治疗计划，然后由上级医师补充、评价，带班组长则从护理角度汇报病人目前护理问题、护理计划、治疗护理落实情况及护理效果，责任护士根据医师查房内容、带班组长汇报内容及病人病情，制定病人当天的护理计划，最后由带班组长补充说明，指出该病人当天的护理重点。

　　案例中，护士跟随主治医师查房，一方面应主动把观察到的患者病情及时反馈给医生；另一方面，医生的理论讲解和病例分析可以扩展护士的理论知识，大幅度提高自己分析问题和判断问题的能力，有利于全面查找病人的护理问题，制定合理、科学的治疗措施，达到既定的护理效果。

二、怎样把握合作规则

（一）认识合作规则

　　"无规矩不成方圆"，规矩就是制度，每个团队都应积极组织团队成员建立各种工作的规章制度，使每个人都按照规则来办事情，形成团队的合力。如果团队中出现每个人都有自己不同的思想和行为，各做各人的事情，没有制度约束，只会成为一盘散沙而毫无战斗力。

基
础
级

·案例 10·　　　　　　　　**分粥的故事**

　　有 7 个和尚住在一个庙宇里，每天分食一桶粥。但僧多粥少，无法完全满足 7 个人的需要。一开始，他们以抓阄方式决定由谁来分粥，每天轮一个人，可一周下来，他们只有一天是饱的，就是自己分粥的那一天。于是，他们推选出一个道德高尚的人出来分粥。强权产生腐败，大家都挖空心思去讨好他，贿赂他，搞得整个团队乌烟瘴气。后来，他们组成 3 人的"分粥委员会"及 4 人的"评选委员会"，但互相攻击扯皮下来，粥吃到嘴里全是凉的。最后，大家想出来一个方法：轮流分粥，但分粥的人要等其他人都挑完后再拿剩下的最后一碗。为了不让自己吃得最少，每个人都尽量分得平均，就算不平，也只能认了。从此，大家都快快乐乐、和和气气，日子越过越好。

案例中，公平是人们一直追求的目标，但在没有合适解决问题办法的时候，规矩下的公平就是一种制度，就能创造相对和谐的氛围。同样是七个人，不同的分配制度，就会有不同的风气。所以，一个单位如果有不好的工作习气，一定是机制问题，一定是没有执行公平、公正、公开的原则，没有严格的奖勤罚懒制度。因此，如何制定共同遵守的制度是每个团队必须要考虑的重要问题。

（二）建立合作规则

规则，是团队文化的精髓，团队如果没有规则，就不能称其为团队。每个团队建立之初的第一件事情，就是组织员工，按照"求大同，存小异"原则，集思广益，形成合理化、规范化、条文化的规则。一支富有战斗力的团队，必定有明确的规则；一个合格的员工，也一定有强烈的组织观念。

·案例 11· 　　　　　　　　　　透明的捐款箱

南方李锦记公司有一个捐款制度，在公司很多地方设有透明的捐款箱。迟到、早退或者开会期间接打电话的人，无论是员工还是领导都必须捐款——李锦记称之为是捐款而不是罚款。捐款明确规定：普通员工10元，总监以上100元，总经理和董事长200元。捐款全部用资助南方李锦记在全国设立的十几所希望学校，所以，大家都非常乐于接受，会场总会见到没有犯错而自觉站起来捐款的人，形成了一种独特的会议文化。有次老总在北京开会，路上遇塞车，虽然这是客观原因，但老总一到场就先找捐款箱，以身作则，拿出200元当场放了进去，赢得了大家一片掌声。

（资料来源：团队合作能力训练教程. 孟玉婷主编. 西南交通大学出版社. 2012）

这个案例说明一致认同的规则不仅能提高工作效率，而且能形成一种制度文化。同时也说明身为领导，必须以身作则，共同遵守规章制度，只有这样才能得到下属的信任和尊重。

（三）遵守合作规则

团队准则和规范是团队成员共同遵守的行为指南和评价标准，坚定不移地执行团队准则和规范是团队精神得以生存的首要条件。护理管理者与护士讨论建立团队规范，如关于临床护理流程中的道德规范、行为规范、着装规范、语言规范等，这样就能注意到或摒弃一些不良的个体习惯，促进团队健康发展。如某医院制定了医护合作守则，内容包括手续办理、用药、知情同意、检查安排、健康宣教落实、病区环境以及服务质量等方面。在制度严格实施后，病人对出入院手续办理、用药及时、知情同意、检查安排、健康宣教、病区环境以及服务态度等方面的满意度飙升至96.4%以上，有效促进医、护、患三者和谐关系的建立，为医院获得了很好的社会声誉。

行动：明确分工　团结协作

活动一：绘制职业关系图

针对已经有明确工作岗位的学员，画出自己的职业位置图。根据合作计划以及工作任务，勾画合作圈，列出需要合作的关系图，标注出合作者的名字、岗位、职务。重点掌握职业内圈、中圈的情况。位置图有若干方框，可用一些粗细不同的线条连接起来，不同线条，作为区分合作关系密切程度的标准。列举出自己对他人完成任务的意义，以及他人对自己完成工作的意义。

这个位置图，真实的意义是画给自己看的，由于涉及隐私，一般不宜公开讨论。

活动二：制订开会电话控制规则

活动背景：

维持会议秩序一直是会议主持者比较头痛的问题，会场上，总有人现场接听手机或频繁出去接电话，因此，如何避免电话干扰，成为提升会议效率的关键因素之一。但有时候，与会者中有些人要参加其它会议或有重要工作需要布置；有时会议时间较长，与会者需外出一下放松情绪或与熟人私下交流观点；有时生产、经营上发生突发事件急需处理等。遇到这种情况，如何做到既不中断联系，又能够保证会议秩序。

小队讨论，共同制定一份《会议期间手机管理规则》，字数不超过200字，注意在细节方面要考虑周全。所考虑的因素有：（1）如何控制振铃、短信息、报时钟声音。（2）与会者可否小声接电话，如何控制通话时间，可否阅读微信、短信或者发微信与短信，可否到外面接听电话。正在发言的人，有重要来电，可否停下发言来接电话。（3）多长时间留出一个会议的休息段，以方便大家接、打电话。（4）有人失误违反规则，将付出什么代价，如何掌握惩罚的尺度，由谁来监督落实等等。

评估：你的合作关系建立了吗

评估一：是否明确职业关系与职业位置

绘制职业位置图，研究合作关系。在培训师引导下，通过对一个医院的医护工作剖析，了解合作关系。列出相应的位置，如科室主任、主治医生、住院医生、护士长、责任护士、轮转护士或进修护士等，然后叙述医疗、管理、后勤、医疗辅助等部门的合作关系。

评估二：能否制定共同认可的规则

对比各个小队所完成的作业，共同进行相互评测。

1. 是否在一个小时内完成任务，拟订200字管理规则的内容是否全面。如有的小队争论不休，最终也没有拿出一份制度，要追究队长的责任。

2. 每个小队的规则，是否经过了大家的认真讨论，是否获得大家的共同认可。如果没有得到认可，则需要了解队长是如何拍板的。注意，不要求大家认可，但要重视集体讨论的过程。

基础级

评估三：团队协作能力自测

在团队中，团队协作能力是指团队成员之间密切配合、相互协助，有效解决问题的能力。请通过下列问题对自己的该项能力进行差距测评。

1. 你如何看待团队成员之间的协作？
　　A. 三个臭皮匠顶个诸葛亮　　B. 可以提高团队绩效
　　C. 有时将阻碍个人才能的发挥

2. 你如何看待团队成员的缺点？
　　A. 缺点也可以转化　　　　　B. 缺点不影响优点的发挥
　　C. 缺点需要改正

3. 在团队中，管理者如何为团队成员分配工作？
　　A. 根据其特长　　　　　　　B. 根据其性格
　　C. 根据其资历

4. 当你听到他人被认为能力不强时，你如何认为？

  A. 也许没有发现他的特长　　B. 也许没有展现他的特长

  C. 他应该学习提高

5. 你如何评估团队中每一位成员的价值？

  A. 既然是团队成员，就都有价值

  B. 能力不同，价值不同　　C. 能力就是价值

6. 管理者如何让你的团队成员之间保持良好的协作关系？

  A. 建立适合发挥特长的协作机制

  B. 通过流程加以约束　　C. 通过硬性规定实现

7. 如果你的团队中，有成员确实影响了团队绩效，你如何办？

  A. 加强沟通，及时解决问题

  B. 用替补成员进行替换　　C. 限期改正，否则清除

8. 你如何理解"人多力量大"这句话？

  A. 只有协作好，力量才能大

  B. 可能不是个人力量的简单相加

  C. 有时未必这样

9. 当你成为团队中的主要成员时，你如何看待自已？

  A. 我离不开团队　　　　　　B. 继续发挥自已的作用

  C. 团队离不开我

10. 七个和尚分粥，你认为哪种方式使他们能够长期协作下去？

  A. 轮流分粥，分者最后取

  B. 一个和尚分，一个和尚监督　　C. 对分粥者进行教育

评估：

选 A 得 3 分，选 B 得 2 分，选 C 得 1 分。

24 分以上 : 说明你的团队协作能力很强，请继续保持和提升。

15-24 分 : 说明你的团队协作能力一般，请努力提升

15 分以下 : 说明你的团队协作能力较差，急需提升。

单元综合练习

活动一：确定口号

以小队为单位，采集和整理关于合作的民间谚语。要求每位学员能够说出三条以上。各个小队可以根据学员的学历背景、个人偏好分工，有人重点采集古代的，有人重点采集现代的，有人侧重国外的民间谚语，有人侧重我国少数民族的。队长汇集本小队的格言，在充分讨论的基础上，进行归纳整理。选择三句共同认可的谚语，作为本小队的行动口号。在每次训练课程前，集体高声朗诵。

活动二：确定队歌

组织全体成员一起回忆童年时代的儿歌《拔萝卜》。集思广益，共同回忆歌词、旋律以及相应的舞蹈动作。

分工扮演《拔萝卜》中的人物，经过简短的排练，采取载歌载舞的方式，表演这个展示合作精神的童话。

各个小队将确定的谚语，填入《拔萝卜》的旋律中。如果旋律不适合，可以另外选择一个曲调，但是必须是平和上口的儿歌。

活动三：讲述故事

以小队为单位，讲述关于合作的故事，需讲述亲身经历的事情。每人讲述时间三分钟左右。注意故事的细节以及人物关系。如果学员的阅历不够，可以讲述从他人那里听到的故事。

活动四：写说明书

针对已经有明确工作岗位的学员。工作任务已经明确，合作目标业已确定，需要明确的是自己在合作中的角色。每个人根据自己的工作岗位，撰写职位说明书。主要内容有：姓名、岗位名称、职责以及核心任务。职责要逐条列举，按照轻重缓急难易顺序排列。

根据合作计划以及工作任务，勾画合作圈，列出需要合作的关系图，区分合作的远近亲疏程度。列举出自己对于他人完成任务的意义，以及他人对于自己完成工作的意义。

第二单元　完成合作任务

本单元训练重点：

- 🔴 怎样控制自傲情绪，服从安排
- 🔴 怎样把握工作节奏，分清轻重缓急
- 🔴 怎样克服偏见，信赖他人
- 🔴 怎样求助，应对例外事件

第一节　接受工作安排　把握工作节奏

目标：接受安排　保证工作进度

一个病人就诊、治疗、康复的过程是医护人员和患者之间一种合作的过程。工作中，医护之间只有职责分工不同，没有高低贵贱之分，更没有孰重孰轻之别。但在患者的医疗过程中，医护存在着交替变换的主从关系，分工到位的每一个医护人员都必须自觉地摆正位置，积极建立医护双方的相互尊重、相互平等、相互帮助的合作关系，并按工作分配要求，接受工作任务，在充分考虑合作的时间要素后，调整好自己的工作节奏以及工作顺序，确保医疗整体工作的进度。

通过本节训练，你将能够：

1. 认同自己的服从地位，积极有效地接受工作安排；

2. 估算可能出现的工作不同步状况，根据不断变化的现场情况，及时调整工作状态，控制工作节奏。

基础级

准备：控制自尊和自傲　合理安排任务

职业分工会随着时间、场景、现实而不断变化，也许今天你是主角，明天则我是主角。医护工作者在与人合作的过程中，通常要善于应对分工不同带来的一系列角色的变动，并准确地定位自己。

一、怎样接受工作任务

（一）控制逆反心理

> ·案例 12·　　　　　　　　　宽厚的王大姐
>
> 　　王大姐从事护理工作 20 多年，工作经验丰富，眼看老护士长快退休，大家私下议论都说下一任护士长非王大姐莫属，谁知人算不如天算，护士长职务落在了工作时间不长的本科生小李身上，大伙儿都为王大姐打抱不平，对新护士长安排的工作亦消极对待。而王大姐内心虽然也有些失落，但没有和大伙一样，而是积极帮助护士长熟悉科室工作，协调同事关系，

她的举动不仅赢得了其他护士的尊重，也获得了新护士长的感激与信任，渐渐地同事之间关系融洽了，工作氛围超越了过去，大家又称为好姐妹。

上述案例中，王大姐就是一个典型能够控制逆反心理，与他人能友好合作的好护士，她虽然没有被任命为新护士长，但她很快就能调整自己的情绪，不让新护士长为难，尽心尽力给予帮助，最终赢得了大家的尊重。现实中，医护工作者在合作时，经常可能遇到安排你工作的人，年龄比你小、学历比你低、资历比你浅，这时，作为团队成员，必须以大局为重、以共同的目标为核心，愉快地接受任务，满怀信心地去完成任务。

（二）接受他人引导

从自我为中心，转移到以他人为中心，这需要有一个心路历程，此时，如能接受好朋友的引导，你可能就会很快摆脱阴影，走上正确的人生之路。

> ·案例 13·　　　　　　　　　莫让自尊伤害人
>
> 　　护士长带领一位临床见习学生给患者取静脉血化验，虽然护士长事先给学生讲解了静脉穿刺的要领，但学生第一次临阵时仍有些紧张，第一针未能穿刺进入血管，第二针又将血管刺破，双手开始轻微地哆嗦起来。此时，护士长将针一把拿了过来，并说："你怎么搞的，书白读了。"见习学生低着头，眼泪在眼眶里打转，心里萌生出一股怒气，一转身就走了。护士长一针取出血来后对病人说："对不起，让你受苦了！"病人不以为然地说："没关系，学生嘛，刚工作都会有这种经历的。"过了一会儿，见习学生返回来，羞愧地对病人说："我是实习生，技术不熟练给你带来了痛苦，请你原谅！"病人严肃地对她说："孩子，我受这点痛算不了什么，不过你要记住：你服务的对象是人，不是标本！"见习学生点了点头。病人又说："好了，不要紧张，我支持你们的实习，下次还找你呢，我相信你将来会成为一名优秀护士的。"见习学生连声说："谢谢，谢谢！"心怀着感恩地离开了。

案例中，见习学生因为技术不熟练而影响到自信，当护士长批评时觉得很委屈，后来在病人的引导下，意识到自己给病人带来的痛苦，主动道歉，双方转为和谐的护患关系了。日常工作中，自我意识强烈的人需要引导，不然会酿成惨痛的后果。自尊是个性优势，但自尊发展到极端，就成为自傲，还有可能转化为极度的自卑。因此，实习护士在实际工作中，要多观察护士长或有经验老护士的做法，虚心听取他们的指导，就一定能做好自己的本职工作。

（三）通过服务岗位学习服从

> **·案例 14·**　　　　　　　　**护理专业的必修分**
>
> 　　为体验以人为本的全新医患相处模式，苏州卫生职业技术学院别出心裁的让护理专业学生在一家四星级宾馆进行为期一周的见习。董文璐是苏州卫生职业技术学院的一名大二学生，就读护理专业的她如今却在苏州市内一家四星级宾馆进行为期一周的见习，在修满课外活动课程学分的同时，体验以人为本的全新医患相处模式。
>
> 　　"在宾馆，顾客就是上帝，我们被要求注重每一个细节，哪怕是一个表情都应该让顾客感到温暖，"这是董文璐见习一周以来的最大体会。起初她和同学们都不理解为什么进宾馆成了护理专业的必修学分，后来却慢慢发现其实酒店服务和医疗服务存在不少共通点——两者都是为人服务，通过服务岗位的学习，更好地学会了服从。
>
> 　　（资料来源：http://jsnews.jschina.com.cn/system/2013/09/25/018722142.）

　　新加坡的医护工作者、包括医务工作者和患者之间的合作是非常愉快的。这得益于新加坡医院对于医务工作者的严格要求和人文熏陶。在新加坡，为了更好的为病人服务，每个医院在向同行学习的同时，还向其他行业的典范学习。比如向麦当劳、航空公司、动物园、饭店等机构学习，借鉴有价值的做法。医护工作者通过了解商场、酒店、飞机客舱、银行大堂、物业公司等职业环境，以及从事一线客户服务工作的员工那种比较深刻的"听吩咐"、"伺候人"的心理体验，从中获得关于服从的启发。

　　医务工作者服务的对象是患者，医务工作者所从事的工作就是服务工作，在一切以"患者第一"的宗旨下，有时放下自尊，放弃自己的一些个人得失，学会服从，听从安排，就会让合作过程更有效率。

二、怎样把握工作节奏

（一）控制自己和他人的工作节奏

> **·案例 15·**　　　　　　　**拖沓工作带来的医疗纠纷**
>
> 　　一肺部感染患者入院时，病情特征显示为第二期，医生诊断后开了Ⅱ级护理医嘱和抗感染药品处方，予以治疗。在病程中患者突然出现呼吸困难，高热不退等现象，病情也逐步加重，而医生看望后未更改护理级别和治疗方案，亦未及时向患者家属通报病情，当患者出现呼吸衰竭，医生才匆忙向家属下达病危通知，但家属拒不接受，最终引发了医疗纠纷。

　　你必须控制自己的工作节奏。每进行到一个阶段，都要检验工作进度是否符合计划安排。同时要注意与他人的工作进度、与整体工作进度保持一致，一旦发现差距，必须及时调整。案例中，医生虽然开出了护理医嘱，但是该医生未能根据病人病情的变化及时更改护理级别和治疗方案，从而酿成了一起医患纠纷。作为医生，要随时和护士、患者沟通，而作为护士也要随时控制好自己的护理工作，与医生的医嘱和患者的病情相一致，与此同时，还要通过自己的工作节奏影响他人。如护士发现病人情况突变，应立即通知医生，提醒医生开出相应的医嘱等。

（二）合理排列工作顺序

·案例16·　　　　医护井然有序　老太顺利脱险

72岁刘老太在家中不慎摔倒，接到求助电话后，120立即把刘老太送入市中医院抢救。患者入院时神志不清，瞳孔散大，CT检查：额骨骨折，颅内出血，大小便失禁，生命垂危，如不立刻手术，生还的希望极低。但老人年事已高，又有高血压、糖尿病等病史，手术耐受性差，手术风险极大。经过反复考虑，为了更有效地抢救患者，谢宏刚主任和医生们制订了缜密的手术方案，立即把患者送入手术室进行急诊手术。清除血肿、止血、去骨瓣减压、气管切开术……手术进行了3个多小时，当医生们摘下口罩，病人家属看到医生露出会心的微笑时，他们得到了期待的答案。最终，在脑外科医生的系统治疗和ICU护士们精心护理下，刘老太顺利度过了危险期。

医护人员每天忙忙碌碌，医生要诊疗、书写病历、写医嘱，而护士每天要负责查房、发药、打针、进行健康教育等。如何排列工作的优先顺序，对于医护人员来说显得尤为重要。如护士面对几份医嘱时，需排好先后顺序。护士在制定护理计划时，根据收集的病人资料确定多个护理诊断，按照轻重缓急设定先后次序，使护理工作能够高效、有序地进行。作为医生，在抢救患者时，应根据患者的情况，确定手术进展的先后顺序，而当工作的先后顺序不能独自决定时，医务人员则应征求团队合作者意见，明白先做什么、后做什么。

（三）该放弃的事情必须放弃

·案例17·　　　　为什么说护士长工作不称职？

张玲，护理本科毕业生，工作四年就应聘到内科一组担任病房护士长。她每天工作非常努力，特别辛苦，时而帮助主班护士处理医嘱，时而帮助治疗护士静脉输液，或者去修理病房里掉下来的窗帘，看着她忙碌的身影，护士们却私下里认为张玲不是一名称职的护士长。

案例中，为什么护士长那么认真、那么辛苦，但护士们还认为她不称职？这是因为她没有能够把握工作的重点，任何事情都事无巨细地去过问，忽视了护士长的主要工作职责。

当你察觉有些事情，根本无法在预定时间内完成的时候，要能够放弃。有些事情很急，但是无足轻重。时间不足的时候，就不要去做。不等于所有的急事都要马上去做。作为一名医护工作者，假如你同时有几位病人需要治疗或者护理，你必须制定好治疗或护理计划，同时，根据病人的病情变化还要适时的调整计划。

实际工作中，你要学会适应事情的发展与变化。如你正在做领导交办的事情，突然领导要求停下来做另外的事情，你怎么办？一个正在按照要求努力向前奔跑的人，突然接到新指令，掉头回返，心理上很难适应，此时，你不能简单地认为领导朝令夕改，因为客观情况变了，领导的想法也变了，重要的是你要适应指令的变化，善于控制自身的情绪，从内心鼓励自己更好地去完成领导交付的新任务。

> **大石头理论**
>
> 教授拿出一个广口瓶，将一堆鸽子蛋大小的石头一块一块地放进去，直到装不下为止。然后问大家："瓶子装满了吗？"
>
> 大家回答说："满了。"
>
> 教授又拿出一小桶黄豆大小的小石子，一边往瓶子里装一边摇晃瓶子，小石子从大石头缝隙中都挤进去了。教授又问："瓶子满了吗？"
>
> 这次大家提高了警惕，有的说"瓶子可能没有满吧？"
>
> 教授这时又拿出一小桶细沙子，又是边倒边摇晃瓶子，细沙全流进大小石头之间的缝隙中去了。教授又问："瓶子满了吗？"
>
> 这次大家齐声回答说："没有满。"
>
> 教授笑着说："很好。"说着又拿出一小桶水倒进瓶子里，直到水从瓶口溢出为止。
>
> 这个实验告诉我们：如果不首先把大石头放进瓶子里，瓶子的空间被其他小东西占满以后，再努力你也放不进去大石头了！你生活中的'大石头'是什么呢？不管是什么时候，请记住，一定首先放进'大石头'，就是说一定要首先做好最重要的工作。"

行动：你能愉快合作，合理安排工作吗

活动一：正步前进，检验忍耐力

小队成员中采取抽签方式选择一人担任"教练员"。如果发生分歧，由培训师指派一人担任这个角色。在"教练员"指挥下，小队成员排成横队，按照军事训练的要求，迈正步前进。正步的标准、步幅、节奏，由"教练员"来确定。"教练员"可以设立一些有难度的动作。譬如，要求小队成员完成平抬腿动作，尽可能地抬高，并且要坚持一段时间。

"教练员"可以准备一个小棍子，敲击那些做法不符合要求的成员的腿肚子。如果对方表现出反感情绪，发口令者可以采取惩罚措施。例如，要求男生做十个俯卧撑，女生做二十个仰卧起坐等。

由于"教练员"是随机产生的，实际上这个人的身份是小队成员，有些队员对于"教练员"的指令反感，或者暗中抗拒，或者公开诋毁。如果发口令的教练员是个坚定、严格的人，有可能会造成冲突。培训师要控制事态发展。可以重新抽签，更换一个人来担任"教练员"。这个活动在 20 分钟以内完成。

活动二：安排办事顺序

王红在某医药公司担任办公室行政助理，杂事特别多，有天上午刚到办公室，办公室主任就给她安排了六件事：

1. 去交通监控中心处理公司小车闯红灯罚款事宜；

2. 到市工商局办理营业执照地址变更的相关手续；

3. 拟写一份国庆节放假以及安全注意事项的通知；

4. 协助业务部经理找情绪极不稳定的业务员李刚谈话；

5. 复印机故障需联系售后服务单位前来维修；

6. 后天主管市场的张总去北京，安排订机票。

主任交代完任务因办事离开了，你认为王红的办事顺序应该怎样选择？依据什么？

评估：你是一个乐于服从，善于安排的人吗

评估一：你是否能自觉接受命令并主动完成

1. 在正步前进的活动中，你是否采用积极的姿态接受指令，回答是否坚定，情绪是否饱满。

2. "教练员"发布命令，要求自己高声复述，是否大声、及时、准确地复述命令。

3. 当"教练员"的指令或者惩罚明显偏颇的时候，自己做出什么样的反应，能否控制委屈情绪。

4. 自己在正步前进的过程中，是否东张西望。在队伍不整齐的时候，是否有相互埋怨的现象发生。

5. 当"教练员"口令出现变化的时候，自己是否及时调整自己的动作，及时变化步伐。是否具备同步工作的能力。

评估二：你是否能够控制好节奏

1. 在同步推进的工作进程中，你如何保持和他人的一致，控制工作节奏的快慢？

2. 你是否理解大石块、碎石子、细沙、水的正确排列顺序，能否优

先安排涉及他人配合协作的事项?

3. 你能够深刻理解"既坠釜甑,反顾无益;翻覆之水,收之实难"所表达的含义吗?

评估三 : 你的团队执行力如何

在团队中,团队执行力是指成员在团队中高效执行团队目标和有效解决团队问题的能力。请通过下列问题对自己的该项能力进行差距测评。

1. 当团队成员执行不到位时,你如何应对?
　　A. 及时纠正和指导　　　B. 帮助并一起完成
　　C. 代替团队成员完成

2. 当计划完成后,你如何开始行动?
　　A. 边准备边行动　　　B. 限定时间,做好准备
　　C. 只有准备充分才行动

3. 你一般如何执行上级的任务?
　　A. 边执行边思考　　　B. 遇到问题是再说
　　C. 埋头苦干,尽管执行

4. 在执行的过程中,你如何发挥主观能动性?
　　A. 不断改进和创新　　　B. 对部分环节进行改善
　　C. 按照原有的经验执行

5. 在执行过程中,你如何区分轻重缓急?
　　A. 先做重要而紧急的
　　B. 自己做重要的,紧急的向别人求助
　　C. 先做紧急的

6. 你如何认识绝对服从?
　　A. 可以提高效率　　　B. 限制了主观能动性的发挥
　　C. 可能得到领导的信任

7. 你如何在执行过程中有效地进行控制?
　　A. 建立及时反馈机制　　B. 建立监督机制
　　C. 发现偏差及时调整

8. 在执行过程中你如何进行沟通?
　　A. 围绕目标时时进行沟通　　　B. 建立定期沟通机制
　　C. 遇到问题进行沟通

9. 在执行过程中你如何进行反馈?
　　A. 定期汇报　　　B. 遇到问题及时沟通
　　C. 领导询问时给予反馈

10. 在执行的过程中，你如何看待最初的计划？

　　A. 根据情况适时修改和变动　　B. 发现问题及时沟通

　　C. 始终按照原计划进行

评估：

选 A 得 3 分，选 B 得 2 分，选 C 得 1 分。

24 分以上：说明你的团队执行能力很强，请继续保持和提升。

15—24 分：说明你的团队执行能力一般，请努力提升。

15 分以下：说明你的团队执行能力很差，急需提升。

第二节　尊重能力差异　达到相互信赖

目标：容忍差异　相互信赖

　　世界上没有两片相同的树叶，更没有两个相同的人。为了完成共同的工作任务，每个人都肯定会与有个性差异的人合作，并以"求大同存小异"的原则，给予合作者充分的尊重。值得注意的是，医务工作者和患者之间的合作，有时也存在一定的风险，合作者是否恪守承诺、是否高度负责、是否自律严谨等，所以，要努力排除对合作者的怀疑和猜忌，在自己遵守承诺，又给予他人充分信任时，共同推进相互的合作。

　　通过本节训练，你将能够：

　　1. 理解个性差异，换位思考，宽容地对待合作者的"怪异"行为，形成合力；

　　2. 控制合作过程的怀疑和猜忌心态，承担合作的风险，与合作者达到相互信赖。

准备：克服对他人偏见　控制自己的猜忌

一、怎样与不同文化背景的人相处

（一）理解个性差异

　　作为构成团队成员个体，因其价值观、信仰、态度以及年龄、经历、技能、气质性格的不同，个体差异是无法避免，客观存在的。因此，在团队合作中，你要正确对待差异，要努力减少由个体差异带来的冲突，利用个体差异带来的互补促使增值，从而达成团队目标，提升团队创造力。

（二）克服偏见引发的排斥心理

·案例18·　　　　　　　　过激言辞惹投诉

　　某产科病房，值班护士李梅进去查房，发现病房内门窗紧闭，室内空气憋闷，于是对产

妇的家属说可以适当开窗，保持空气的流通对病人和新生儿的身体有好处。而产妇的婆婆却认为产妇刚生完小孩，不能开窗吹风，还说护士李梅是没生过孩子的人，在那儿瞎指挥。李梅气急之下说到："农村人就是农村人，愚昧，不懂科学，你们爱咋弄咋弄吧。"然后头也不回的走了。事后，李梅遭到了产妇家属的投诉。

护士在工作中一定要理解患者及家属的个体差异，学会尊重他人，切不可以自己的好恶衡量他人而形成偏见。如以貌取人，贫贱取人等，不能以不符合你的审美观念，而排斥这个人。护士和医生、同事之间合作也要注意这些问题，不能因为对某位医生或者是同事有不同的看法，就不配合他们的工作，从而影响到团队的集体声誉。

（三）面对各种差异的合作方法

·案例19· **尴尬的援助**

儿科护士周艳是一个典型的北方姑娘，在她身上可以明显的感受到北方人的热情、直率和坦诚，有什么说什么，总愿意把自己的想法说出来和大家一起讨论。有一天，与她同科室的护士小叶下班前巡视病房，到一位急性胃肠炎患儿床边时，患儿突然呕吐，护士小叶见状，连忙用手捂住嘴，要家属赶快清理呕吐物。周艳瞪了小叶一眼，自己立即上前将患儿侧卧，一边轻轻地拍打孩子后背，为孩子清理呕吐物，一边对患儿家长说："大姐，你别见怪，小叶在家是千金大小姐，其实她什么都好，就是不习惯做这些脏活，你别往心里去。"事后，小叶却闷闷不乐，独自悄然离去。

案例中，周艳本是出于好心帮助小叶处理病患，但她却忽略了小叶的自尊。所以，医护人员一定要学会：

面对工作性质差异。就医护人员受教育程度、专业技术水平而言，医生学历高，处于支配地位，护士处于从属地位，形成医生作诊断开医嘱，护士执行医嘱的主从关系。而当医院护理从以"疾病"为中心，向以"病人"为中心转变后，"三分治疗，七分护理"已成为共识，所以，医护人员双方相互理解和合作，这样才能取得最佳的医疗效果。

龙生九子，
各有不同。

面对性别差异。与异性合作，可能会遇到相互理解的障碍。男护士体能、应变能力方面具有优势，在急诊室、手术室等科室内，比较受欢迎。女护士，工作细心，动作轻柔，在儿科等受到欢迎。

面对性格差异。团队中，大部分人都喜欢与自己同类、有好感的人交往。但尊重性格差异，表现为为他人着想，用适合他人性格和喜好的方式来对待他人。

面对习惯的差异。实际工作中，患者年龄、外貌、病情、知识文化水平、社会地位等不同，生活习惯也不同，有的患者会把已形成的不良习惯和个性带到医院，面对这种差异，医护人员既要体谅他们，同时又要坚持原则，敢于对不良行为提出批评，教育患者应遵循医院制定的基本规范。

面对年龄差异。与年龄相差较大的人合作，会存在代沟。中年人看不惯年轻人的举止行为，年轻人也不理解中年人的为人处世。理解差异、消除隔阂的简便方法是，阅读观看不同时代的文艺作品，如电影、电视、小说等，与年长的人合作时，保持谦虚的态度，与年轻人合作时，有前辈风范，适当给予指引和包容。

二、怎样取得合作伙伴的信赖

（一）信赖激发责任

当你与人合作时，在完成任务的过程中，通常会面临承担一定的风险。这种风险表现为，合作者是否可靠，是否值得信赖等。但当你面对风险时，你的激情和征服的欲望被激发后，只要真正做到谋划在先，与合作者建立相互的信任，那么就会出现利益最大化的结局。反之，当风险降到零的时候，任何机会也就没有了。

> 水至清则无鱼
> 人至察则无友

·案例 20·　　　　　　　　　**王华的感动**

新来的护士王华端着治疗盘来到 8 号病床李大妈的床前，要为其进行静脉注射。王华由于紧张，不自觉地抽了一口气。她的这一举动被带教护士看在眼里。护士长信心满满地看着王华，鼓励她："你一定行的，放松点。"李大妈见状，连忙伸出手来"小姑娘，来吧，没关系的。"护士长和李大妈的信任，一下让王华放松了许多，她顺利的一次穿刺成功。在以后的护理工作中，王华对李大妈的护理无微不至，因为她知道，李大妈对她的信任，给予了她无比的尊重和希望，她要用认真工作的态度来予以回报。

案例中的李大妈，虽然对王华的护理技术不是十分了解，但是她能够放心地让她去操作，这份信任激发了王华高度的责任心。信赖，在工作时可以使人感受到被尊重，可以节省时间、精力，提高合作的效率与效益，再完善的契约、制度、合同、规章，都无法取代人与人之间的基本信赖。

（二）亮出底牌

这是借助扑克牌语言，形象地表达了一种合作方式。在合作中，将自己所拥有的资源与合作者共享，必要的时候，与合作者分享某些秘密，这样做，对于加深了解、取得信赖是很有帮助的。职业中圈、内圈的合作，往往是在共享资源时，形成默契配合，完成任务的。

（三）探知虚实

在表达心意、亮出底牌之后，你要注意信息反馈，把握信赖关系的深浅程度，这就是探知虚实。探知虚实，要听其言，察其颜，更要观其行。

达到相互信赖，主要是内圈、中圈的一些合作者。特别是内圈的合作者。在一段工作期间内，内圈合作者的人数比较少，有足够的精力达到相互信赖。同外圈合作者的关系，受时间、精力的局限，一般只能做到初步了解，但知彼知己，方能立足于职业圈中。

行动：达到相互信任

活动一：聚餐时共同点菜

活动背景：十人聚餐，采取 AA 制，即大家分摊餐费。选择一家餐馆，在点菜的时候，要照顾到每个人的口味。饮食方面，每个人都有各自的偏好和忌讳。假设各自的特点为：

A 喜清淡忌麻辣；B 喜甜食忌酸辣；C 喜肉食忌海鲜；D 喜羊肉忌猪肉；E 喜鸡鸭忌蛇肉；F 喜豆制品忌虾蟹；G 喜白酒忌洋酒；H 喜酸辣忌鸡肉；I 喜麻辣忌面食；J 喜啤酒忌烈酒。

采取抽签的方式，确定每个人的饮食特点。大家的任务是，照顾到每个人的特点，确定十个菜一个汤，并确定酒与饮料的种类。由于存在明显差异，无法让所有酒菜合乎每一个人。但是，在确定的菜单中，每个人至少有八个菜合乎自己的特点，至少可以喝其中一种酒或者一种饮料。

在确定的菜单上，不仅要有菜的名称，还要有原材料、烹调特点、口味等简单介绍。

在餐桌上，直接反映出人的宽容、适应能力。能够与他人愉快进餐的人，合作能力一般比较强。

活动二：红黑游戏

（一）游戏规则和程序
1. 将学员分为 4—6 组，每两个小组为竞争伙伴，每个小组应多于 4 人，少于 8 人。
2. 计分标准：

表1 红黑对局分值表

	单数队（一、三、五）		双数队（二、四、六）	
	选择	分值	选择	分值
情况一	红	+5	黑	−5
情况二	红	−3	红	−3
情况三	黑	−5	红	+5
情况四	黑	+3	黑	3

表2 得分表

轮数系数／小队	第一轮得分乘以1	第二轮得分乘以1	第三轮得分乘以2	第四轮得分乘以1	第五轮得分乘以1	第六轮得分乘以3
单数队						
双数队						

基础级

3. 请每组学员在充分考虑计分标准后，经过讨论决定本组选择什么颜色，并写在积分表上，交给培训者。

4. 培训者宣布双方的选择结果，并根据计分标准为双方打分，计分标准参见上表。

5. 游戏可以持续数轮，期间双方只有一次机会可以互相交流，但是也只有在双方都提出这个要求时才行，其他时间双方不能进行任何接触，中间始终要保持一定的空间。

6. 最后，总分为正的小组为赢家，为负的小组为输家，双方都为正值就是达到了双赢的状态，双方均为负分，没有赢家。

（二）相关讨论

1. 小队开始的目标是什么？

2. 你所在的小队与对手的对局结果，是双赢、双输，还是一输一赢。你从活动中悟出什么？

3. 你能否理解这样的命题：合作中不能谋求自身利益的最大化。能够举例说明你已掌握平衡利益关系的要领。

4. 在你的小队中，是否在对局中发现双赢的关键，是谁先发现的？在争论中，你的观点如何？

评估：检视相互信赖程度

评估一：聚餐点菜

在餐桌上，直接反映出一个人的宽容能力。在七嘴八舌的点菜过程中，容易暴露人们的真实情感。

1. 在经济条件允许的情况下，选择一家餐馆，小队成员集体聚餐一次。这样的活动，可以增进互相的了解，尊重个性，检验包容能力。共同进餐，是判断合作的极好机会。

2. 到餐馆、酒店做调查，了解粤菜、鲁菜、川菜、湘菜、徽菜、东北菜、西北菜等风格。尽量结合所在地区和城市的情况。由于饮食文化的交流和融合，各种菜系交叉发展。粤菜中还要细分不同种类，有客家菜、潮洲菜等。东北菜中，吉林、黑龙江、辽宁等地也有很大差异。如果能够了解这些差异，表明已经具备较强的宽以待人、容忍差异的能力。

评估二：红黑游戏

回顾游戏过程，小组讨论：

1. 小队开始的目标是什么？

2. 你所在的小队与对手的对局结果，是双赢、双输，还是一输一赢。你从活动中悟出什么？

3. 你能否理解这样的命题：合作中不能谋求自身利益的最大化。能够举例说明你已掌握平衡利益关系的要领。

4. 在你的小队中，是否在对局中发现双赢的关键，是谁先发现的？在争论中，你的观点如何？

培训师总结：

1. 记分标准注定了大家之间的竞争关系，大家很容易陷入双输的状态，而对大家最为有利的是事先进行一定的沟通，最后大家达到双赢的结局。

2. 值得注意的是做生意讲究的是诚信，做游戏也是一样，如果与对方讲好要合作，又在游戏时候反悔，转而寻求看似很大实则暂时利益的话，就会影响双方合作的基础——信任，会造成合作的失败。

3. 尽管人们往往习惯于独赢的成功感，但这个世界上有很多比你

当你不信赖某人的时候，你很难信赖他的建议或者帮助，即使建议是正确的，而且你十分需要帮助。

基础级

聪明的人，与其冒着失败的危险，寻求一个要不你死要不我亡的结局，远不如大家都好好的活着。

评估三：团队信任能力自测

在团队中，团队信任能力是指团队成员之间坦诚相待、相互信任、相互协助的互信能力。请通过下列问题对自已的该项能力进行差距评测。

1. 在团队中，你如何看待诚信问题？
    A. 诚信是信任的基础　　　　B. 诚信影响信任关系
    C. 诚信是个人品德

2. 管理者如何赢得团队成员的信任？
    A. 支事先做人，言行一致　　B. 按制度办事，一视同仁
    C. 保持行为的一贯性

3. 是什么让你信任团队中的其他成员？
    A. 团队成员的品德　　　　　B. 团队成员的能力
    C. 团队成员的经验

4. 你如何看待团队成员之间的信任对团队的影响？
    A. 信任会提高工作效率　　　B. 信任会增进团结和沟通
    C. 信任会减少误会

5. 当团队中某一成员的行为被其他成员怀疑时，你将如何做？
    A. 通过沟通了解真相　　　　B. 继续相信他们
    C. 根据品行来决定是否信任

6. 管理者应如何看待信任团队成员的作用？
    A. 激发团队成员的斗志　　　B. 让团队成员顺利完成任务
    C. 增进双方的感情

7. 你认为团队成员间如何做才能保持充分信任？
    A. 建立信息共享机制　　　　B. 定期沟通，消除疑问
    C. 遇到疑问及时沟通

8. 管理者应通过何种途径使团队成员之间相互信任？
    A. 用统一目标增强凝聚力　　B. 团队成员之间加强沟通
    C. 提高成员能力和道德水平

9. 管理者如何才能避免团队瓦解？
    A. 让团队成员互相充分信任
    B. 定期协调成员的利益关系　C. 满足团队成员的需求

10. 管理者应该怎样认识自己看到的状况和现象？
    A. 自己看到的未必是真实的　B. 自己只看到一部分
    C. 眼见为实

评估：

选 A 得 3 分，选 B 得 2 分，选 C 得 1 分。

24 分以上 :说明你的团队信任能力很强，请继续保持和提升。

15—24 分 :说明你的团队信任能力一般，请努力提升。

15 分以下 :说明你的团队信任能力很差，急需提升。

第三节 求得相关帮助 应对例外事件

目标：遇到困难能开口 排除干扰完成任务

医护工作中，有些事情仅仅依靠个人的力量去完成是非常困难的。善于借助他人的力量、经验，争取他人的帮助，就能更好的完成任务和工作。善于合作的人最懂得如何求助，这是与人合作的基础能力。另外，对一些例外事件，事先能够预见可能出现的干扰因素，做好充分的准备，这样就能想方设法克服困难，保证合作能顺利进行。

通过本节训练，你将能够：

1. 检验自己求助意识的强弱，在需要帮助的时候，该开口时就开口；

2. 预见可能影响工作进程的因素，遇到困难，不埋怨，不推诿，想方设法完成任务。

> 孤树难成林，
> 遇事要求人。

准备：提高求助、应对例外事件的能力

·案例21·　　　　　　　　　　遇难题多请示

患者王××，男，69岁，某市政府退休宣传干部。因严重气管狭窄、呼吸困难，从外地到哈市某大型医院求医，被急诊收到该院重症监护病房，并立即进行气管切开，呼吸机辅助呼吸等治疗。重症监护病房谢绝家属陪护，医院安排护士小王、小李、小红和小珊四人轮班照顾该患者。　在王某住ICU的第4天，他老伴探视时间已超过规定的时限，护士提醒2次后，患者老伴仍没有离开ICU病房的意念，护士第三次请求患者老伴离开时，患者老伴怒气冲冲地说："我认识你们院化验室李主任，他跟主管大夫说了，让我每天多探半小时的"。护士小王和小李没有与患者老伴争辩，商量后，决定请护士长跟主管医生沟通，妥善处理此事。

在工作过程中，都可能遇到一些意想不到的困难。执行任务者遇到困难时，必须冷静，能够求助，而且要及时求助，不能等到别人无法帮助你的时候，才提出帮助的请求。上述案例中，护士小王和小李面对病人家属的违规行为，并没有采取强制措施，而是想到了向护士

> 虎落平阳，
> 英雄无助。

164

长和主管医生求助，为避免引发护患纠纷创造了良好条件。

一、怎样及时向人求助

（一）具备求助的意识

> **·案例 22·** 　　　　　　　　**沉默未必是金**
>
> 　　小刘性格比较内向，平时不大爱说话，护士长在的时候更是大气都不敢出，工作多年，虽然没有什么突出成绩，倒也没有出过什么错。周四晚上小刘上小晚班，如往常一样，科室非常忙碌，事情很多，小刘从接班到下班基本没有停过手。交班的时候，接班护士发现小刘有一组治疗本该在晚上8时完成，结果小刘没有做。小刘一下就懵了，眼泪止不住的流了下来，不知道怎么办才好，幸好接班护士非常体谅小刘，自己去检查病人，并通知医生做好补救工作。事后，护士长了解到小刘的母亲在家乡病重，而小刘因科室工作忙不敢向护士长请假回去照顾母亲，上晚班时出现心不在焉的状况，犯下护理工作的低级错误。鉴于小刘工作失职，护士长决定给她相应的经济处罚，并责令写一份书面检查。

　　案例中，护士小刘面对工作繁忙脱不了身和母亲病重无法回家探望的矛盾境地，没有作出正确的求助，从而出现上班时心不在焉，犯下了工作中的低级错误，陷入工作的被动。因此，当你在工作中遇到困难时，要及时意识到自己无法平衡或有效解决问题时，必须用求助的方式来解困，渡过困境。

（二）求助毋须掩饰

　　你需要知道怎样求助。既然开口求助，就不要羞羞答答，闪烁其辞，让人感觉你是心有不甘，迫不得已。例如，向上级求助，不要掩饰自己的困难，不要怕批评。在求助的时候，上级要询问、质疑，这是正常的。帮助是互相的，在求助他人的时候，要想到自己可能提供什么帮助，充分实现资源、设备的互补。

（三）求助要有的放矢

　　求助要有明确具体的人，有的放矢地求助。遇到困难，与其毫无目标的向一个"群体"求助，不如有的放矢的向某个"个体"求助，惟有如此，才能更有效地唤起人们的责任心，获得最佳的求助效果。记住，千万不要同时向多个对象请求同一个帮助，这会让别人认为你不真心，不相信，不诚实，从而作壁上观，听之任之。

> 远水难救近火，
> 远亲不如近邻。

　　新来的护士小月在技术不够熟练的情况下，遭到了患者家属的责骂，但她能够及时去求科室里有经验的护士帮忙，从而与患者家属的关系和解了。你可能会有这样的疑虑："别人会帮我吗？"。这要从人的心理需求的角度，去研究获得帮助的可能性。在力所能及的情况下，助人会使助人者感到快乐，正所谓：送人玫瑰，手有余香。

·案例23·

适时求助　化解矛盾

　　儿科新来的护士小月，有一次在给一位患儿打针时，由于紧张她的手不由自主的颤抖起来，不小心刺穿了，注射部位起了个大包，孩子哇哇的大哭起来，起初挺客气的孩子的妈妈，一下子跳了起来，大声的训斥小月"我孩子从来都是打一针，你会不会打针啊，叫你们护士长来。"孩子的奶奶更是抱着孙子哭了起来，"不是你的孩子，你不心疼呀！"小月连忙向患儿和家属道歉，并及时请来了技术熟练的何护士，为该患儿扎针。何护士温婉的态度和娴熟的技术，让患儿家属消除了余怒，并原谅了小月。事后，小月对何护士说："何姐，真的非常感谢你的帮助，谢谢你！帮我化解了这场矛盾。"

　　你需要知道，哪些人是可以求助的。求助不能舍近求远，最可能为你提供帮助的，就是朝夕相处的同事，或者是自己的直接上级。比如新来的护士，在一针没有见血的情况下，这时你要想通过向别人求助来消除护患矛盾。你可以请护士长，也可以请技术过硬的同事来帮忙。这些人了解你的情况，关注你的工作进展，所能提供的帮助，直接而有效。

　　适时适度向人求助，还会提升相互间的亲密程度，融洽同事关系。寻求支持，意味着向他人表示：今天我求助于你，是因为我有困难。也因为，我有信心，在将来某个时刻同样有能力向你提供帮助。事实证明，互相帮助的人，合作关系就会密切而融洽。

二、怎样应对例外事件

　　做任何事情，都要作最大的努力，作最坏的打算。实际工作中，有些事情的发生与否，是不以你的个人意志为转移的。如别人犯了错误，你的任务可能也无法完成，对这种连锁反应，事先要有足够的思想准备。学会应对例外事件，需掌握以下五步骤：

　　（一）有准备

　　对于例外事件的出现，做充分的思想准备。在完成任务的过程中，估计最坏的情况。例如，重要的合作伙伴因病无法到位；相关设备突然发生故障；遭遇自然灾难，刮台风、下暴雨、闹地震等。有了这些思想准备，遇到例外情况就会慌乱。在人员、设备、资料等方面，做一定的后备。

　　（二）留余量

　　做事留出余量，确保在遇到干扰时，有弥补机会。如，要保证合作的时间约定，与人约定的时间，要给自己留一些提前量。既然合作，就要与人方便，与己方便，有些事情，就是一丝一毫的差距。提前一点点，就可以保证合作效果。正所谓，一毫之恶，劝人莫作；一毫之善，与人方便。

一毫之恶，
劝人莫作。
一毫之善，
与人方便。

基础级

（三）早警觉

尽早发现干扰工作进程的因素，将事故控制在萌芽状态。例外事件的出现之前，一般会有一些征兆。

（四）想办法

发现问题征兆，及时想出调整的办法。不要畏惧困难、推卸责任。成功者想办法，失败者找理由。

（五）快调整

有了办法要快速行动，及时调整工作的节奏与重心。不要拘泥于事先的计划。计划没有变化快。完成任务，必须注意关键的几步。关键时刻要快走几步。遇到例外事件，对于自己或者他人所提出的调整方案，不要顾虑太多，两人的分头行动，就多了一个完成任务的机会。这也是充分发挥合作的优势，多一个机会，就多一分成功的可能。

行动：培养求助、应对例外事件的能力

活动一：案例分析

·案例 24· 　　　　　求职失败的年轻人

一个来求职的年轻人，站在老总面前等待面试，结果，老总只看了他一眼，什么都没问就说："你可以走了。"年轻人十分困惑，老总似乎看破，对他说："你一定很想知道为什么，我可以告诉你答案——刚才乘电梯时，已经考过了。"

"我们是一起上来的，今天周一，来大厦办事的人很多，在电梯里，我注意到你伸着脖子歪着头使劲看，我明白你是想看清楚电梯运行状态的电子显示，因为被人挡住了。最后你到底还是自己挤过去，亲自按下了16，但自始至终你没说一句话。"

讨论：

1. 老总因为年轻人电梯中"自始至终没说一句话"而不予录用，你认为有道理吗？

2. 有人认为：不善于求助的人往往极端个人主义，缺乏团队精神、合作意识。你怎样认为？

3. 你有遇事求助和有不求助的经历吗？结果怎样？小组分享。

活动二：冰洞脱险

游戏程序：

1. 放映《垂直极限》中掉进冰洞的一段。

2. 培训师描述事件情景：

正如录像演示的场景，我们团队人员被困在一个冰洞里。冰洞的地理位置在珠峰的北坳中，时间是五月份某天的下午四点，洞内气温为零下35℃，冰洞已被塌雪封住，上方50米处隐隐约约有一些透光，从洞底到洞口的四周是陡壁峭崖。你的团队有二名队员在坠落时严重摔伤，不能动弹。在这种环境下，健康队员一般维持生命的极限时间为36小时，但营救队到达出事点需要35—40小时。随队员坠入洞中有五个登山包，包括以下物品：

一个指南针、五个睡袋、一个打火机、200米长的尼龙登山绳、四只蓄电池灯、两把冰镐、半瓶朗姆酒、带镜子的安全剃须刀、一部远程对讲机（已部分损坏，只能发出频率信号）、十支营养注射液（每支营养液可增加2小时维持生命时间）、两只小型氧气瓶、一瓶染色剂、一台液化气炉、一个闹钟、一本名为《北方星际》指南书籍。

3. 布置学员个人设计逃生方案；从对逃生的重要度出发，对以上15项排序（见评分卡）。

4. 团队讨论产生一个逃生的最佳方案；列出小组对以上15项救生物资的排序意见。

表3　评分卡

救生物资	1 个人评分	2 小组评分	3 专家评分	4 1和3评分差	5 2和3评分差
一个指南针					
五个睡袋					
一个打火机					
200米长的尼龙登山绳					
四只蓄电池灯					
两把冰镐					
半瓶朗姆酒					
带镜子的安全剃须刀带					
一部远程对讲机					
十支营养注射液瓶					

两只小型氧气					
一台液化气炉					
一个闹钟					
一本"北方星际"指南					
总和（越低越好）					

评估：是否具备应对突发事件的能力

评估一：冰洞脱险

1．培训师分析

（1）找出团队得分低于平均分的小组进行分析，说明团队工作的效果（1+1 大于 2）。

（2）找出个人得分最接近团队得分的小组及个人，说明该个人的意见对小组的影响力。

2．小组讨论

（1）你对团队工作方法是否有更进一步的认识？

（2）你的小组是否有出现意见垄断的现象，为什么？

（3）你所在的小组是以什么方法达成共识的？

评估二：检验队员应对例外事件的能力

1．影响个人决定的干扰因素有哪些，是否能够想到最佳逃生的物品？

2．比较专家方案，能否做出正确的选择逃生？

3．面对例外事情，你的应对能力到底有多强？

4．是否具备自救和求救的意识和能力？

评估三：应变能力测试题

1．你是否具备急救知识——哪怕最起码的急救知识？

2．你是否见血就晕，一时不能恢复常态？

3．你看护过病人吗？

4. 在街上遇到事故时，你的反应怎样？

    A. 退避三舍　　　B. 好奇而走近围观

    C. 看看自己是否有能力助一臂之力

5. 假如你是事变的见证，你是否能积极配合有关部门，陈述经过的情形？

6. 假如有人衣服偶然着火，你会：

    A. 拿水浇灭它　　　B. 替他把着火的衣服脱掉

    C. 用毯子把它裹起来

7. 你是否有适量的运动？如户外跳绳、步行、种花、家务劳动及正常的娱乐活动。

8. 假如你遇到意外的打击，你会：

    A. 感觉头昏眼花，不过几秒钟后恢复

    B. 不知所措，以至数分钟之久

    C. 一段时间内都处于伤感、悲痛之中

9. 当他人叙述以往的经历或笑话时，你记忆的速度是否与其他人相同或略胜一筹？

10. 你到了一个陌生的地方，以后能否作相当准确的叙述？

11. 你对陌生人的第一次印象是否较为准确？

12. 你是否有丰富的想象力？

13. 你对下列各物是否有害怕之感？

    A. 老鼠、蛇　　　B. 黑暗和传说中的鬼神怪物

    C. 大象

14. 有些人在遇到危急的时刻（不论疾病或意外）他们会很镇静，你可曾有这种情况？

15. 如果有人在匆忙中告诉你一件事，你能：

    A. 记住一部分　　　B. 忙乱之中，一点也记不得

    C. 完全记住

16. 假如你去补牙，你有痛感，你会：

    A. 马上告诉医生　　　B. 忍着痛，希望快点补好

17. 你相信自己如果决意要得到一件东西，就一定能够得到吗？

    A. 一定能　　　B. 可能

18. 过马路时，假如你被夹在车辆之中，你会：

    A. 退回原处　　　B. 仍然跑过去　　　C. 站立不动

19. 如果你是班长，你觉得很难使其他班干部或后进学生听从你的意见吗？

    A. 很难　　　B. 不难

20. 肉体上的痛苦和不舒服，你能忍受吗？

    A. 能　　　B. 不能

21. 当你知道将要遭遇不愉快的事时，你会：

    A. 自我进入恐怖状态　　　　B. 相信事实并不会比预料更甚

22. 如果有人给你介绍工作，你会选择：

    A. 工资中等而不须负责的　　B. 工资高但责任重的

23. 当你要做出一项决定时，你是否：

    A. 犹豫不决　　　　　　　　B. 审慎但果断

24. 你对自己所做的一切肯负责否？

    A. 肯　　　　　　　　　　　B. 不肯

25. 假如你的友人突然带来一个你最不喜欢的人到你家里，你会：

    A. 表示惊奇　　B. 暂时忍耐，以后再把实情告诉你朋友

    C. 把你的感觉完全隐藏着

评分方法：

假如你对于第 1、3、5、7、9、10、11、14、17、20、24 各题答案是肯定的，每题得 5 分。

第 2、12、19 各题答案如果是否定的，每题得 5 分。

第 4、6 题的 C 和第 8 题的 A，假如答案是肯定的，每小题得 5 分。

第 13 题 A、B、C 三小题，假如你的答案是否定的，每小题得 2 分。

第 15 题 C、第 16 题 B、第 I8 题 C、第 21 题 B 和第 22 题 B，假如你的答案是肯定的，每小题得 5 分。

第 23 题 B 和第 25 题 C，假如你的答案是肯定的，每小题得 10 分。总分为 136 分。

评估：

假如你得 75-136 分，那么对你应付事变很有把握，而且你的自制力、勇气和机智都是超人的，你可以有很大的自信力。

假如你得了 30-75 分，那你对于一般的事变都能应付，你神经系统的反应正常而平衡，学急救也许对你有益，可以增加你的自信心。

假如你得了 30 分以下，你必须留心自己，同时努力学习一点应变的常识和培养自己的自信力。

单元综合练习

通过一次小队的集体聚餐，来增强共同完成工作任务的能力。聚餐的主题是：自己动手包饺子。6人参加，共同参与包饺子的过程。通过实际操作，回答以下问题：

步骤一：保证工作进度

六人动手准备二十位朋友吃的饺子，从购买原材料、和面、调馅、擀皮、包、煮等，大约需要多长时间。六个人都要参与，应该如何分工，各道工序如何配合，以保证整体工作进度。

步骤二：达到相互信赖

如果六人的背景差异很大，有人自称厨艺精湛，有人自称对于包饺子一窍不通，如何分工合作？对于关键步骤，如饺子馅的调制，如何相信操作者的能力。

步骤三：容忍特殊要求

如果20位来就餐的朋友，有人提出了特殊要求，如何应对？其中有一人是少数民族，对于肉类有禁忌；另外有一人不吃葱花和姜，要求给他包不加任何调料的饺子；还有一人有洁癖，执意不肯使用已经准备的瓷碗和木筷，而要那种一次性的碗筷，另外有人是环保主义者，坚决反对使用一次性筷子，如何调节这些关系？

步骤四：应付例外事件

饺子包好，热气腾腾地出了锅，装盘摆到桌上，众人开始品尝。这时出现一些问题：

（1）饺子非常可口，众人风卷残云地将盘中的饺子全部吃光，起初估算的分量不足，怎么办？

（2）有三分之一的饺子味道偏咸，有二分之一的饺子煮漏了馅，如何让多数人吃得满意？

第三单元 改善合作效果

本单元训练重点：

● 怎样有效沟通工作进程
● 怎样及时消除障碍
● 怎样正视自己展示合作优势
● 怎样适宜提出和接受批评建议

基
础
级

第一节 沟通工作进程 判断合作障碍

目标：及时传递信息 扫除合作障碍

医护人员与患者及医护人员之间是一种合作关系。在工作中，医护工作者如何合作，怎样有效与患者沟通，让患者配合、理解自己的工作，达成双方的合作，以及怎样和谐与患者的关系，关键在于及时沟通。但沟通过程中的信息损失，比想象和感觉中的要多得多，因此，医护人员通过沟通技巧的运用，尽可能减少信息损失，在真实理解患者意愿或想法后，提高医护的有效性与工作质量。另外，任何人在与人合作中，都不可避免这样或那样的矛盾，关键是能及时察觉合作中出现的障碍，尽力不使裂痕进一步扩大，并控制在一个议定的范围内，为合作关系的修复奠定良好的基础。

通过本节训练，你将能够：

1. 学会及时沟通工作进程，传递信息，彼此知道合作进度；

2. 能够及时发现合作中存在的问题，准确判断影响工作进程的障碍，适当调整合作关系。

准备：善于呼应 判断合作障碍

先看案例：

·案例 25· 　　　　　　　　　疏于沟通酿惨祸

2010 年 6 月 23 日凌晨，湖北省妇幼保健院副院长金志春遭愤怒的患者家属李昌彦用匕首刺伤胸部，虽经全力抢救脱离了生命危险，但这一本可避免的事件还是让人感到扼腕痛惜。

行凶者名叫李昌彦，他三岁半的女儿李思格由于上呼吸道感染并发败血症入院，2010 年 6 月 10 日下午，死于重症肺炎并多脏器功能衰竭。孩子因病死在医院，家属十分悲恸，此后，家属在没有详细了解孩子病程经过的情况下，强烈要求医院"对孩子的死负责任"，提出赔偿 80 万元的方案，为保障自己所谓的权益，组织其他亲属大闹医院，严重扰乱了医院的正

常秩序。另外，院方采取绝不让步的方式，关闭了与死者家属沟通的通道，并通知保安强制清场，最后演变成一起暴力流血事件，多人受伤，多人受到刑事处罚。

案例中，如果这家医院领导、医护人员、保安人员等，能与患者家属及时沟通，分清客观与主观原因，妥善处理好善后工作，肯定能避免这起暴力流血事件，使死者得以安息，生者平心静气。

一、怎样及时沟通合作进程

（一）话不说不明

话不说不明，理不道不清。沟通对于双方保持良好的合作关系是必不可少的，无论医护人员之间，还是医护人员和患者打交道，不同的沟通内容和方式都会产生不同的结果。事实上，沟通不畅易引起误解，产生不予合作的情绪，导致猜疑、毫无条理的思想和差强人意的结局，直接影响到双方分歧的解决。

·案例 26·　　　　　　及时解释消误会

小王护士值班过程中看到一位患者在医院精字处方（一种专用于精神药品的处方笺）上涂涂画画，出于对处方管理的责任感，小王在没有向患者解释说明该处方管理要求情况下，将患者手中处方拿走，导致患者不满，情绪激动。护理工作经验丰富的小李见状，急忙站在小王前面，耐心、礼貌地对患者说："对不起，请不要着急，你有什么问题我们一定尽力帮助解决。"被激怒的患者大声说道："处方不是我自己拿的，是门诊一位医生交待事项时留下的，我用它写字有什么问题呢？"为不影响其他患者休息，小李请该患者到诊察室解释说："这对你来说也许是件小事，好像没什么关系，但医院对处方的使用范围是有着严格管理要求的，尤其是精字处方，更不能随便作其他用途……"患者听了马上表现出理解和认同，主动说："那就这样吧，处方你们拿走。"小李从护士办公室拿出专供患者书写交流的小本子，交给患者。患者（情绪好转）说："谢谢你！帮我解决了实际问题，刚才我态度不好，讲了一些不该讲的话，希望你们不要放在心上。"小李会心一笑："不会的，只要你满意，我们就放心了，以后你有什么困难，请随时找我们，我们一定会尽力帮助你的。"患者："好！谢谢你，李护士。"

（资料来源：谌永毅，方立珍：《护患沟通技巧》，湖南科学出版社，2004 年版。）

每做出一个举动之前，要把情况让相关的人知道。护士小王因为缺乏与患者的沟通，导致患者不理解。而经验丰富的护士小李将事情原委向患者解释清楚，并解决了患者的困难。现实中，有些医护人员想法简单，认为没有与患者沟通的必要，或者不能及时进行沟通，从而把自己置于被动工作的状态。所以，在与人合作时，要注意把话说清楚的同时，兼顾他人的利益。

（二）及时沟通工作进度

对医护人员来讲，沟通工作进展不仅是相互尊重的体现，更是工作的需要。医生与护士合作，共同的目的是为了病人的顺利康复。实际工作中，医护人员的沟通工作有以下主要进程：一是横向协作中的平行沟通，与自己科室的同事、责任医生要沟通工作进度；二是纵向的上下级沟通，与直接上级每天都要沟通，要养成每天工作到某一段落，便及时向上级汇报一下工作进展的习惯，即使很忙，也要采取电话、短信、电子邮件等方式作工作汇报。

医护人员除了自己内圈的沟通外，更不能遗忘与患者的沟通，别忘了，患者也是我们工作的合作者。

· 案例 27 ·　　　　　　三万元买不到一句知心话

高青县黑里寨镇贾庄农民邱方波，回忆起两个月前到省城给孩子看病的经历，仍心境难平。6月5日，刚出生20天的孩子因重病，转到省城一家大医院儿科，想了很多办法也没能得到有关孩子病情的具体信息，眼看着家里仅有的三万元积蓄一点点地交给医院，却没能挽留住孩子的生命，甚至连医生的一句知心话都没有"买"到，邱方波心里始终不平衡，感慨万千地说："想不到听大夫一句知心话会这么难！孩子在医院呆了一周，直到临死都始终没有一个人主动告诉俺孩子的病情怎么样了，更不知哪个医生在给孩子看病、哪个护士分管……"这个报道很是令人痛心，据不完全的数据统计，目前约70%的医患纠纷，是因医护人员责任心不够、服务态度较差及医患沟通不畅等非医疗质量问题引起的，这种现象亟待解决。

沟通不到位是导致医患关系紧张、发生医患纠纷的主要原因。医护人员多一分主动，患者就多一分理解。因此，要想和谐护患关系，医护人员应主动和病人及病人家属及时、经常沟通，让患者清楚自己的病情治疗和进展情况，即使无法治愈，但患者能感受到医护人员所尽的努力，理解自然就产生了。

（三）掌握汇报工作进度技巧

1. 事先充分准备

鉴于领导工作繁忙，汇报工作时，主题要明确，重点要突出，抓住问题的关键。另外，在提出问题的同时，还应提出解决问题的建议。或方案，否则给领导留下的只是会发牢骚而不会实干的坏印象。

· 案例 28 ·　　　　　　很快得到同意的申请

外科王主任计划拓展小儿肿瘤外科专科床位，希望能得到领导的支持。首先他对近几年来普外科收治病人中疾病谱的发展变化进行了研究分析，发现小儿肿瘤病人逐年以约30%的比例递增，随后他调查了全省小儿肿瘤外科医疗情况，结果显示大部分成人医院不设小儿肿瘤外科专科。还有一个重要的有利条件是本科室有 2 位主任医师,一位科主任从事小儿肿瘤外科工作多年,有很丰富的工作经验,担任全国小儿肿瘤外科专业委员会委员,能同全国小儿肿瘤外科专家一起学习交流;还有一位主任医师曾外出进修小儿肿瘤外科专科,在术后化疗及其治疗方面富有经验。基于此,王主任带着上述资料,有理有据的向领导作了全面的、系统的汇报,得到领导的充分肯定与认同。经医院领导集体于此,王主任带着上述资料,有理有据的向领导作了全面的、系统的汇报,得到领导的充分肯定与认同。经医院领导集体研究后,很快同意增加小儿肿瘤外科专科床位,小儿肿瘤外科专科也成为医院的一个特色科室。

2. 掌握语言沟通的技巧

在很多情况下,怎么说比说什么更重要。如一位医生开的医嘱不太合理,一位护士说:"某某,你这医嘱开错了,我不敢执行,你看怎么办?"这位医师听了心里非常生气,甚至产生了逆反心理。另一位护士说:"某某医师,你看一下这个医嘱好像不太适合,看怎样才能更好些。"这位医师听了,仔细斟酌了一下,确实有点不太合理,在改了医嘱后内心非常感谢这位护士对自己的提醒,在以后的工作中也就更加注意。美好的语言对改善医护关系起着积极的作用,医护双方、护患双方都应在尊重对方的基础上,运用沟通技巧和方法,形成和谐的人际关系。

3. 培养良好的语言习惯

有些人说话消极,被问起"工作怎么样",回答是"不怎么样"。做了一大堆事情,寥寥几句就概括了。这样不是谦虚就是封闭,很不适合与人合作。其实,每天检查一下自己的工作进度,将已经完成的业绩展示出来,对于自己和同伴,都是一种很好的激励。

二、怎样消除障碍,确保顺利

(一) 察觉合作裂痕

作为医护人员,要敏锐地发现合作的裂痕,及时判断出合作的障碍。合作是一种主动、自觉的行为,要求合作者各个方面相互信任,做事靠的是默契和真诚的努力。如果勉强地、被动地做事,貌合神离,合作肯定是一句空话。

在与人合作中,要时刻注意三个问题。一是合作关系是否融洽,二是合作目标是否一致,三是沟通协调是否有效。

·案例 29·　　　　　　　　　**不经意行为惹祸**

某医院妇科病房住进一位来自郊区的患者,常有成群家属探视,且家属行不够文明,如大声说话、抽烟或随地吐痰,护士虽对之很反感,但并未与之直接发生冲突,只是在不经意间流露出不满情绪。一段时间后，此患者便常常指责护士，易激动，甚至辱骂，家属亦加入其中，护患关系逐步恶化。护士长知道后，立即与患者沟通，了解实际情况，患者抱怨说："护士常对我爱理不理，整天板着脸，我是来看病的，不是来受气的。"护士长明白，患者及家属不经意流露出的陋习是引子，护士不经意的服务态度激化了矛盾，为此，她很快做出协调，最终让患者病愈后满意而回。

一旦合作者之间出现裂痕，其中一方不予察觉或者不予理会，裂痕就会越来越深，从而出现尖锐对立的后果。案例中，护士虽然和患者没有语言上的冲突，但她不友好的态度让患者愤怒，最终出现患者对护士辱骂的现象。出现这种情况，主要在于护士未能及时察觉患者情绪和行为的变化而迅速作出调整。也就是说与人合作难免会出现裂痕，但这个裂痕如果不及时予以消除，必将影响以后的合作。

（二）判断合作障碍

通过合作过程，医护人员可以感受合作是否存在障碍。但是，这样的直观感受有时不一定会准确，因为仅凭情感因素来判断合作关系，显然缺乏客观的依据，而且当局者迷，旁观者清。因此，合作主导者，不能简单地根据合作者的直观感受来判断，而要注意实际的例证。

·案例30·　　　　　　科室为啥不和谐

新年伊始，护士长在工作会议上向全科护士提出年度护理工作改革计划。其中，对年轻护士的要求有大幅度的提高。此时，几个关系较好的年轻护士由于平时不满意护士长的管理风格，所以在护士长提出改革计划之后，她们立即表示出不满情绪和团体性的反对意见，并列举了种种不能接受的借口。护士长当时尽管感觉到压力，但并未退缩，表示改革计划继续实施，要求大家克服困难，服从集体管理。

在改革计划实施的第一个月中，那几位年轻护士根本没有把护士长的要求放在心上，继续按照自己的方式行事。护士长与她们时常发生争执，科室工作气氛变得越来越紧张，病人的满意度也开始下降，影响着护理工作的正常开展。

（资料来源：王维利：《思维与沟通》，中国科学技术大学出版社，2007年版。）

案例中，合作出现障碍的原因在于护士长和护士没有正确对待和处理合作关系。其中，护士长没有及时判断合作障碍，采取因势利导的办法，发挥出正式团体中非正式团体的积极作用，克服和抑制消极因素，及时消除合作障碍。而几位护士在合作中抱有偏见，采取抵制、消极的态度，致使合作出现障碍，最终影响了整体声誉。

（三）消除合作障碍

保持合作关系融洽，可以采用"是、非"形式的提问：你与某某同事关系如何？备选答案只有两个："好"和"不好"。再继续问：你与所有的同事关系如何？备选答案还是只有两个："好"和"不好"。或者你与患者的关系如何，答案还是"好"和"不好"。如果不好要及时调整。

保持合作目标一致。多人做事，在制定计划、分派任务、接受指令的时候，觉得大家已经清楚要做什么事情，达到什么目的。但一旦开始共同做事，由于习惯，常导致不按目标来工作，只根据习惯来做事。如遇到这种情形，团队中每一个成员都需要注意问题的存在，刻意地规范行为，这样就能主动消除合作障碍，有效提高工作质量。

合作障碍客观存在，但多数是因为缺乏有效的沟通和协调而导致的。特别是摩擦与矛盾，往往来自于合作者之间的误解。因此，医护人员在合作中要不断进行沟通协调，善于呼应，以避免后续问题的出现或扩大。

行为：及时有效沟通，判断合作障碍

活动一：连续报数

（一）活动流程

活动需要八个人参加。一个人担任监督，七个人围坐。每个人手中拿着一根筷子样的物品，用以敲击桌子。确定一个人为首位报数者，首先喊"1"，右转，依次接着报数。规则是，逢7或者7的倍数，不能读出来，而是以敲桌子来代替。7的倍数数字有14、21、28等，包括含7字的数字有17、27等。参与活动的人必须注意力集中，报数要有一定的速度，不能迟疑观望。

到了规定数字没有敲击桌子，或者边报数边敲击，监督马上叫停。找出酿成错误的责任者，在其头上戴一个纸帽子，或者在成绩单上记载过失一次。继续报数，直到无错误地报数到99为止。

（二）活动要求

能够二次以内达到目标的小队，获得奖励。重复三次仍然无法顺利完成报数到99的小队，将记过失一次。组织小队进行讨论，特别是多次失败的小队，要分析失败的主要原因。

（三）讨论

1.如果多次出错后，你所在小组有没有能够及时发现"障碍"？

2.如发现有没有提出防范措施？最终怎么完成？

活动二：案例分析

·案例 31·　　　　　　　　　　**消除上司误解**

　　文华是某医药销售公司的文员。春节前经理交给她一大堆名片和一些精心挑选的明信片，要她按照名片逐一打印寄出。文华曾提醒经理将已经发生改变的或业务上已没有往来的客户挑出来，但经理不耐烦地说："你别管，把所有明信片都寄出去好了！"

　　两天后，文华把打印好的明信片交给经理过目时，经理却大声指责她将一些已经不在中国的客户错误地打印在"最精美的"明信片上。文华觉得很委屈，想说出来又担心被经理安个"顶撞上司"的罪名开除，便认了下来。回去后她大哭一场，可心里还是觉得别扭，以致影响了工作。后来文华利用休息时间去拜访经理，坦诚地说出内心的想法。结果出乎意料，高高在上的经理竟然向她承认了错误。从此，他们两人在工作上配合相当默契，共同为公司创造了显著的业绩。

　　小组讨论：文华是如何对待和消除上司的误解的？

评估：你能有效沟通，判断合作障碍吗

评估一：连续报数

　　多次失败的小队可能存在的主要原因：

　　原因之一是有人没有全面理解规则。原因之二是有人注意力不集中。在 27、28 两个数字连续出现的时候，总有人糊涂地喊了出来。负责监督的人，要准确发现经常出错误的人，提醒其注意。多次出错后，提出防范措施，改变围坐位置，或者更换首位报数者。

　　如果队长能够及时发现"障碍"，就可以尽快完成这个活动。有的小队出现问题就互相指责，甚至连续犯同一类型的错误。有的小队负责人，发现了问题，怯于情面，不能够及时指出。有的小队发现了障碍，也及时指出了问题所在，但是，不能及时帮助这个人改正错误。这些情况，都作为评估的依据。

　　经过启发仍然无法认识到合作障碍的小队，那就必须增加训练时间。

评估二：你的合作状况如何？

　　1. 你在工作过程中，是否经常会想到要与合作者及时沟通或者汇

报工作进度?

2.在沟通工作进度时，能够找到合适的沟通技巧吗?

3.经过一个工作阶段的磨合，你与合作伙伴的关系是否融洽? 是否有人对你抱有反感情绪?

4.你与同事的合作目标是否一致? 不仅要看自己的情况，还要看其他合作者的情况。你采取什么方法不断地强化合作目标?

5.在裂痕出现的时候，你采取什么措施来积极消除合作中的障碍，取得他人的谅解和认可?

评估三：团队协作障碍诊断

这份调查表是直接衡量你的团队受五大障碍影响的诊断工具。在调查表的最后将告诉你怎样记录结果以及得出结论。建议团队中的所有成员分别填写这份表格，然后查看结果，讨论他们填写内容的差异及其代表的含义。

说明：请使用以下计分标准衡量自己的团队。评估的真实性很重要，应避免反复推敲答案后再选。

3 = 经常，2 = 有时，1 = 很少

问题：

1.团队成员在讨论事务时非常热烈，且无相互提防的情况。

2.团队成员互相提醒各自的缺点或不利于工作的行为。

3.团队成员了解同事所负责的工作，知道该工作对集体利益的作用。

4.当团队成员的言行不当或有损于集体时，他们会马上真诚的承认错误。

5.团队成员愿意为集体的利益牺牲部门或个人的利益(如申请预算的多少、头衔等)。

6.团队成员敢于公开承认自己的缺点和错误。

7.团队的会议令人鼓舞而不枯燥。

8.尽管开始的时候有分歧，但会议结束时，大家相信所有人都能够按照达成一致的意见去执行。

9.如果集体目标不能实现，士气将大受影响。

10.在会议期间，大家把最重要的，也是最棘手的问题拿出来共同探讨。

11.如果有人被解聘，团队成员都很关注这件事。

12.团队成员了解彼此的业余生活，而且可以相互攀谈这些内容。

13.团队成员讨论问题后能够找到明确的解决方案，并且马上开

始实施。

14. 团队成员相互监督各自的工作计划和进展。

15. 团队成员不急于得到别人对自己做出的贡献的肯定，但能够很快指出别人的成绩。

计分：

请将你的得分填入下表，它们将与五大障碍相对应。

表4 得分表

第一大障碍 缺乏信任		第二大障碍 惧怕冲突		第三大障碍 欠缺投入		第四大障碍 逃避责任		第五大障碍 无视结果	
4		1		3		2		5	
6		7		8		11		9	
12		10		13		14		15	
总分		总分		总分		总分		总分	

8~9分：说明你所在的团队不存在这些障碍；

6~7分：说明你所在的团队存在这些障碍；

3~5分：说明你所在的团队存在的障碍已经值得关注了。

（资料来源：http://www.360doc.com/content/13/1024/10/14474_323712373.shtml）

第二节　正视自身短处　展示合作优势

目标：认清自我　增进合作关系

品性，是行为的准绳，良好的品性是护理人员自身职业素质所必备的，但"金无足赤，人无完人"，任何人都会有自己不足的一面，面对自身的短处，我们没必要掩藏，也不需要隐瞒，只要在工作中发挥自身优势，克服自己的不足，避免合作的负面因素，就能取得期望的工作成绩。同时，在与人合作中，你要让合作者全面了解你的品性，知道你的优势所在，通过回顾合作过程，全面认识你，为你的优点所吸引，从而获得合作伙伴的尊重和认同，创造出和谐的合作关系。

通过本节训练，你将能够：

1. 学会审视自我，征求他人意见，了解自身不足；
2. 学会展示自身合作优势，增强他人合作信心。

准备：扬长避短　优势互补

医护人员在与领导、同事、患者相处的过程中，通过经常回顾合作时的自身行为，检视自己的工作过程，就可以寻找到自己的长处和不足。如，医护人员征求病人和同事的意见，及时发现自己某些不适宜的言谈举止，找出品性中不利于合作的因素，积极开展批评与自我批评，就能得到同事或患者信任，便于工作顺利地延续或进行。

一、怎样检讨自己的不足和过失

（一）人人都会有不足

> ·案例 32·　　　　　　　　勇于检讨得原谅
>
> 　　护士小王为患者张大妈肌肉注射，患者感觉很痛，无意间说了一下"你轻一点"。小王则责怪患者太娇气，嘟囔着："这点疼都忍受不了。"张大妈马上不高兴地对护士小王说："别的护士打针一点都不疼，就你不行。"此时，小王不但没有检讨自己技术不过硬，而是责怪自己倒霉，碰上了这么一个患者。护士长查房碰巧看到了这一幕，急忙向张大妈道歉，并检讨

自己工作没有做好，让张大妈受委屈了，请求张大妈原谅。张大妈看到护士长态度如此诚恳的，也就原谅了小王。

护士小王和护士长截然不同的工作态度，让张大妈由生气到原谅，足以说明，在与人合作中，鉴于世界上不存在完美无缺的人，每个人的品性都有这样或那样的不足，因此，每个人都要清醒地认清自己，要有敢于认错的勇气，善于自我批评，这样就能求得他人的谅解。但现实中，有些人自我感觉良好，合作过程中遇到问题，总是将问题归结到他人身上，极易造成团队不和谐而形成相互猜忌，影响合作的深度和广度。

为促进合作，你应控制强烈的自信，低调为人，屏蔽某些不利于合作的品性因素，为消除合作障碍奠定基础。

（二）合作过程中作自我批评

每个人身上都存在不利于合作的毛病。如固执、急躁、迟缓、多疑、自负、懒散、傲慢、自卑、刻薄等。这些问题因人而异，程度不同。那么，你身上存在这些毛病吗？

基
础
级

·案例33·　　　　　　　　**及时改变形象得认可**

护士张燕，23岁，高护班毕业，平时爱好打扮，喜欢浓妆艳抹，手上戴着漂亮钻戒，指甲上涂着多种颜色的指甲油，头戴迷你耳机……时尚都可以在她身上找到踪影。工作过程中，护士长多次指出她护理礼仪上的问题，但她依然我行我素，自认为护士长落伍，不懂生活，对医院规定置之一边。渐渐的护士长不再说她了，护士们疏远她了，患者也用另类的眼光看她，一种不自在的感觉慢慢地弥漫在她心里，工作也受到了不同程度的影响。后来，小张主动找护士长沟通，与护士姐妹交流，终于意识到自己不经意地违反了护士工作规定，是自己意识上犯了错误。从此，小张刻意改变自己，工作中微笑面对每一位患者，重新回到了快乐的团队之中，年末被评为先进工作者。

护士张燕的转变在于她与同事和患者相处的过程中，正确地认清了自己，及时发现自己的缺点并予以改正，最后成为同行、患者欢迎的医护人员。值得注意的是认真地做自我批评有一定难度，也需要勇气，但你如果做到了批评与自我批评，准确认清自己，那么你的合作者一定会接纳你，欢迎你。

（三）诚恳地征求意见

如果想知道自己还存在着哪些方面不足，你可以邀请合作者，共同回顾合作历程，诚恳地征求意见，检讨自己的合作行为。同时，要勇于承认错误，主动接受批评，不断追求进步，接受"良师"指点，

当局者迷
旁观者清

认真反省，努力改变自己，这样就能培养自省的态度和勇气，在不断反思中重新认识自己，寻求进步和奋发向上的工作动力。

生活中，我们很多人不善于征求别人意见，缺乏合作诚意，有时还刚愎自用、妄自尊大、听不进半点别人的意见，这不但阻碍自己进一步发展，还可能会给团队带来这样或那样的损失。

医护人员在工作中，要能够诚恳地征求负面意见，积极寻求合作者的理解，经常检讨自己在合作方面出现的问题，其目的是改正自己的不足，不断提升医疗护理的质量。

二、怎样展示自己的合作优势

（一）用例证说明合作优势

与人合作所需要的品质有：亲和、耐心、服从、忠诚、宽容、负责、细致、热心、谦虚、幽默、大度等。尽管这些词汇很抽象，但你在合作中按这些词汇要求去做了，就会感悟这些词汇内涵的具体性和带来的魅力。

·案例 34· 　　　　　　　周到细致服务得人心

2010 年 10 月，刚参加工作不久的护士小李接待了一位急性腹痛老年患者。患者儿子要求护士长安排有经验的护士做护理工作，但看到小李时，脸上露出了不悦的表情，在小李为他父亲做护理时，极不耐烦说："你能做好吗？"，甚至说："叫你们护士长做吧，你做事我们不放心。"可小李没有把他的话当贬义去对待，而是更认真地做好每一个规定的护理环节，额外地增加了护理等级，并始终微笑服务。有一天，患者突然大便在床，恰巧患者家属不在，小李立即为患者擦洗局部，换上清洁的床单、被套和衣服，与老人谈心聊天，分散患者的痛苦感。当患者儿子来到病房，老人非常开心对儿子说："小李护士懂护理，还懂老人的心，你不要再提换人的事了。"而小李对患者说："老人家，我知道您需要尊重和关心，我只想用行动来证明，我可以做好护理工作，如您对我有什么不满意的地方尽管说，我会改正的。"此刻，患者儿子明白了事情经过，满含歉意地对小李说："李护士，对不起！我以为你年轻，经验少，做不好护理工作，现在，我从心底感谢你，以前我说的话现在就收回，谢谢你了！"

案例中，小李不计较家属的责难，一如既往地认真照顾、护理患者，用自己的实际行动证明自己的工作能力，展示了护理人员的优秀品德。实际工作中，医生、护士或是患者，如果认为自己是亲和的人，那么你要做到经常主动问候他人，微笑服务，就像小李护士一样，就能得到患者及家属的认同与称赞，帮助你做好任何工作。

你要用具体的例证，来分析自己的合作优势。例证来自你的工作过程。与哪些人合作过，在哪些事情上合作过，合作取得哪些成功，在合作过程中表现了你哪些品质。如没有工作阅历的人，可以在学习、家庭、生活中寻找类似的例证。

（二）合作就是优势互补

由于每一个人都有各自的合作优势，所以，在分析合作特点时，避免追求完美。因为合作就是成员间优势互补，而那些自认为完美无缺的人，其实缺陷就已经明显存在了。有一个耐人寻味的故事。一天，一个瞎子和一个瘸子不约而同地来到一条河边，望着急湍的河水，两人都颇为为难。两人都要过河，但瞎子和瘸子都不可能独自过去。怎么办？他们协商后，决定由瘸子指路，瞎子背瘸子过河，这样两人都顺利地渡过了河流。

由于个性的双重特点，一个人的优势，也可能是他的劣势。亦即在这个环境中是优势，而在另外一个环境也许成了劣势。做事坚定的人，在扮演合作的主导者时是优势，在扮演合作的跟随者时，很容易成为劣势，因为，此时坚定的品质易转化为固执，不服从。所以，医生和护士在工作中是交流—协助—互补的关系。医生擅长诊断和制定治疗计划，护士擅长开展护理工作，两者协作，优势互补，合作就会和谐顺利。就能满足病人各方面的要求，促进医疗护理整体水平的提高。

（三）为合作伙伴"补台"

> 相互补台
> 好戏连台
> 相互拆台
> 好戏垮台

·案例 35·　　　　合作"补台"防意外

某日中午，一位低年资护士接诊一位手术患者后，发现该患者液体快滴完了，于是立即给该患者更换上一瓶液体，与她共班的一位高年资护士马上就意识到："这位新护士可能不知道手术室接的液体通常不用排气管。"于是赶紧跟过去，果然不出所料，新护士接完液体刚离开，病人输液管内就进了一小段空气，于是赶紧关掉补液，拿了个7号针头当排气管插进去并排出空气，重新调好滴速，由此避免了一宗输液并发症的发生。

戏剧舞台上，时常会有人出错，特别是有新人加入的时候。在紧锣密鼓中过分紧张，忘词儿了，台词说错了，位置站错了，戏剧行业的俗话是"砸台了"。可是再砸台，戏也要继续演下去，这时需要有人弥补漏洞，行家将这种作法成为"补台"。

如果你看到合作伙伴的过失，要积极为其"补台"。特别是发生危机时，这样的合作更显示出团队的价值，显示你作为合作者的存在价值。因此，你在完成自己工作任务时，关注他人工作进展，发现问题及时伸出援助之手，就一定能共度难关，共创佳绩。如案例中，高年资护士意识到年轻护士缺乏临床经验，可能会误操作，及时帮助年轻护士，避免一场意外。

在弥补他人过失的时候，你要做牺牲自身利益的准备。占用自己

> 智者千虑，
> 必有一失。
> 愚者千虑，
> 必有一得。

的工作时间，延误自己所负责的工作进度，还有可能在设备、场地、信息资源等方面作出让步，进而影响本部门或者自己的工作。但是为了顾全大局，必要的时候，宁可停下自己的工作，也还是要为他人帮忙，为其他部门让步。

行为：客观评价　展示优势

活动一：我的合作优势

根据自己的个性特点，写一份关于合作特点的评语，题目是：我在与人合作方面的特点。时间为1小时，字数500—800字。要求：字句通顺，言之有物，符合本人特点。

写评语时，要从活动中发现自己的特点。为了减少写作的难度，可以先向同伴讲述自己的特点，或者听他人讲述，从中获得启发。要用一个自己做过的事情来证明论点。

注意：一定要写优势，忽略劣势。每个人都有合作的优势，可能只是一点或者两点。可以借助于心理测试技术，通过网络或者专门的心理咨询机构，获得帮助，也可以在培训师那里获得帮助。

将写好的文字，用简练的语言归纳自身的合作优势（压缩为40—50个字），描述自己在合作方面最突出的特点（压缩为8—10个字）。

活动二：挑"毛病"

选用大一些的纸张，采用大号字，写下自己在与人合作过程中经常出现的"毛病"。毛病两个字必须加上引号。对于成年人来讲，尽管无法彻底改变自己，但为了保障合作的顺利，有时需掩盖或暴露自己的某些缺陷。与人初次接触，应将自己阳光的一面展示出来。与人紧密合作，要能够暴露自己的一些缺陷，使他人有心理准备。

用一些词汇来总结自己的"毛病"，特别是在与人沟通方面存在的问题，如自我为中心、说话直白等。注意不能过于贬低自己，而是注意细节方面的问题。

用一分钟时间，选择一个例证，向他人表述自己的"毛病"。一分钟的时间，可以说150—200个字。组织同一小队的学员，对同伴的合作特点进行讲评。

187

评估：能否正视短处　消除合作障碍

评估一：评价自身的合作优势

1. 在参加本节训练之前，你怎样看待自己的合作优势，有无自我贬低的倾向？你是否发掘出自己的合作优势。

2. 比较"亲和、耐心、服从、忠诚、宽容、负责、细致、热心、谦虚、幽默、大度"等关键词，你身上居第一位的合作品质是哪一种？能否列举出具体的例证。

评估二：评估对自身"毛病"的接受程度

邀请五六位朋友，选择一家咖啡厅，或者茶馆，营造一个轻松的环境，请朋友给自己提意见，主要是寻找自己在与人合作共事时候的"毛病"。

要求朋友列举具体的事例，可以用比较尖锐的语言。通过这个过程，来评估自己能否接受他人意见，正视自身的不足。

第三节　恰当表达意见　完善合作关系

目标：保持理性　恰当批评建议

医护人员之间或医护人员与患者的合作过程中，尽管大家目标一致，很多愿望都是良好的，但有时还是有可能出现分歧。如医护人员相互之间的不满，患者及家属向医护人员表达不同意见等，但"打人莫打脸，骂人莫揭短"，表达意见和提出批评的方式要恰当，也就是说当合作者出现失误时，要控制住指责、抱怨的情绪。而当你向他人提出意见与批评或他人向你提出意见与批评时，都要心态平和、虚心接受，从中吸取积极的因素，不必讳疾忌医，这样，才能更好地推进合作进程。

通过本节训练，你将能够：

1. 学会在恰当的时机、采用恰当的方式、向适宜的人表达意见，提出批评；

2. 学会保持平和心态，听取多方意见，认真对待别人给予的建议，接受批评。

准备：如何适宜地提出和接受批评建议

> ·案例 36·　　　　　　　*科主任的严厉批评*
>
> 因昨日一位年轻护士在工作中疏忽大意，漏发了一位病人的口服液，科主任在晨会交班上大发雷霆，当着全体护士和医师把护士长训了一顿，"你这个护士长是怎么当的，年轻护士是怎么培训的，连最基本的都做不好，那你护士长也得负责任。"护士长尴尬不已，为不激发矛盾，护士长保持了沉默。整个一日，全科护士的心情都不好，情绪很低落。
>
> （资料来源：石绍南主编.护士沟通技巧.长沙；湖南科学技术出版社.2010）

案例中，科主任过于严厉，抓住一点不及其余，当众批评甚至训斥护士长的做法让所有护士难以接受，甚至产生逆反心理，适得其反。如果科主任能够说话委婉，就事论事，在晨会上把事情的严重性向大家说明以作警示，会后单独找护士长谈话，找出原因，加以改正，帮助护士长树立威信，这样会取得事半功倍的效果。

合作过程中产生矛盾时，双方都要保持理智的态度，提出批评要留有余地。这里需要牢记的是，表达不同意见的目的是为了维护和改善合作关系，而不是搞僵合作关系。

一、怎样适宜地表达不同意见

> 打人莫打脸，
> 骂人莫揭短。

为了改善合作效果，就要表达不同意见。意见，是对事情的一定看法或想法，也可以是对人对事的不满意。

（一）好言难得，恶语易施

对于同样一件事情，不同的人，站在不同的角度，会有不同的看法，有时候，看法还会截然不同，遇到这种情况实属正常。共事过程中，对来自不同角度的不同意见，正确对待就能够取长补短，形成合力。但要注意的是，提意见对事不对人，要有限度，否则会影响团队团结，起相反的作用了。

基础级

·案例37·　　　　　　　　　口头医嘱

一天，外科王医生刚做完长达6小时手术去休息室小憩。科内张护士问他："王医生，这药怎么用？"此时，王医生很疲劳，就先下了口头医嘱，然后，想再打电话告诉张护士药的用法。谁知，张护士跑到护士长那告状，之后护士长听信一面之词，又向科室主任告状，说："王医师没按规定，只给护士口头医嘱。"主任随后严肃地批评了王医生，指出再发生类似情况将扣除本月奖金。

第二天中午，王医生就餐时听见张护士大声跟其他同事讲昨天口头医嘱之事。王医生走过去说："很多医生都有事后补的现象，你跟我讲就可以了，有必要去告状吗？"张护士站起来大声回击说"我每月才二千元工资，万一出什么事，赔不起，也负不起那个责任，哪像你们医生有那么多红包收，无所谓呀。"面对张护士没有依据的说词和无端猜疑，王医生脸色从白到红，又从红转成青色，大声吼道："张慧，你太过分了。"同时，将不锈钢餐盘掀翻在地，引发了更激烈的争吵。

案例中，张护士貌似执行医院规定，其实是以错误的态度、在错误的场合、选择错误的时间、以错误的方式，表达了一个正确的意见。但结果是激怒了王医生，破坏了医护之间的和谐关系。

说赌气话、激怒他人的话是比较容易的；而想要说得体的话，那么就要控制好自己的情绪，在心平静气的氛围中，双方面对面地讲，这样才能收到预期的效果。正所谓，好言难得，恶语易施。

（二）表达意见时必须清楚的五个问题

在表达不同意见的时候，你要清楚地理解以下五个问题：为什么表达，对谁表达，在什么时机表达，在什么场合表达，如何表达。

第一个问题，为什么要表达不同意见。当合作出现不和谐因素的时候，就要通过有效沟通协调，达成双方意见的统一，观点的认同易消除合作的间隙。所以，在表达意见之前，你一定要问自己，这样做有必要吗？尽管有时因有话不说出来，心里感觉很堵，想一吐为快，但这恰恰会使表达意见成为指责争吵的导火线。这也就是说不是所有个人看法都有必要说出来，要选择时间、选择地点、选择机会，尽可能避免矛盾产生或激化。

第二个问题，对谁表达。你在向谁表达意见，是你上级，还是下属，是你行内同事还是圈外人士。面对不同的人，都有不同的表达方式。向上级提意见，最好是向自己直接上级，而不应该是上级的上级。向下属表达不同意见，要以商量的口吻，如果态度稍冷，口气稍重，极易造成误解。同事之间，有意见一定要恰当地表达出来，特别是紧密合作的搭档。比如医护搭档，护士搭档等，双方都一定要对合作作回顾总结，共同检讨不足。

第三个问题，何时表达。表达意见，不是想说就说，而是要看时机。首先，自己情绪比较冷静的时候；其次，对方给你提供了表达意见的机会；最后，合作问题已经基本显露的时候。

第四个问题，在什么场合表达。向直接上级表达意见，最好是单独的场合，不应该有其他人在场。开会时候，对其它部门提出意见时，如果问题很尖锐，则应采取会下沟通的方式。对外圈合作者，表达意见的地点要选择不代表立场的地方。自己的工作地点或者对方的工作地点都不适合，可选择某些公共场合，如咖啡厅、茶馆等。

第五个问题，如何表达。说不同意见的时候，要复述对方的观点，并肯定对方的某些意见与做法，形成有话慢慢说的氛围，如不可避免要批评对方，注意语气一定要缓和，语重心长地指出问题所在，这样就能以理服人，被批评者也能欣然接受。另外，表达的观点不能含糊，场合适宜时，结合具体事例，可以直截了当地提出反对意见，而下结论时，务必要留有一定的余地。

提出意见，一定不能伤害他人的人格，遵循对事不对人的基本原则。不能说涉及他人自尊的话，诸如"你怎么这样笨""你们医生真自私""你们总是让我们护士多干活"之类的话。确实有必要提意见，也只限于就事论事，绝不翻陈年旧账，形成新账旧账一起算的情景，伤害合作者之间的感情。

二、怎样接受批评建议

你不仅要表达意见，还要听取意见，这是双向沟通的过程。有些时候，你还要接受批评、承受指责。这些意见、建议、批评，不一定都是正确、公正的，其表达方式也不一定合适，但是，你必须采取积极的态度去接受。而在听取别人批评建议时，你需要：

（一）认真倾听

医务人员在接受意见时，要善于倾听。如集中自己注意力，将其他事情暂时放下来，必要时要做记录，以防止信息的遗漏。还有，医护人员接受意见时，可以呼应，简单地回答，但必须控制讲话的欲望，尽可能少说多听。

（二）不急于辩白

任何人在接受意见时，一定要要避免自己因被误解、被冤枉，特别想澄清事实而急于解释原因，因为这样的努力常常适得其反。还有很多人在听到刺耳的意见和批评时，觉得自尊心受到伤害，常想自己平时做了那么多事，没有功劳还有苦劳嘛，现在不仅没受到表扬，还受到各种指责，心里会倍感委屈，其实这正所谓忠言逆耳，良药苦口。

（三）辨别意见和批评

面对意见和批评，要善于辨别，此时你要集中各个方面意见，分类整理，冷静思考自己工作的不足，而对于多次被指出的问题，要分析并拿出解决问题的办法，这样才能有利于自己进步。所以，你面对那些刺耳的指责，要客观地进行分析，要站在对方的角度考虑问题，即便有些意见明显缺乏依据，或存在无端猜忌，但也要记录下来，有则改之，无则加勉。

护理人员经常要面对病人的指责或谩骂。其实患者的一些尖锐意见、批评和指责，恰恰是护理人员取得患者信任、得到患者理解的好机会，因为这样的病人，根本想法还是想得到医护人员的尊重和重视，得到更好的医疗。所以面对提意见的患者或家属，你一定要及时沟通，及时处理，及时答复，那么患者就会很快消除对你的成见，会积极地配合你的工作。

（四）真挚感谢

在接受意见和批评的时候，你必须要诚挚地表示感谢，感谢他人的关注、信任和坦诚。这种感谢之意，切勿拖延，要及时表达，必要时，致以鞠躬礼，深度表达自己接受意见的诚意，取得对方的谅解或认同。

行动：适宜表达建议　学会接受批评

活动一：角色扮演

采用场景模拟的形式，由学员扮演相应的角色，在特定的情景中进行对话，训练提意见的能力。在活动前，没有固定的台词，凭学员的现场发挥，从而了解语言习惯。

一位学员扮演吸烟者，另外一人扮演保安员。"吸烟者"在不应该吸烟的场合吸烟，如政府部门的社会服务大厅、医院门诊大厅、酒店机场等限制吸烟区域。

"保安员"的任务是劝阻"吸烟者"不在受限制的区域内吸烟。任务的难度在于，这位"吸烟者"心情很恶劣，对于劝告极为反感，甚至说一些脏话。不管"吸烟者"的态度如何，"保安员"必须彬彬有礼，耐心劝阻。然后，两个人交换角色。由于位置的变化，新的"吸烟者"可能变本加厉地为难"保安员"，注意观察"保安员"在这个时候的应对语言。

活动二：你的表达是否适宜

分析以下对话，指出不恰当的表达方式，写出适宜的表达意见方式，与同小队成员交流。

（1）对话背景：你的间接上级临时安排你写护理工作计划，确实没有时间。你的回答是：

"干嘛让我写这个计划，这事不由我负责。"

（2）对话背景：你外出查房回来，发现有人动乱了你办公桌上的物品。你不高兴地说：

"我不在办公室的时候，不要乱翻我的东西。"

（3）对话背景：你给病人精心护理，病人却当着你的面称赞你的同事。你恼怒地说：

"她护理的那么好，你喊她好了。"

（4）对话背景：你的同事出现很低级的失误，你指责他：

"你呀你呀，真是笨到家了，这么简单的事情也不会做。"

评估：是否能够恰当批评，坦然接收建议

评估一：角色扮演

有五人分别扮演"保安员"。注意，不去考虑"吸烟者"的行为，尽管可能行为恶劣，有违社会公德。"吸烟者"尽量夸张地展示恶劣的一面，使"保安员"感到难以完成任务，故意激怒"保安员"。

现场讲评角色扮演者的对话。主要讲评"保安员"的表达方式。评估的标准是：所提出的意见能够让对方接受，不能以管理的口气说话，而是以商量的、请求的口气说话。在对方故意使用激怒语言的时候，如何保持冷静，不能以牙还牙。

在社会公共场所，总会有人素质不高，做出不文明的事情。但是，处于服务位置的员工，必须求得"吸烟者"的合作，避免激怒对方。提出意见的时候，避免被个人情绪左右。不能说情绪话，不能伤害他人的人格，对事不对人。

评估二：测试团队的健康度

通过三单元的学习和训练，你想了解自己团队的现状吗？下面的测试可以帮助你了解团队的健康度，从而改善团队状况。

1. 团队的健康度一般从以下五个角度来评价：

（1）成员共同领导的程度。团队中每一个成员都有义务承担一份领导的责任，是一种民主集中的管理模式。如果一个团队是独裁专制性的，那它的健康水平也就低。

（2）团队工作技能。团队成员在一起工作相处的技巧。

（3）团队氛围。团队成员共处的情绪，和谐度与信任感。

（4）凝聚力。团队成员目标的一致性，具有同向的向心力。

（5）团队成员的贡献水平。团队成员为承担自己责任所付出的努力和取得的成就。

2. 试题：

下列25个问题的陈述是否符合你所在的团体？请用1～4分评定（1分：不适合；2分：偶尔适合；3分：基本适合；4分：完全适合）：

（1）每个人有同等发言权并得到同等重视。

（2）把团队会议看作头等大事。

（3）大家都知道可以互相依靠。

（4）我们的目标和要求明确并达成一致。

（5）团队成员实践他们的承诺。

（6）大家把参与看做是自己的责任。

（7）我们的会议成熟、卓有成效。

（8）大家在团队内体验到透明和信任感。

（9）对于实现目标，大家有强烈一致的信念。

（10）每个人都表现出愿为团队成功而分担责任。

（11）每个人的意见总能被充分利用。

（12）大家都完全参与到团队会议中。

（13）团队成员不允许个人事务妨碍团队的绩效。

（14）我们每一个人的角色十分明确，并为所有的成员所接受。

（15）每个人都让大家充分了解自己。

（16）在决策时，我们总请适当的人参与。

（17）团队会议中大家专注于主题并遵守时间。

（18）大家感到能自由地表达自己真实的看法。

（19）如果让大家分别列出团队的重要事宜，每个人的看法会十分相似。

（20）大家都能主动而创造性地提出自己的想法和考虑。

（21）所有的人都有充分了解问题的信息。

（22）大家都很擅长达成一致意见。

（23）大家相互尊敬。

（24）在决策时，大家都能顾全大局，分清主次。

（25）每个人都努力地完成自己的任务。

3.评分：

（1）至（25）条共分为5项内容，分列为 A、B、C、D、E，共 5 栏（见表5）。它们的含义是：

A：共同领导；B：团队工作技能；C：团队氛围；D：团队凝聚力；E：成员贡献水平

把各栏中所标题号的相应评分累加起来，就得到各栏的分数。

表5　评分表

A	B	C	D	E
共同领导	团队工作技能	团队氛围	团队凝聚力	成员贡献水平
1	2	3	4	5
6	7	8	9	10
11	12	13	14	15
16	17	18	19	20
21	22	23	24	25

每一项的满分为 20，得分越高越好。比较所在团队的不同方面的得分，就可以粗略地了解自己团队的长短。如果每人做评价，就可以得到两种结果：

（1）得到团队成员对团队总体的评价。

（2）可以比较总体评价和每一个人的评价，了解他与其他人看法的差距。

单元综合练习

背景资料：

我国农村经济发展不平衡，一些边远地区的村落，由于交通不便、基础设施薄弱，尚未脱离贫穷。国家鼓励大学生毕业后到农村去支持农业、支持教育、支持医疗，扶持贫困农户，简称"三支一扶"。张玲是某医科大学医疗专业的毕业生，积极参加"三支一扶"，帮助某村建立医疗机构。张玲眼前的难题是，要说服村民改变喝生水的习惯，控制疾病的源头。完成这个任务，必须取得村民的合作。但她并不了解偏远地区农民的想法，不知道如何改善与村民的合作关系。

通过讨论，帮助张玲回答下列问题，同时训练自己改善合作效果的能力。

问题一：判断合作障碍

为什么村民习惯喝生水，宁可冒着生病的危险，也不愿意接受张玲的劝告？大学生与村民的合作障碍容易发生在哪些地方？可以通过资料查询或者社会调查，了解我国那些比较进步的村落是怎样改变喝生水的习惯的。

问题二：提出不同意见

对于落后的村民，应该采用什么样的方式、在什么时间提出意见与建议？面对数百个农户、上千名村民，应该首先对哪部分人提出自己的意见？

问题三：接受他人批评

对于在校读书的大学生来讲，在推广文明卫生习惯的时候，容易出现哪些问题？如果村干部向张玲提出批评意见，她应该以什么样的方式接受？她又该如何积极地征求意见？

问题四：弥补他人过失

经过一年的努力，多数村民开始喝煮开的水。可是张玲发现，仍有少数人在喝生水，其中还有村支书。当着众人的面，支书带头讲卫生，可是，忙起来时，依然是从水缸里盛起水来就喝。尽管是偶然，张玲也十分恼怒，觉得这些贫困地区的人真是顽固不化。可是，她又离不开村支书的有力支持。她应该怎样协凋与村支书的关系，采取什么样的措施维护村支书的威望？

III

解决问题与工作执行力训练

第一单元　分析问题　提出对策

本单元训练重点：

● 了解问题的主要特征和产生问题的主要原因

● 学会用"5W法"描述问题

● 掌握解决问题的"六步法"

● 学会具备分析问题

● 学会选择解决问题的最佳方案

第一节　描述问题　分析原因

目标：学会描述问题，运用语言准确阐述

人的一生中必然会遇到各种各样的问题。当你在工作和生活中遇到了问题，首先要能够准确、清晰、简明扼要地描述问题，然后寻找问题产生的原因，接着制定解决问题的方法，最后评估问题解决的效果。因此你需要掌握描述问题的方法，学会用准确、清晰的语言描述问题。

通过本节学习和训练，你将能够：

1. 当问题发生时，正确认识问题，并能准确描述问题；

2. 在描述问题的基础上弄清产生问题的原因。

> 什么叫问题？问题就是事物的矛盾。哪里有未解决的矛盾，哪里就有问题。
>
> ——毛泽东

准备：描述问题的要求与角度

一、什么是问题

日常工作和生活中，当现状与有关标准或预期状态出现差距时，就表明我们遇到了问题。何谓问题？你可以理解为：要求（理想需要）与现状的偏差或失衡。（图1）

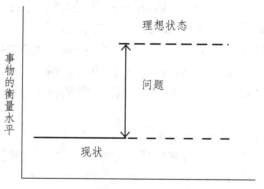

图1　"问题"示意图

二、怎样发现和描述问题

（一）发现问题

首先要明确的是没有哪一项工作是不存在问题的。日本丰田生产方式创始人大野耐一说："没有问题，才是最大的问题"。

工作中要有问题意识。所谓问题意识，是指把将来可能会发生的

> 提出正确的问题就等于解决了问题的大半。
>
> ——海森堡

或已经发生的差距作为问题来认识，这种对待差距的心理活动就是问题意识。如工作中"苦恼的事情""难做的事情"等即为问题。

（二）描述问题，查找原因

出现问题后应想办法解决。解决问题的第一步，是能准确、清晰、简明扼要地描述问题。要想清楚地描述问题，可从"人物（Who）、地点（Where）、时间（When）、事件（What）、原因（Why）"五个方面着手，这就是"5W描述法"。具体为：

1. 谁发生了问题？（Who）

2. 发生在什么地方？（Where）

3. 什么时候发生的？（When）

4. 发生了什么事？（What）

5. 因什么而发生？（Why）

·案例1·　　　　　　　　大伟的苦恼

大伟是某医学院护理专业毕业生，分配到某医院神经外科。工作的头几天，有患者得知大伟不是医生而是男护士时感到十分惊讶。他给某患者输液时，患者问他怎么是个男的，感觉男护士不细心，于是谎称自己血管不好，要求换个女护士来。另一位女性患者则明确表示不愿意接受男护士为其护理。为此，大伟很苦恼：男护士怎么啦？为何不让我护理呢？

分析：现用"5W描述法"来描述大伟的苦恼：

1. 谁发生了问题？（Who）——大伟；

2. 发生在什么地方？（Where）——医院神经外科；

3. 什么时候发生的？（When）——工作头几天；

4. 发生了什么事？（What）——部分患者不接受大伟的护理；

5. 因什么而发生？（Why）——对男护士的偏见。

经过"5W"描述就能准确、清晰、简明扼要地描述出大伟遇到的问题。

（三）说明问题主要特征

用"5W"方法描述问题后，你对问题的基本情况已有大致了解。为了进一步看清问题，你还需要说明问题的主要特征、可能带来的后果、判断此问题随着时间推移会产生哪些变化等，这是抓住问题本质的重要步骤。我们可以从以下方面着手：

这时，你可以问自己以下几个问题：

1. 问题会产生哪些影响

如案例1，因部分患者对男护士的偏见，致使大伟的护理工作无法顺利开展，如果问题持续得不到解决，这会带来怎样的后果和影响呢？

（1）大伟的工作任务无法完成。

（2）增加其他护士的工作量。

（3）患者对男护士的偏见会加深。

（4）患者会对科室、医院产生不满。

2. 问题的重要性和紧急程度如何

问题出现时，你可以按照美国著名管理学家科维提出的"时间管理——四象限法则"（图2），把问题按照重要性和紧急程度两个维度进行划分。

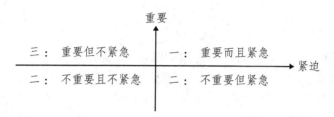

图 2 四象限法则

根据四象限法图，你可以知道问题是否重要，是否需要紧急处理。一般说来，重要的且紧急的事情优先处理；其次处理不重要但紧急的事情；再次处理重要但不紧急的事情；而不重要不紧急的事情可以先放一放。

3. 谁应该对这个问题负责

出现问题后，人们习惯性地会问：这是谁的问题？确切来说，就是谁应该对这个问题负责？在解决问题前，先要明确"这个问题到底该由谁解决"。

4. 这个问题是经常出现的还是新出现的

问题发生后还需明确问题发生的频率，是经常发生的还是偶尔发生的。对经常出现的问题，则应当形成一套预先应对的方案，使相同的问题再次出现时不再成为问题。而对新出现的问题就需要思考：此问题以前出现过吗？是否已经有解决问题的办法？该问题以后还会出现吗？

行动：学会准确描述问题

活动一：描述黎明诊所的问题

·案例2· 　　　　　　　　　黎明的疑惑

　　黎明医学院本科毕业后，在冬阳市第四人民医院普外科工作并考取了全科医生证。工作8年后辞职，在小区创业开了一所黎明诊所。该小区居住人口较多，离市区各大医院都比较远，且该诊所是小区目前唯一的诊所。然而开业半年来看病的人并不多，诊所没有盈利。这让黎明很疑惑：为什么病人不如预期的多？为何没有盈利？

　　步骤一：描述问题

　　问题描述分析：

　　描述问题的时候，要准确、清晰、简明扼要，你可以从"人物（Who）、地点（Where）、时间（When）、事件（What）、原因（Why）"五个方面入手，即使用"5W描述法"描述问题：

　　1. 谁发生了问题？（Who）——黎明；

　　2. 发生在什么地方？（Where）——小区诊所；

　　3. 什么时候发生的？（When）——诊所开业半年；

　　4. 发生了什么事？（What）——诊所没有盈利；

　　5. 因什么而发生？（Why）——病人少。

　　问题描述结果：

　　将上述问题用准确、清晰、简明扼要的语言进行描述：

《案例2》问题描述：
黎明诊所开业半年，因病人少没有盈利。

　　步骤二：描述问题特征

　　问题特征分析：

　　由步骤一已知黎明遇到的问题是："黎明诊所开业半年，因病人少而没有盈利。"为了进一步认清问题的本质，确定解决问题的目标，为提出解决问题的方案打基础，你还需要对问题特征进行描述。可从以下四个方面描述问题特征：

　　1. 问题会产生哪些影响？

　　2. 问题的重要性和紧急程度如何？

　　3. 谁该对此问题负责？

　　4. 这个问题是经常出现的还是新出现的？

　　结合以上分析和要求，案例2中描述的问题特征是：

　　1. 如果黎明诊所开业半年，因病人少没有盈利的问题持续得不到解决，会产生哪些影响？

　　（1）刚起步的创业失败了，投资没有回报，不仅遭受经济损失，而且创业信心遭受严重的打击。

　　(2) 一旦因亏损致诊所关闭，小区会失去方便的医疗卫生服务。

　　(3) 关闭诊所，原诊所的医生、护士、技、药人员都下岗，均需要重新再就业。

　　(4) 有可能让别人笑话。

　　2. 问题的重要性和紧急性如何？

　　黎明诊所的问题对黎明来说影响非常大，由此可知这是个重要问题，而且该问题已经持续半年并产生了不良影响，可见是个亟待解决的问题。

　　3. 谁应该对这个问题负责？

　　作为人口较多的小区唯一的诊所，方便居民是显而易见，但却因病人少没有盈利，看来问题的责任在黎明诊所。

　　4. 这个问题是经常出现的还是新出现的？

　　是经常出现的问题。诊所开业半年了，并且所处的地理位置有利，人口较多，但病人少没有盈利的问题一直得不到解决，更没有一套预先应对的方案，致使问题一直存在。

活动二：描述小刘遇到的问题

·案例3·　　　　　　　　　　**小刘的无奈**

　　小刘是某医院肝胆外科的一名新护士，在某晚值夜班时遇到一个病人欲请假外出，小刘告知病人，住院期间不能外出，有特殊情况要向医生请假并经同意后方可外出，但病人不听，未经同意寻找机会溜走。当小刘再次巡视病房时，发现病人已离开，打电话给患者也不理睬。对这样违反医院规定的病人，小刘既害怕也感到很无奈。

提示：

步骤一：描述问题

问题描述分析：使用"5W描述法"描述问题。

1. 谁发生了问题？(Who)

2. 发生在什么地方？(Where)

3. 什么时候发生的？(When)

4. 发生了什么事？(What)

5. 因什么而发生？(Why)

问题描述结果：

将上述问题用准确、清晰、简明扼要的语言进行描述：

《案例3》问题描述：

步骤二：描述问题特征

问题特征分析：从以下四个方面描述问题特征：

1. 问题会产生哪些影响？

2. 问题的重要性和紧急程度如何？

3. 谁应该对这个问题负责？

4. 这个问题是经常出现的还是新出现的？

活动三：自我练习

试描述一个你在工作中遇到的问题，看看你的描述别人能否听明白？

要求：

1. 描述问题准确、清晰、简明扼要。

2. 从四个方面描述问题特征。

3. 别人听明白你所描述的问题。

评估：是否掌握了描述问题的方法

评估一：问题检查评估

1. 什么是描述问题的"5W描述法"？

2. 描述问题特征应从哪些方面入手？

3. 为什么准确描述问题非常重要？

评估二：小组讨论

小组分析案例，由组长或培训导师点评

·案例4·　　　　　　如何推销新药K抗病毒口服液

　　李建业是药剂专业毕业生，应聘到某公司广州地区做药品代理商，近期需推销一种新药K抗病毒口服液，每当有顾客到药店买感冒药，李建业都非常热情为顾客介绍新药K抗病毒口服液，但大部分顾客却仍然选择购买香雪抗病毒口服液。李建业很困惑：K抗病毒口服液与香雪抗病毒口服液的药物成分基本一样，效果也差不多，香雪抗病毒口服液一盒（12支装）19.00元，K抗病毒口服液一盒（10支装）10.8元，为什么顾客宁愿选用价格较贵的香雪抗

病毒口服液而不愿选择便宜的 K 抗病毒口服液呢? 李建业如何才能让顾客接受新药 K 抗病毒口服液?

评估要点：

1. 是否会使用"5W 描述法"描述问题?
2. 描述问题是否准确、清晰、简明扼要?
3. 是否会从四个方面分析问题特征?

评估三：发现问题能力自测

在工作中，发现问题能力是指通过一定的程序发现、甄别和界定工作中隐藏问题的能力。请通过下列问题对自已的该项能力进行差距评测。

1. 你如何理解发现问题能力?

    A. 指发现、甄别和界定问题的能力

    B. 指发现、甄别问题的能力

    C. 指回答问题的能力

2. 你通常如何观察周围的事物?

    A. 总会仔细观察周围的一切

    B. 当遇到特别的事物会特别留意

    C. 往往不在意周围的事物

3. 你是否能够察觉工作中出现的异常?

    A. 通常能   B. 有时能   C. 不能

4. 你是否有过将自已不理解的事物看成是问题的情况?

    A. 经常有   B. 偶尔有   C. 从来没有

5. 你是否能够准确地区分出主要问题和次要问题?

    A. 通常能   B. 有时能   C. 不能

6. 你是否有过只看到他人的问题，而忽视了自己存在同样问题的情况?

    A. 没有   B. 偶尔有   C. 经常有

7. 是否存在你曾经搁置的小问题后来演变成比较大的问题的情况?

    A. 没有   B. 有过一两次   C. 有过三次以上

8. 你能否识别出隐藏在工作中的潜在问题?

    A. 通常能   B. 有时能   C. 不能

9. 你是否能在平时工作的数据分析中识别出问题?

    A. 通常能   B. 有时能   C. 不能

基
础
级

10. 你如何理解发现问题的重要性？

    A. 能够让工作更有成就   B. 是解决问题的前提

    C. 是思维敏锐的表现

评估：

选 A 得 3 分，选 B 得 2 分，选 C 得 1 分。

24 分以上 : 说明你的发现问题能力很强，请继续保持和提升。

15-24 分 : 说明你的发现问题能力一般，请努力提升。

15 分以下 : 说明你的发现问题能力较差，急需提升。

第二节　精准目标　提出方案

目标：掌握提出方案的方法

现在你已经能准确地描述问题了，但这还远远不够，因为发现问题仅仅是开始，终极目标是为了解决问题。所以，当你正确描述出问题之后，就应该确立问题解决的目标，提出问题解决的方案。此时，你需要充分发挥自己的经验、思维能力和创造力，尽可能多地提出问题解决的方案。你有了多个问题解决的方案，才能为你优选方案，为更好解决问题打下基础。

通过本节学习和训练，你将能够：

1.学会在出现问题后，确立问题解决目标；

2.学会提出解决问题的思路；

3.学会根据目标和思路，尽可能多地提出几个问题解决的方案。

准备：依据目标提出问题解决方案

一、怎样确立问题解决的目标

问题解决后的状态，就是你要达到的最终目标。比如案例2中黎明要达到的目标就是"实现诊所盈利，避免个人投资诊所的经济损失。"

如何拟定明确的目标？你可从"5W1H"入手：

1.What　要达成什么目标？需要做什么？

2.When　要在什么时候做？什么时候完成目标？

3.Who　由谁来做？促成目标实现的有关人是谁？

4.Where　在何处进行？达成目标要利用的场所在哪里？

5.Why　为什么要这样做？

6.How　如何进行？

二、怎样提出方案

（一）向别人借鉴经验

"前事不忘，后事之师"。培根说，"经验是最好的论证方法"。

> **确定目标的三原则：**
>
> 1. 目标必须明确，有方向性和指导性；
>
> 2. 目标应合理适度、切实可行；
>
> 3. 目标的作用是将适当的压力变成激励的手段。

> 经验是永久的老师。
>
> ——歌德

解决问题时，要学会借鉴前人的经验，善于向周围人请教，了解别人在类似的情况下是如何解决问题的，结果如何，将别人的情况与自己的情况进行对比，分析在哪些方面存在差异。

一般来说，借鉴别人的经验可分为以下几个步骤：

步骤一：明确自己的情况及面临的问题

1.问题是什么？

2.要解决这个问题受到哪些条件的限制？

3.明确问题的紧迫性。确定该问题的解决最长可以拖到何时？如果到了某个时间节点问题仍无法解决将出现什么结果？

如案例2中，黎明面临的问题非常明确，即"病人少，诊所没有盈利"；其限制条件可能是：社区居民不信任黎医生，认为其年纪轻，临床经验不足；黎明诊所未被纳入医保定点单位，有医保的居民不能使用医保账户支付医疗费；缺乏常规医疗检查设备，影响医生的进一步诊治；医疗条件有待改善等等。主观原因是诊所病人少、没有盈利使其自信心遭受严重的打击；感到投资难以得到回报的压力……。该诊所已经营半年一直处于亏本状态，到了难以维继的地步，说明形势很严峻，非常紧迫。

步骤二：了解其他人是否发生过类似情况

刚开业的私人诊所，不少人都会遇到"案例2"的问题。黎明可从以下方面进行思考：

1.这个城市里有没有自己的同学或校友也和自己一样，开私人诊所遇到类似的情况？他们是怎么解决这个问题的？能否请他们帮忙？

2.原来同事的熟人是否遇到类似的情况？他们是怎么考虑的？是否有可能请他们帮忙？

3.其他社区卫生服务中心有没有经验可借鉴？他们是如何取得成功的？能否去参观、取经，请他们帮助分析存在的问题和提出解决问题的办法？

遇到工作和生活中的一些问题，你一般都能找到相同或类似的人或事，为自己解决问题提供帮助或参考。

步骤三：主动请教

1.明确谁有类似的经验。

2.虚心坦诚请教。

通常情况下，只要没有直接的竞争关系，你主动并虚心请教，别人都会提供帮助的。

步骤四：比较借鉴

获取别人的经验之后，你要考虑：

1.别人是在什么样的情况下发生问题的？

2.别人发生问题的情况与自己面临的问题比较，有哪些异同？

3. 别人解决问题的条件与自己的条件相比有哪些异同?

由于每个人具备的条件不同,类似的问题其解决办法会有所不同。比如案例4中李建业推销新药的问题,有人先让顾客免费试用,实现推销目的;有人用买一盒新药送一盒新药的价格优惠法;也有人采取买一盒香雪抗病毒口服液即送一盒K抗病毒口服液的办法,让患者自己进行疗效对比,总之,你一定要比较别人解决问题所具备的条件跟你条件的异同,机械地搬用可能会犯教条主义的错误。

> 一个人感觉合脚的鞋却会夹痛另一个人的脚。

(二)分析解决问题所遇到的条件限制

1. 评估"问题"的现状

评估问题现状,你依然可以用"5W1H"的方法进行:

表1:"问题"现状评估表

what	到底发生了什么事情?
When	什么时间发生的?
Where	问题发生在什么地方?
Why	导致问题出现的原因是?
Who	谁来负责解决这个问题?
How	问题到了何种程度?问题得不到解决会如何?解决后又如何?

2. 对各种"条件"的认识

确定解决问题的方案前,首先应对所能应用的条件与资源进行分析。根据不同的标准,我们可以将条件与资源分为9类:

(1)按照"条件"的属性,可将条件分为自然条件与社会条件。

自然条件是指由地理环境所决定的条件和资源,如水文气候、地理位置等自然性因素。社会条件是指由社会性因素决定的条件,如风俗人情、宗教文化观念、饮食习惯、法律法规等区域性社会文化因素等。

(2)按照"条件"的利弊,可分为有利条件与不利条件。

解决问题时要扬长避短,充分运用有利条件,避免不利条件,使问题又快又好地解决。

(3)按照"条件"的可变性,可分为"硬条件"与"软条件"。

硬条件是在解决问题的过程中不可变的条件。如资金和人力限制在多少范围内、地理距离不可以超出多少,一些法律与法规等硬性限制性条件。软条件是指在解决问题的过程中在一定的范围内可以适当变化的一些条件。

(4)按照"条件"的现实情况,可分为"现实条件"与"可能条件"。

现实条件是指目前已经具备的条件,它是解决问题的主要依靠。

只有现实条件具备了问题才能得到解决。可能条件是指在解决问题的过程中有可能出现的一些有利因素与条件。可能条件不能作为解决问题的依靠。当然在解决问题的过程中要充分利用现有条件并设法运用一切可能的、可利用的条件，才能保证问题的顺利解决。

（5）按照"条件"的经济属性，可分为"经济条件"与"非经济条件"。

在日常生活或工作中，解决问题往往是一项经营活动，因此，自然要考虑在解决问题过程中所需的资金与物质等经济条件。"非经济条件"是指问题解决过程中的一些非经济性因素。比如，安全感、卫生条件、行为习惯、态度改变等因素。在解决问题的过程中，问题能否得到解决并非完全是由经济因素决定的，一些非经济性的因素也是影响问题解决的主要条件或先决条件。

（6）按照"条件"的物质属性，可分为"物质条件"与"心理条件"。

物质条件是指影响问题解决的各种物质性因素。问题的解决离不开物质条件的支撑。尤其在解决各种自然问题、技术问题时，不可能不考虑各种物质性因素。心理条件是指在解决问题的过程中涉及到个人的心理感受如尊严、体面、喜好等。解决一些社会性问题时要考虑当事人的心理感受与接受程度。

（7）按照"条件"的可控程度，可分为"可控条件"与"不可控条件"。

可控条件，是指可以人为控制与操作的条件；不可控条件，是人为无法控制、无法操纵的条件。可控条件是解决问题的主要依靠手段。不可控条件常导致解决问题的过程中各种意外的发生。一般情况下可控条件应越多越好，而不可控条件则越少越好。

（8）按照"条件"的已知性，可分为"已知条件"与"未知条件"。

在解决问题的过程中要尽量应用各种已知条件，并挖掘各种未知条件，把未知条件变成已知条件。未知条件越多，问题的可控性就越差。在解决问题的过程中，你应当多问自己"还有哪些情况可能未知"，善于变未知为已知，才更有益于问题的解决。

（9）按照"条件"的客观与否，可分为"主观条件"与"客观条件"。

主观条件是指个体经过主观努力能够达到的条件，它受人的意志、愿望、兴趣爱好、生活习惯、语言等主观因素的限制。客观条件是不以人的意志为转移的各种客观物质条件，包括各种社会条件、政策法规、法律的条件限制。

解决问题的"条件"，还可以根据其他的性质进行不同的分类。

3. 分析问题解决的"条件"

分析问题解决条件的过程应尽量详细。可以利用"条件分析表"对各种条件进行罗列、分析，这样条理清晰、一目了然，不容易遗漏。

表2 问题解决"条件"分析表

问题是什么	
目标是什么	
有利条件	
不利条件	
自然条件	
社会条件	
硬条件	
软条件	
经济条件	
非经济条件	
物质条件	
心理条件	
可控条件	
非可控条件	
已知条件	
未知条件	
现实条件	
可能条件	
客观条件	
主观条件	

说明：在解决问题时具体进行哪些条件分析，要根据问题特点来决定。解决简单问题时，分析的条件可以少一些，解决的问题越复杂，分析的条件可能就越多。通常情况下，运用得最多的是"有利条件"与"不利条件"分析。

（三）提出解决问题方案

评估分析问题后，利用发散思维和逻辑思维，尽量多地提出解决问题的方案。

1. 发散思维

发散思维可以使我们从不同的角度，对解决问题的方案提出设想。

基
础
级

头脑风暴法过程

会议准备
热身运动
明确问题
自由畅谈
加工整理

以问题为中心，思维向四处发散，发散得越广，就越容易找到有价值的答案。发散思维有利于发挥创造力，突破思维常规。

头脑风暴法是一种非常有效的思维激励法。它利用特定的会议形式，使与会者产生联想和创造性想象，激发灵感，以获得大量的创新性设想的创新技法。头脑风暴法是寻求问题解决的有效方法。

头脑风暴法应遵循四原则：自由思考原则、延迟评判原则、以量求质原则、借鉴改善原则。

2. 逻辑思维

解决问题时，清晰的逻辑思维十分重要。逻辑思维主要有归纳思维和演绎思维两种。

归纳思维是一种从特殊到一般的思维形式。运用归纳法可以分析某种现象的制约原因，寻找其因果关系。可以通过在不同事例中寻找共同现象以找明原因，也可以在差异中寻找原因。

演绎思维则是从一般原理出发，推导出特殊结论，或者从既有的理论出发，推导出新的理论的思维形式。

在时间充裕的情况下，可以将各个方案罗列清楚；在时间比较紧迫的情况下，你要快速想出和确定相应的应急方案。

如案例2中，黎明要达到"实现诊所盈利，避免个人投资诊所的经济损失"的目标。也许"避免个人投资诊所的经济损失"最简单快捷的办法是停止营业，通过关闭或者转让诊所减少损失；但如果想达到"实现盈利"的目标，就需要考虑如何继续经营，寻找原因并进行整改了。

行动：分析问题，提出解决方案

活动一：小组分析

分析案例2"黎明诊所开业半年因病人少而没有盈利"的问题，初步提出几个解决问题的方案。

步骤一：评估问题现状

运用"5W1H"法，详细评估问题现状，如表3：

表3　评估"问题"的现状表

What	到底发生了什么事情？	诊所开业半年没有盈利，投资没有回报，面临经济损失的可能。

When	什么时间发生的?	从开业至今，已经有半年了。
Where	问题发生在什么地方?	小区诊所。小区人口较多，且离市区各大医院均较远。
Why	导致问题出现的原因是?	病人少。
Who	谁负责解决问题?	作为诊所投资者和负责人，黎明要带领诊所人员一同解决问题。
How	问题到了何种程度? 问题得不到解决会如何? 解决后又会如何?	经济效益差，员工人心不稳； 黎明投资创业信心受挫，面临经济损失；一旦亏损严重关闭诊所，小区就没有了便民利民的医疗服务。 问题解决后，员工安心工作，经济效益好，作为投资人的黎明创业经营信心更足，小区居民有便利医疗服务。

步骤二：分析解决问题所遇到的条件限制

这个案例不仅是一件医疗服务类社会性事件，也是经营管理的问题。因此，要分析的条件就比较多，如表4：

表4 问题解决"条件"分析表

问题	开业半年的小区诊所因病人少没有盈利。
目标	实现诊所盈利，减少或避免个人投资诊所的经济损失。
有利条件	1. 地理位置比较好，小区人口较多，离市内各大医院较远，居民的日常病患，包括慢性病治疗有需要，潜在医疗消费人群大； 2. 是小区目前唯一的诊所，方便小区居民日常看病，收费比大医院便宜； 3. 开业才半年，诊所各种设备还很新，卫生条件也不错； 4. 诊所员工服务态度非常好； 5. 黎明有全科医生执业证书，本科毕业，有8年大医院从医经验； 6. 拓展业务前景广阔，诊所通过努力可以升格为社区卫生服务中心，提供六位一体（融医疗、预防、保健、康复、健康教育、计划生育指导为一体）的服务。与当地政府部门合作，开展政府购买服务业务，在本社区开展卫生宣传、健康教育、预防保健、免疫接种、建立健康档案、计划生育指导等非医疗服务，由政府财政进行补贴，取得一定收入。
不利条件	1. 很多人都不太信任私人诊所和年轻医生； 2. 到诊所看病不能使用社会医疗保险支付医疗费用； 3. 黎明原是外科医生，民众日常喜欢找中医、内科和儿科专科医生看病； 4. 诊所缺乏临检、影像、病理中心等检查设施。
硬条件	地理位置不可能变化。

软条件	非地理因素的其他条件可以适当变化。
经济条件	1. 要考虑诊所的医疗收费，应和附近诊所收费持平或稍微便宜，不能比市内各大医院贵； 2. 小区居民的收入状态怎么样，他们每人每年医疗保健的开支是多少。
非经济条件	1. 诊所所处小区的位置如何； 2. 诊所的营业时间是否照顾小区居民的看病习惯； 3. 一般情况下，居民求医需求排在前6位是：慢性病系统管理、体检、妇女更年期、老年精神卫生、康复治疗、计划外免疫。诊所是否满足小区居民的看病需求。
物质条件	1. 诊所内药品的种类和质量； 2. 价格因素； 3. 诊所的医疗设备。
心理条件	1. 小区居民对诊所医生的信任程度，就医习惯和对社区医疗服务的期望； 2. 小区居民的生活和风俗习惯； 3. 小区居民对诊所环境的感受等。
已知条件	地理位置有优势。
未知条件	1. 不知道小区居民如何评价黎明诊所； 2. 不了解小区居民对社区全科医生黎明的看法； 3. 不完全了解小区居民对社区医疗服务的需求； 4. 国家或地方出台新的私人和民营医疗服务机构扶持的法规。
可控条件	1. 药品价格、服务收费； 2. 服务态度，服务项目； 3. 医疗设备，营业时间等。
非可控条件	诊所地理位置

基础级

关于"黎明诊所开业半年因病人少没有盈利"的问题也可以考虑采用"经验借鉴法"，但因经营问题比较复杂，而且涉及到其他投资者的直接利益，经济效益好的诊所负责人可能不会告诉黎明应当如何经营。加之黎明工作时间不长，年纪轻，同学、朋友中有经营私人诊所成功经验的人可能不多。因而，本案例中没有采用"经验借鉴"的方法。

步骤三：提出几个可解决问题的方案

根据第一、第二步的评估分析，通过思考可发现，以下几种方案都有助于达到"实现诊所盈利，避免个人投资的经济损失"的目标：

1. 关闭诊所，回医院工作；

2.转让诊所，回医院工作；

3.继续经营，通过调查研究，寻找原因并进行改善；

4.继续经营，请专家指点，寻找原因并进行改善。

活动二：小组讨论

分析案例4的问题，尽可能多的提出解决问题的方案。

提示：

步骤一：用5W1H的方法评估问题现状。

步骤二：分析解决问题所遇到的条件限制，有利条件和不利条件是什么？可以借鉴谁的经验？

步骤三：提出几个解决问题的方案。

活动三：思维训练

1.发散思维训练

（1）有个装满水的杯子，请你在不倾倒也不打碎杯子的情况下，取出其中全部的水。

（2）你知道10减1等于几吗？

（3）看图：

图有一个正方形水池，水池4个角上栽了4株老树。现在要把水池面积增加一倍，仍然保持正方形，同时不移动老树的位置，怎么办？

2.逻辑思维训练

A在一家医院的外科工作。这个科室中包括A在内共有16名医生和护士。下面讲到的人员情况，无论是否把A计算在内，都不会有任何变化。

• 护士多于医生；

• 男医生多于男护士；

• 男护士多于女护士；

• 至少有一位女医生。

请问：

（1）这家医院有多少名男护士？多少名女护士？多少名男医生？多少名女医生？

（2）A是什么性别和职务？

（答案见本书）

评估：是否掌握了提出方案的方法和思路

评估一：问题检查，自我评估

1. 怎样运用5W1H法分析问题现状？
2. 采用经验借鉴法的时候应注意什么问题？
3. 条件有哪些类型？如何运用条件分析法？

评估二：小组讨论

案例分析，组员互评或请导师点评。

·案例5·　　　　　　　　　　**小梦的选择**

　　小梦在某医院检验科工作有6年了，工作非常出色，深受领导、同事和患者的信任和喜爱，被科主任列为组长的后备力量进行培养。而她哥哥要求她辞职去他的公司任职，年薪30万元。小梦很迷惘，去公司收入高，而且没有在医院工作辛苦，也没有医疗风险；但不得不放弃了自己的专业，是去还是不去，小梦很是纠结。

评估要点：

1. 是否可以借鉴别人的经验？借鉴时应注意什么？
2. 是否会运用5W1H法分析问题的现状？
3. 是否学会分析解决问题的条件，其有利条件和不利条件是什么？
4. 能否提出几个解决问题的方案？

第三节 比较方案 选择对策

目标：学会比较方案

当你能分析问题及条件，并提出解决问题的方案后，还要从提出的几套解决问题方案中选择一个最有利于问题解决的方案，即最佳方案。最佳并不意味着逻辑或理论上的完美，只是对现实应用和解决问题而言是最合理、最有效的方案。

通过本节学习和训练，你将能够：

1. 学会比较和分析方案；

2. 学会从众多方案中选择出最佳方案。

> 在未出现不同意见之前，不做出任何决策。
> ——艾尔弗雷德·斯隆（通用汽车公司总裁）

准备：比较分析方案

一、怎样进行方案分析

比较分析方案是为决策服务的。所谓比较分析，主要是在掌握基本情况前提下，在初步制定的几个问题解决方案的基础上，进行可行性与风险性比较，最后为正确决策提供相应的依据。

（一）可行性分析

通常的可行性分析属于定性分析，即从理论或经验的角度，对方案的构成前提、执行过程、预期结果进行分析，寻找到符合社会学要求的相关理论，从而在印证中得出各个方案之间的优劣。需要注意的是，分析资料必须完备，任何一个方面的缺失都会造成判断的失误，从而影响决策。通常采用SWOT分析法，即从优势、劣势、威胁、机遇四个方面进行，以得出正确的判断。

（二）风险性分析

通常的风险性分析属于定量分析，即借助数理统计分析原理和方法，在对资料数据核实的基础上，运用数模或常用的计算公式进行数学推理，从而用数据来说明结果。这种方法比较直接，数据说明问题比较透彻，唯一的难度是分析者需要具备数理统计的理论知识和计算能力，否则是很难得出想要的结果的。

二、怎样作出决策

决策最显著的特点之一就是从多个可行性方案中选择一个最佳方案。如果只有一个方案，决策者无需选择也就无所谓决策了。决策有以下几个步骤：

（一）明确决策目的

决策要达到什么目的，科学界称之为边界条件。对于决策而言，边界条件越清晰、明确，决策的有效性也就越大，实现预期目标的几率也就越高。你可以写一个简单的决策陈述，明确做出的决策是什么，决策目的是什么。这个步骤看似简单，在决策过程中，人们最容易犯的错误就是偏离决策目的。

（二）把握决策标准

在制订决策标准时，可分为"必须要达到的"和"想要达到的"两个层次。"必须要达到的标准"是决策的"硬标准"；"想要达到的标准"是决策的"期望标准"，或者称为"软标准"。"硬标准"应当清晰，易于把握，最好用数据或规定的标准衡量。"软标准"并非每一个都能达到，在具体选择时要考虑到它的权重。通常进行简单的决策分析时，没有必要对决策的"软标准"进行权重计算，只需要进行"利弊得失"分析后就可以做出决策了。

关于决策的标准，必须明确以下两点：

1. 衡量决策成功的底线是什么（什么样的条件是在这个决策中最低必须达到的）。

2. 衡量决策成功的期望标准是什么（什么样的条件在这个决策中如果能够达到是最好的）。

（三）比较决策方案

解决问题的最佳方案都是在几个方案中选择出来的。但值得注意的是，每个方案都有缺点和优点，绝对完美的方案是不存在的。因此，在寻找方案时不要急于否定一个看起来不可能或者有缺陷的方案。很多时候，一个有效的方案是在许多有缺陷的可行性方案基础上提炼出来的。

对各个方案进行分类评估，进行比较选择时，需要对各种方案的"利弊得失"与"潜在风险"进行分析与评估，如表5所示。潜在风险评估可以分为高、中、低三个级别；也可以分为高、较高、一般、较低、低五个等级。在做出最佳方案选择的时候，一定要考虑可以承担的"风险"是多少。

表5　决策"利弊得失"与"潜在风险"分析表

方案N：	
利	

> 在每一个成功的商业故事里，你都会发现有人作出了卓越的决策。
> ——［美］
> 彼得·杜拉克

> 上帝不会奖励只知道努力工作、就就业业的人，而是会奖励找对方法工作的人。
> ——［美］
> 彼得·杜拉克

弊	
得	
失	
潜在风险	高；较高；一般；较低；低

（四）选择最佳方案

对决策的备选方案进行比较评价，确定最佳方案，是抉择的关键环节。将每个方案的情况进行列表，然后结合决策成功的"硬标准"与"软标准"，你就知道应当选择何种方案，或者是用哪几个方案来组合。

一般决策的时候还应考虑备选方案，因此就会有：第一方案、第二方案、第三方案等。

行动：选择决策方案

活动一：案例分析，选择最佳方案

考虑到问题的连贯性，继续分析案例2"黎明诊所开业半年因病人少而没有盈利"的问题。在第二节对问题的现状和所受的条件限制已经进行分析，并初步提出解决问题的方案。现在，你需要分析各个方案的利弊得失，从中选择最佳方案。

你可以按照以下步骤进行决策分析：

步骤一：明确决策的目的

决策目的描述：使黎明诊所走出经营困境，避免投资损失。

步骤二：清楚决策标准

在这个案例里，衡量决策是否成功的标准是：

"硬标准"：即底线，不能亏本赔钱。

"软标准"：是"期望标准"，希望病人能多起来，实现盈利。

步骤三：比较方案

在第二节，已经有了解决问题的四个方案：

1.关闭诊所，回医院工作；

2.转让诊所，回医院工作；

3.继续经营，自己进行调查研究，寻找原因并进行改善；

4.继续经营，请高人指点，寻找原因并进行改善。

现将这些方案的"利弊得失"与"潜在风险"进行分析与评估：

表6 方案一分析表

方案一：关闭诊所，回医院工作	
利	1.简捷方便，干净了事； 2.不开诊所了，不必再担心亏本赔钱； 3.如能把诊所设备、器材和剩余药物卖出去，还能收回部分投资； 4.马上能做决定。
弊	1.屋租赁合同还没有到期； 2.提前结束租赁合同要付出一定的经济代价； 3.诊所的装修费用无法赚回来； 4.自己能否立即找到满意的工作，诊所其他人员能否再就业还都是问题。
得	再不用为诊所的经营操心。
失	1.眼前有一定的经济损失； 2.等于承认了自己的失败，打击了自己创业的信心； 3.有让别人看笑话的可能。
潜在风险	风险一般。关闭诊所后能否马上找到一家满意的医院进去工作还是未知数。

表7 方案二分析表

方案二：转让诊所，回医院工作	
利	1.不用再为诊所的经营问题而忧心； 2.转让费能够减少投资诊所的经济损失。
弊	1.合适的下家不太好找，需要时间； 2.转让诊所比转让店铺要严格，须得到卫生局医政科的同意。
得	1.比起直接关闭诊所，自己的经济损失更少一些； 2.开业才半年，各种设备和装修还很新，或许能得到一点补偿。
失	1.承认了自己的失败，打击了创业的信心； 2.有可能还让别人笑话； 3.立即找到一家经济效益好的医院工作不容易，成为医院正式员工前工资不高。
潜在风险	较高。如果找不到合适的下家，继续经营可能赔钱。

表8 方案三分析表

方案三：继续经营，通过调查研究，寻找原因并进行改善	
利	1.诊所已经经营半年，虽然病人不多，但还是有病人，毕竟目前是小区唯一的诊所； 2.已去调查研究，即使赔了也就认了； 3.如果将问题解决了会特别有成就感，对今后的创业、经营会有积极影响。

弊	1.可能因自己经验不足、眼光有限，看不清问题结症所在； 2.自己的精力可能不够用； 3.如果问题得不到解决，诊所将会继续亏本。
得	能促使自己思考，一旦成功将获得很大的成就感，使自己更有信心。
失	失去更多休息娱乐时间，一旦失败会亏本赔钱，打击自信心。
潜在风险	较高。万一自己解决不了问题，就会亏本赔钱。

表9 方案四分析表

方案四：继续经营，请高人指点，寻找原因并进行改善	
利	1.专业人士或有经营管理经验丰富的高人也许会有更好的意见或建议； 2.得到高人指点，能使自己吸收更多的知识经验，提高个人经营管理能力； 3.节约自己的时间，但自己也应当思考对策。
弊	1.到哪里找专业人士或有丰富经营管理经验的高人； 2.如果找到的不是医疗卫生行业中的高人，外行的、错误的观点会影响自己的决策； 3.一般找专业人士或有丰富经营管理经验的高人咨询指导需要花钱。
得	能够得到不同的观点与改善方法。
失	高人未必会马上给自己一套整改方案。要花一定的时间，并且会有一定的费用。
潜在风险	几种情况： 1.如果需要花大钱买高人的主意，风险较大； 2.如果高人不是行家，而且他的主意被证明不好，既花钱又浪费时间，风险较高； 3.如果能够把高人的主意与经营的效益结合起来，那么风险一般。但高人的主意与经营的效益如何结合才令双方满意，是个难题。

步骤四：选择最佳方案

从以上四个方案分析中不难看出，目前情况下，方案一和方案二是比较消极的。黎明诊所经营本身是要冒风险的，还没尽最大努力之前就选择放弃的话，未免让人遗憾。尽管第三和第四方案的风险相对前两个方案要高，但我们还是建议黎明下决心拼搏一下，看看能否赢。

也可以将第三方案与第四方案结合起来使用：一方面自己准备做些调查，另一方面，必要的话准备聘请专家给予指导。

活动二：案例分析

在案例4中，李建业作为医药公司的新药推销员，遇到了如何让顾客接受新药K抗病毒口服液的问题。在第二节的行动中，你已经运

基
础
级

用"5W1H"法分析了问题的现状，通过借鉴法、条件分析法对问题进行分析，并提出几个解决问题的方案。现在，请你继续帮助李建业分析各种解决方案的利弊得失，从中选择解决问题的最佳方案。

提示：

步骤一：帮助李建业确定决策的目标是什么。

步骤二：分析李建业的决策标准是什么。

步骤三：比较各种解决方案的利弊得失与潜在风险。

步骤四：帮助李建业选择最佳解决问题的方案。

评估：是否掌握了决策的方法

评估一： 自我检查

1.决策标准有哪些？试比较他们的异同点。

2.请列出决策分析的几个主要步骤。

3.什么是决策的潜在风险？为什么在决策时要考虑潜在风险？

评估二： 案例分析

在第二节练习中，你已经帮助小梦（案例5）分析问题现状，列出她所遇问题受到的各种条件限制，提出了几个解决问题的方案。本节练习，你的任务是：

1.帮助小梦确定决策目标和标准；

2.比较分析各种解决方案的利弊得失与潜在风险；

3.选择解决问题的最佳方案。

小组分析后，请培训师点评。

评估要点：

1.是否明确决策的目的？

2.是否清楚决策的标准？

3.是否懂得比较分析各种解决方案的利弊得失与潜在风险？

4.是否选择了解决问题的最佳方案？

评估三： 决策能力测试

决策能力是企业家维持其公司生存的必备素质。据兰德公司统计，世界上 85% 的大企业破产倒闭是由企业家决策失误造成的。只有通过恰当的决策，企业家才可以对企业资源进行优化配置。通过下面的测试题，来看看自己是不是决策高手。

1. 你会在决策前发现并确定需要作出决定的问题：
   A. 是的　　　　B. 有时会　　　　C. 不会

2. 你会获取尽可能多和尽可能真实的信息：
   A. 是的，这样利于决策
   B. 经常关注，但很难确保取得足够的真实信息
   C. 从不在意信息积累

3. 解决问题前你会拟上几个备选方案，以期找到更多的解决方式：
   A. 是的　　　　B. 不一定　　　　C. 你认为这样太费时间

4. 你会让熟悉有关业务的人员参与决策：
   A. 是的　　　　B. 有时这样　　　　C. 不会

5. 你设置了决策机制，来使决策尽量程序化：
   A. 是的，已经设置　　　　B. 正在为此努力
   C. 还没有

6. 对于重大决策，你会让决策经过不同部门的论证：
   A. 是的，这样才会尽可能降低风险
   B. 偶尔会让人们去论证　　　　C. 还没有这样做

7. 你会去实施没有反对意见的决策：
   A. 大家一致赞同的意见肯定没问题
   B. 多数情况下会马上实施，但有时会想一想
   C. 不会马上做，这里可能存在着风险

8. 你会去执行只有一种解决方案的决策：
   A. 是的　　　　B. 有时会　　　　C. 不会

9. 做决策时，你总是表现得决心很大，却忽视了具体情况的复杂性：
   A. 是的，为此犯过错误　　　　B. 有时是这样
   C. 不是，会综合考虑

10. 你会让参与决策者的能力与决策的难易程度相匹配：
    A. 很少如此　　　　B. 有时会这样安排
    C. 是的

11. 对于管理者的个人决策，你会设置一定的制约机制，使其慎重：
    A. 还没有想过这方面的问题
    B. 有这方面的想法，但未付诸实施

C.是的，已这样做

12.对于群体决策，你会对提出建设性意见者进行奖励：

A.没有这样做   B.偶尔会口头表扬

C.会在精神和物质方面同时奖励

评分办法：

1—6 题选 A 得 3 分，选 B 得 2 分，选 C 得 1 分；

7—12 题选 A 得 1 分，选 B 得 2 分，选 C 得 3 分。

结果分析：

12—20 分：在企业经营者最容易出现的问题中，"决策失误"排在第一位，可见决策之难。从测评来看，你的决策能力较差，今后你需要采用更加合理的方式，集思广益，三思而后行，以此提高决策的正确性。

21—28 分：测评显示，你的决策能力一般。对一些有利于提高决策准确性的步骤或方法，你有时能自觉运用，但是有可能还没有建立程序化的决策机制，所以你需要在这些方面继续努力。

29—36 分：你是决策高手。决策做出后，通常会面临不可控的风险，你在决策上的慎重，包括你在决策程序上的关注，大大减少了决策失误，降低了决策风险，提高了企业的安全系数。

单元综合练习

活动：案例分析

·案例 6·　　　　　　　　　　　文婷的难题

　　文婷读护校时，学习成绩优秀，在校期间担任学校文学社社长。凭借在校良好的表现，毕业后顺利在大医院找到一份工作。入职一个月，医院开展科室健康教育黑板报比赛。科室领导将比赛任务交给文婷，由其单独负责版面策划、稿件统筹、板报书写等。这对于刚入职，几乎两眼一抹黑的文婷来说是个难以完成的任务。文婷很想拒绝这项任务，但又担心科室领导会对自己有看法。文婷该怎么办呢？

练习：

1.请准确描述文婷遇到的问题是什么？

2.怎样描述这个问题的特征？

3.解决这个问题有哪些条件限制？

4.文婷的决策目标是什么？

5.文婷应如何进行决策分析？

6.文婷该怎样选择最佳方案？

基
础
级

·案例 7·　　　　　　　　　　　陈昊该怎样诀择？

　　医学检验专业的陈昊在校园招聘会上成功应聘某医院院长办公室助理。入职后发现办公室助理的工作非常繁琐、像在打杂，主要工作是收发报纸和文件，兼顾会务协调，办公室清洁卫生等。半年过去了，陈昊对自己的职业发展感到十分迷茫，他想申请调到检验科从事专业对口的工作，又担心不做院长办公室助理会错失行政职务升迁的机会，于是陷入两难中。

练习：

1.请准确描述陈昊遇到的问题是什么？

2.怎样描述这个问题的特征？

3.解决这个问题有什么条件限制？

4.陈昊的决策目标是什么？

5.陈昊应如何进行决策分析？

6.陈昊该怎样选择最佳方案？

第一单元第二节"思维训练"参考答案：

第一题第3小题：

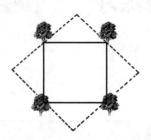

第二题：

1.该科室的人员分布情况是：男护士5名、女护士4名、男医生6名、女医生1名。

2.A是一位女护士。

解答：

本题的答案是确定一种不与题目中任何陈述相违背的关于男护士、女护士、男医生和女医生的人员分布情况。

1.由于医生和护士的总数是16名，从(1)和(4)得知：护士至少有9名，男医生最多有6名。又根据(2)得知，男护士必定少于6名。再根据(3)，女护士少于男护士，所以男护士必定超过4名。根据上面的推断可知，男护士必定正好是5名。则女护士有4名，男医生有6名。这样，剩下的1人就是女医生了。

2.假如A是男医生，如果不将A计算在内会与(2)矛盾；假如A是男护士，在不计算A的情况下会与(3)矛盾；假如A是女医生，不将A计算在内，那么女医生为0，显然又与(4)矛盾；只有在A是女护士时，无论是否将A计算在内，与其中任何一条都不矛看：A是一名女护士。

第二单元 实施计划 解决问题

本单元训练重点：

● 了解制订计划的一般方法

● 学会怎样获得上级的支持与信任

● 学会制定工作计划

● 学会充分利用他人的意见和支持，提升解决问题的技巧

第一节　准备计划　寻求认可

目标：寻求上级的认可与支持

当你遇到问题，对问题进行了分析，并提出解决问题的最佳方案后，接下来就应制订计划并付诸行动。在计划付诸行动之前，你首先要思考该计划的实施是否在本人的职责范围之内，是否有权决定？在实施过程中需要哪些人参与、与哪些部门进行协调？你向上级领导请示了吗？他的意见是什么？

在一个组织中，想使问题得到顺利解决，最重要的因素不全是方案本身的好坏，而在于方案能否赢得决策者的支持。事实上，一个方案想赢得决策者的支持不是件容易的事，不管一个方案如何好，可行性如何强，在很多情况下都会遇到阻力，所以，实施方案的第一步是赢得领导支持。

通过本节学习和训练，你将能够：

1.学会如何遇到问题向上级请示；

2.学会如何争取上级对自己的工作及计划的支持。

基础级

准备：赢得领导的认可与支持

领导的认可、信任与支持是工作取得成功的重要保证，同事的帮助与支持可使问题的解决更加得心应手。但如何能赢得领导的信任与支持呢？

一、怎样增强领导对自己的信任

取得支持不是一件容易的事情，获得领导的认可与支持是解决问题的保障。获得信任的关键是在良好人品的基础上多请示、多汇报。

（一）多请示、多汇报

这是下属与领导相处的重要原则。当你不知道哪些事情该请示、该汇报的时候，原则上要请示、汇报。通过请示与汇报，能及时得到领导的指导，了解领导意图；通过不断请示与汇报，学会与领导相处的技巧，掌握与领导相处的分寸。

（二）认真做好上级交办的事

如果上司直接向你交办事情，那么不管什么事，如果你接受了，就一定要认真办好，并且及时汇报。

（三）干好自己的每一件工作

"用力干工作只能把工作干完，用心干工作才能把工作干好"。干好本职工作是本份。在领导看来，干好本职工作是应当的，干不好是不应当的。

（四）勿以事小而不为

一般年轻人都想干点"大事"，不愿意干"小事"，觉得干小事很难体现自己的才能，殊不知，上司对自己的信任往往就是从平常所干的小事中来的，是不断积累的结果。

·案例 8· 　　　　　　　　　小和尚撞钟

有位刚入寺庙的小和尚被安排去撞钟，他很不乐意，认为自己聪明伶俐，完全可以干别的有意义的事情。可是在住持的执意要求下，小和尚不得不做起了撞钟工，打算就这么混下去。谁知有一天，住持突然宣布，让小和尚去挑水和打柴，原因是他不能胜任撞钟的工作。小和尚感到既震惊又委屈，便找住持理论："我撞钟不称职吗？是没按时撞钟，还是钟撞得不响？"住持耐心听完小和尚的诉说，摇摇头说："不是因为你没有按时撞钟，也不是因为你钟撞得不响，而是因为你没有用心撞钟。"小和尚对待本职工作不屑一顾，失去了撞钟的工作。

分析："你没有用心撞钟"这一句话就点中要害，反映小和尚撞钟时在应付差事，没有认真对待本职工作。

这个案例给了你什么样的启示？

二、怎样做好充分准备，反复论证方案

在工作中如能赢得领导的信任与支持，那么你的建议、意见、方案就容易得到上级的认可，即便如此，当面临比较重要的方案需要获得上级批准与认可的时候，你仍需要做好充分准备。

（一）做好资料准备

事实胜于雄辩。你想获得上级的许可与支持，让上级采纳你的意见，就需要精心准备相应的资料，如相关的案例、图表和数字，或者权威人士的说话等，用事实说话，是最有说服力的。

（二）自如应对他人的提问

为了推销你的方案，为防止他人提问时不能及时应对，你应事先做好可能被他人提问的准备。常见问题有：

1. 我们以前遇到过这类问题吗？是如何解决的？

基础级

2.这类问题在其他单位是如何被应对和处理的？

3.还有没有更好的解决办法？

4.如果被采纳，我们需要做什么？需要付出多少？

（三）详细论证方案的可行性

方案的可行性怎样？向领导汇报之前，要进行充分的准备和论证。可根据以往你对领导的了解，预计他将对方案持何种态度：支持，反对，中立，还是无法预计。

预测领导将依照什么标准来判断你的方案。依照上级标准做准备，会起到事半功倍的效果。有些领导对提案人的印象直接影响他的判断；有些上级只对方案感兴趣；有些领导希望看到方案的最终成效；有些领导则关心方案的实施步骤和风险。

（四）充分利用他人的意见和支持

集思广益，说服别人支持你的方案。如：你有了想法后可以咨询相关专家，看看他们对你的想法的看法、意见或态度；还可以通过查阅资料或文献来验证你的观点；也可搜集一些成功的事实或范例说明方案的可行性。如有条件，可在比较熟悉或者要好的朋友圈内组织一次"小型研讨会"，请别人帮忙提提意见，帮你完善方案。

三、怎样将方案或计划写成文字报告

（一）清晰、简明、全面地阐述方案

力求用最少的文字、最简洁的语言来表述方案。

（二）方案要具体

详细阐述实施方案所需的时间、资金、人员、场地、效益等。

（三）引用资料的要有出处

撰写方案时引用的数据、资料或范例应注明来源和出处。

四、怎样掌握汇报技巧

（一）提前预约，准时到达

找领导汇报，要预先约定时间，准时到达，不能擅自闯进领导办公室。这样做既不礼貌，也可能影响领导对方案的情感评价。

（二）三分钟说明方案的主要内容

你应简明扼要、清晰明了地讲述方案的主要目的、方法、结果等。尽可能控制在三分钟内，否则领导因厌烦或缺乏兴趣而不能继续听下去。如果你能利用三分钟时间赢得领导对方案的注意和兴趣，那么你就有可能获得成功。

（三）希望领导能予考虑

有些方案领导可能会当场表态，同意还是不同意；有时，领导不会即刻表态。此时不要希望领导马上给予你答复，要给领导思考和决策的时间。领导思考的时候可能考虑的范围、风险更要

呈送书面报告的好处：

1.便于自己理清思路。

2.便于领导进一步了解方案。

3.增加领导对方案的好感。

4.便于领导签署意见。

细致、周密，还可能考虑到一些你未曾考虑到的复杂情况。汇报结束后，有经验的人离开时会问："我什么时间来找你听结果比较好？"这样，以加强领导对你的方案的重视。

（四）关注领导的思考结果

这是很关键的一步。你向领导汇报并提交了报告，一般来说，如果在一周内未得到回复，你可以适当提醒领导，希望得到方案的处理结果，并征求领导意见，对需要改进的地方进行指导。

行动：争取领导的认可与支持

学会如何赢得领导的认可与支持方面的知识与技巧后，就可以实施行动了。

活动一：向领导提出改进输液管的建议

问题：小帆是呼吸内科的护士，在巡视病房中，发现病人输液时若液体流完没及时拔针，容易发生回血现象，凝固后堵塞输液管，影响继续输液。而当加压输液时，在液体流完后，容易造成空气被挤压进入血管，发生气栓。在医院里，输液器是使用频率很高的医疗用品，按规定是需要有较高的安全性，而现在病房使用的输液器存在安全问题。小帆寻思着想解决输液器问题的方法，她觉得可以从改造输液滴管着手，即改造输液滴管结构，增加一个能即时控制液流的装置。当小帆把想法告知领导时，领导认为小帆的想法太简单，缺乏论证，增加一个能即时控制液流的装置，容易造成输液微粒污染，暂时不予支持。

小帆该怎么办，怎样才能获得领导对他的支持呢？如果再次汇报，请领导支持，我们一起行动：

步骤一：做好获得领导支持的资料准备

收集国内外相关的案例与实物。当你提出"改造输液滴管结构，加入能即时控制液流的装置"的输液滴管的解决方案，看看国内外有没有类似的产品？有没有实物？能说明自己思路的类似实物和图表及你的实验结果报告是最重要的。

步骤二：为你的方案展开讨论，征求意见

可以先组织几个同事，讨论一下自己的想法，看看他们对你的输液滴管的解决方案有什么意见及建议。也可以请教其他朋友，如何争取领导对自己的支持？

步骤三：把你的方案写成文字报告，做好论证

基础级

报告要提出问题的关键和你解决该问题的途径与方法，介绍本方案的优点，方案可能出现的问题或风险，以及预防的方法与措施。如果需要经费投入，方案中要有经费的预算等。

步骤四：预先和领导约好汇报的时间

在时间安排上，最好注意几点：

1. 不要在领导休息的时候去打扰领导。

2. 不要在领导心情不好的时候去汇报。

3. 不要在领导工作很忙的时候去找领导。

步骤五：三分钟说清楚最主要的想法

本活动提出的问题中，由于领导对小帆的论证不充分，对方案的安全性有些担心，说服领导相对困难一些。小帆见到领导后应当怎样做？

1. 让事实说话。展示你关于做解决输液滴管问题方案的相关实验数据，或者有权威专家说的话等，这是最有说服力的。

2. 当感觉到领导对你的方案有兴趣时，要用精辟的语言把这次建议中最重要的"点"先说出来，以引起领导对具体实施方案的兴趣。可以侧重强调这次方案建立的调研基础与科学基础，强调这个方案带来的安全性、自动性、节约性的好处，分析有可能带来的风险及如何把风险控制在最小的范围，有哪些防范准备等。

步骤六：希望领导能予以考虑

1. 动机要端正。

2. 态度要诚恳。

3. 信心要充足。

4. 不要逼领导马上表态。

步骤七：关注领导的思考结果

1. 适当的时候要提醒领导。

2. 不管什么样的结果都要正确对待。

活动二：说服领导采用新的护理表格

问题：赵阳是某医院消化内科的办公班护士，病区住院患者多，而且每天新入院患者也多。赵阳处理医嘱、观察病情、撰写病历和交班报告等占用了大部分工作时间，其很难留出更多的时间与患者沟通，对患者进行心理护理，致使部分患者对她不满意，令她非常苦恼。如何让护士从繁琐的病历书写中解脱，把时间留给患者呢？赵阳准备和同事们一起总结经验，借鉴其他科室和医院的护理表格，修改设计出一套简便快捷的护理病历书写表格，提高护理病案书写效率。

如何让这个好的想法变为现实？赵阳该如何说服病区护士长和护理部领导同意她的护理病案整改方案呢。

提示：
步骤一：列出整个方案实施的几个步骤。
步骤二：找出每个环节涉及的关键人物。
步骤三：把方案写成文字报告。
步骤四：做好三分钟说清楚最主要的想法的准备。
步骤五：预测领导向你提出的问题，做好应对准备。
步骤六：预约好汇报的时间，列出会谈内容和目的。

活动三：角色扮演：为经济困难的癌症晚期患者争取尽快治疗的机会

情景：一位家庭经济十分困难的男性癌症晚期患者，绝望地将一根钢丝插进头部来制止病痛，他人发现后被送到医院，虽然幸运地活着，但是他没钱治病，痛苦万分。要不要救治这位癌症晚期患者？护士小美很想帮他，但医院明文规定，必须交费后才能安排住院治疗。现在小美护士考虑患者情况很特殊，想找领导为该患者减免医药费，减轻其痛苦。她该如何获取领导的支持呢？

角色扮演，分组练习：
1. 由培训师扮演领导，学员扮演护士小美；
2. 护士小美向领导直接陈述理由，并努力为该患者争取救治机会；
3. 领导提出多项质疑，小美逐一应答。

评估：你能否获得上级的认可与支持

评估一：小组互评

根据活动一和活动二的问题，一名学员扮演方案的提出者，另外一名学员扮演领导或其他关键人物，双方演示说服的过程。

评估要点：
1. 说服过程中，是否能够让对方清晰地了解设计意图。
2. 是否考虑到对方的立场和感情。

评估二：角色扮演，培训师点评

活动三角色扮演中，评价小美护士找领导为该患者减免医药费，争取领导支持的过程。

评估要点：

1. 护士小美陈述的理由是否充分。

2. 护士小美表述的行为动机能否获得领导信任。

3. 面对质疑，护士小美的应答是否妥当、有说服力。

第二节　评估效果　鉴定解释

目标：学会制订工作计划

制订行动计划是实施方案中重要的一环。计划的作用在于详细阐述方案实施的具体措施和步骤，降低变化的影响，将工作效率大幅提升，也便于设立评估标准及利于质量控制等。当解决问题的方案获得领导的认可和批准后，接下来的任务即是实施方案了。而在方案实施之前，你还需制订具体、详细的计划，并在计划里详细列出实施方案的每一项工作任务、实施的步骤和方法、需要的时间和资源、可能出现的困难或存在的风险及解决办法等。

通过本节学习和训练，你将能够：

1. 了解制订工作计划的一般方法；

2. 学会动手制订工作实施计划的方法；

3. 学会在制订工作计划时，思考执行任务过程中可能出现的困难和克服的办法。

> 凡事预则立，不预则废。
> 《礼记·中庸》

准备：制订工作计划的方法

计划是一座桥梁，连接起现在和将来要达到的工作目标。任何人的工作如果缺乏计划性，就极有可能由于紧张、忙乱、缺乏系统性而偏离工作目标。

一、怎样描述计划总体目标

计划目标即采取行动要达到的目标。目标包括两个方面，一是方案实施之后必须达到的结果，二是方案完成的最后期限。如一年内小儿内科营业额突破 80 万元。目标应简洁、清楚、明了，易于被大家所理解和接受，值得注意的是，目标是唯一的，不能用模棱两可的数据或语言来表述，如一年内小儿内科营业额突破 80—100 万元；服务质量确保良好，争取达到优秀等。

> 计划是一个管理的首要职能。
> ——德鲁克

二、怎样分解任务

一个方案的总目标的达成是由几项分目标的完成来实现的。根据实施方案，应将总任务分成几个主要部分，在每个部分设立分目标。然后再逐步细化、分解。最底层的任务可直接分派到具体的人去完成。

如需要解决的问题是个复杂的大问题，可以用 WBS（Work Break Down Structure) 工作分解结构方法来做任务分解。具体可使用树形结构图（图 3）或锯齿列表（图 4）的形式，把项目的各项内容按其相关关系逐层进行分解，直到工作内容单一、便于组织管理的单项工作为止。

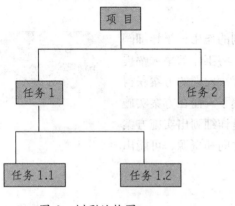

图 3　树形结构图

图 4　锯齿列表图

三、怎样制定时间表

当总体目标和分项目标、具体的实施步骤确定后，应安排实施方案的时间，最好应制定详细的时间进度表。可使用甘特图（图 5）划分各个具体项目的时间段。甘特图又称条状图 (Bar chart)，是 1917 年由亨利·甘特开发的管理工具。它由一个线条图构成，横轴表示时间，纵轴表示活动（项目），线条变化反映实施计划和实际完成情况。它直观地表明任务计划在什么时候进行，及实际进展与计划要求的对比。管理者易于弄清一项任务（项目）还剩下哪些工作要做，便于评估实际工作进度是提前还是滞后，这是一种理想的控制工具。

年 / 月	2016/9				2016/10					2016/11				2016/12			
日　　期	5	12	19	26	3	10	17	24	31	7	14	21	28	5	12	19	26
准备工作	■																
收集资料		■	■	■													
理论探讨					■	■											
个案访谈							■	■	■								
综合访谈结果										■							
处理资料											■	■	■				
整理研究结果														■	■		
写总结报告															■	■	■

图 5　甘特图

四、怎样合理分配人员和资金

实施方案或解决问题时常需要团队合作，因此，合理安排人员、经费及分工显得尤为重要。

在分配工作时尤应注意的是，不能仅把某部分工作交给别人就了事，而应将一个需要实现某个目标的某项任务交给他人。因此，在分配任务之前应向参与者详细解释完成工作的基本原则、实现的总体目标和分目标、具体的时间限制、质量评估标准等，确保每个参与者均了解项目的整体目标、整个计划以及进度表和评估机制。

资金的分配不能主观臆断，必须在分配之前做一个项目资金预算表。资金预算表详细说明完成各个分项目所需要的经费、计划投入、预计费用和时间。资金经费预算既要保证各项活动有必要的经费，又要做到使用、分配的合理性，同时，还应建立专门的监督机制以保证经费的专款专用、合理使用，避免经费管理混乱的问题。

五、为什么要有备用方案

实施计划的过程中，有时会因感情因素、环境因素、政策因素等方面的动态变化而影响计划的实施与效果。因此，制订计划时应设计"备用方案"，一旦"潜在问题"出现，就可启用"备用方案"去解决问题，做到有备无患。

行动：动手制订工作计划

活动一：为"黎明诊所"制定整改计划

以案例2"黎明疑惑"为例，黎明诊所没有盈利，面临经营困难，黎明对前面所述四种方案的利弊、有利和不利条件经过细致分析后决定继续开诊所。一方面他计划带领医护人员到社区详细调研；另一方面准备聘请一位顾问指导经营。现在请你帮助黎明制订工作计划。总体目标是在6个月之内完全改善经营现状，实现盈利。具体步骤如下：

步骤一：确定目标

黎明诊所整改主要目标是实现诊所盈利，社区居民"能看病，看得起病"的双赢目标。

步骤二：任务分解——需要采取哪些步骤实现目标

经过调研可知，黎明诊所主要存在如下问题：居民不信任黎明的医术；宣传力度不够；便民措施较少；费用无法报销；未能进行常规检查。根据上述问题特制订工作任务：

1. 解决居民不信任问题。

2. 解决医术问题。

3. 以提高便民服务为契机，加大宣传力度。

4. 改善诊所环境，开展常规医疗检查化验项目。

5. 争取把黎明诊所纳入医保定点单位。

步骤三：确定每一步的参与人选，明确资源需求

1. 解决居民不信任问题

（1）每月第一周的周一上午由黎明医生带领两名护士到小区进行免费体检巡诊，逢特殊节日如重阳节（即老人节）、三八节、儿童节、母亲节等，举行免费体检，上门义诊，开展关爱老人、妇女和儿童等活动。

（2）由两名护士负责为社区居民建立健康档案，为慢性病病人定期进行病情监测与更新健康资料；提供家庭病床服务，方便卧床病人、孤寡老人等行动困难的居民就医。

2. 解决医术问题

安排医生、护士定期参加培训或者聘请专家坐诊。

3. 发挥便民优势，提高服务质量

实行一周七天无休门诊，每天营业时间从早8时到晚上10时，如遇特殊情况还可机动，并提供上门诊疗服务。一方面，专攻普通病症，为困难群众减免医疗费；另一方面，开设贵宾服务，满足高层次的就诊需求。

4. 改善诊所环境，开展常规医疗检查化验项目

投入资金35万，改善诊所环境，增购一些化验、B超等常用检查化验设备。

5. 争取纳入医保定点单位

由黎明撰写关于医保定点医疗机构资格申请书，并立即递交卫生管理部门审批。

步骤四：安排进度

用甘特图画出时间进度图。

月	2月				3月				4月			
周	1	2	3	4	5	6	7	8	9	10	11	12
第一次工作会议	■											
确定技术方案		■	■									
前期准备				■	■							
免费体检巡诊						■	■					
医护人员参加培训							■	■				

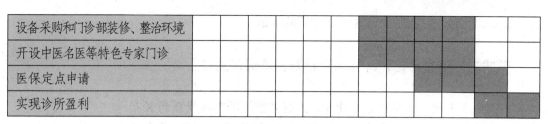

设备采购和门诊部装修、整治环境					■	■	■			
开设中医名医等特色专家门诊					■	■	■			
医保定点申请								■	■	■
实现诊所盈利									■	■

图 6   黎明诊所整改项目进程图

步骤五:预测计划实施过程中可能出现的问题,落实应对措施

检查计划,预测一些可能出现的问题,列表落实预防措施。

表 10   黎明诊所整改项目可能出现的问题及预防

问 题	预 防
1.经费超支	1.设备采购采取政府公开招标的方式比较节约; 2.寻求社会支持。例如,与当地慈善机构合作,取得慈善机构赞助
2.医保定点单位不被批准	扩大影响,寻求支持
3.艰难创业,员工工资低,员工积极性降低	关爱员工,承诺有赢利后奖励,提高员工积极性
4.其他私人门诊或医药机构进来竞争	提高医疗技术,提升服务质量,深入社区; 满足居民医疗服务需求

活动二:案例讨论

将学员分组,选择下面的活动之一,制订活动计划和进行经费预算,并展开讨论:

1.组织去越南的旅行活动。

2.为丰富员工的文体生活,组织羽毛球比赛。

3.举办一次联欢会。

评估:你是否掌握制订计划的方法

评估一:回答问题,自我评估

1.计划工作的重要性是什么。

2.计划制订的具体工作步骤有哪些。

3. 在制订计划过程中要注意哪些方面的问题。

评估二：小组讨论，练习制订计划，培训师点评

以案例 4 为例，如果你是李建业，怎样才能让顾客接受新药 K 抗病毒口服液？李建业给自己做了个简单计划，他的目标是在 1 个月之内促销 K 抗病毒口服液 3000 盒。请你帮助他制订工作计划。

要求：
1. 分解目标任务。
2. 绘制甘特图。
3. 列出实施计划期间可能出现的问题及应对方案。
评估：
1. 分项任务的分解是否到位？
2. 绘制的甘特图是否恰当？
3. 针对可能出现的问题的预案是否可行？

基础级

第三节 利用资源 实施计划

目标：学会利用资源实施计划

实施能力就是一种执行能力。为什么同样的一份学习培训计划，有的学员实施得很好，顺利通过考核并取得相应资格证书；而有的学员却不能通过考核？这不是计划本身的问题，而是执行计划者的执行能力的问题。执行计划的过程是充满应变、充满智慧的过程。

通过本节学习和训练，你将能够：

1. 掌握计划落实九步法；

2. 实施计划，完成计划列出的各项工作；

3. 学会充分利用资源，掌握落实计划的技巧，实施计划。

准备：学会落实计划

落实计划的过程即是计划执行的过程，它属于行动部分。有句俗语说"计划好订而执行难"，执行难是因为执行计划过程中常有很多问题需要协调或解决，那么，如何克服困难，保证计划顺利实施呢？

一、什么是计划落实的"九步法"

要将计划工作落到实处，一般情况下，要按照以下九个步骤操作，也叫实施"九步法"。

（一）明确计划工作的内容

要执行计划，实施计划，就要将计划内容烂熟于心，做到心中有数。

（二）明确实施计划的"资源"

实施任何一份计划都需要一些相应的资源。比如：

时间资源：多长时间内完成这份计划？

资金资源：完成这项计划有多少可用的经费？

物质资源：可以使用什么样的物质条件？

人力资源：有哪些人可以协助实施这份计划？

信息资源：可以借鉴的经验或资料有哪些？

> 让流程说话，流程是将说转化为做的惟一出路。
> ——战略专家 姜汝祥

（三）明确实施计划的目标及评价标准

计划目标是实施计划后达到的结果，应用何种标准去衡量计划。

（四）分析计划工作中的关键环节

抓好了关键环节，是计划顺利实施的保证。一个工作计划中往往有许多事情，这些事情按照时间次序形成了许多相互关联的工作环节，有些环节特别关键；那么在计划付诸行动前，你一定要先进行"关键环节"的分析，是确保这份计划顺利完成的重要一环。

（五）在关键环节上投入最大的精力

人的精力是有限的，要把最主要的精力集中到关键环节的落实上。

（六）协调关系

根据计划实施中所涉及到的人和事，协调好各方面的关系。一般来说，可以借助领导和相关职能部门的作用协调有关人员的关系。

（七）征求领导意见

在计划执行过程中，要始终注意"多请示、多汇报"的原则。看起来，是你在实施执行计划，事实上你的领导也在负责着计划的实施工作，领导在高一层面上负责，你不过是在帮助领导做一些具体的事情而已。同样的，你的领导对你实施的计划工作的成败，也承担着相应的责任。

（八）监督与检查工作

有些计划，比如黎明诊所改进经营问题，聘请有经验的护士长负责计划的具体事务；如果你是组织者、管理者，应当经常性地进行工作检查，监督工作进展。只有这样，才能确保计划按时完成。检查工作不只是在项目结束后，关键应在项目进行中的过程检查。

（九）验收计划实施结果

一个计划实施完毕后，要请自己的领导来验收计划实施的结果。这是所有工作的最终体现，一定要让领导来进行检查与验收，如果发现问题，可以及时纠正。

二、实施计划的技巧有哪些

（一）统一协调，推动计划

每个计划都需要一个人或者一个部门来推动，使计划在统一协调下顺利进行。在案例2中，如何推行黎明诊所的改革计划？黎明是改革计划的负责人，只有他才能推动计划前进。作为项目的推动人，首先要具备坚定的信念，对目标有准确认识，具有面对困难百折不挠的精神，这是保证计划顺利执行的首要条件。其次，还需要黎明以身作则，使计划参与人员的行为方式朝着目标的方向转变并发展，能增强组织成员的凝聚力，从而激发执行的力量。

在执行过程中，如果人员分配不合理，各位人员职责划分模糊，

> 团结一致，同心同德，任何强大的敌人，任何困难的环境，都会向我们投降。
> ——毛泽东

或者各位人员只注重各自的职能工作，对计划的整体发展缺乏综合管理，都会妨碍计划的执行。合理的部门分工和员工们认真负责的态度是计划能够顺利执行的前提条件，但这并非一朝一夕就能建立起来，更多的是一种企业文化。计划负责人必须确保在本计划执行过程中，各个环节的参与人员都能够正确理解整体计划，能够明确各自的任务。

（二）有效监督，奖惩分明

为了确保有效执行计划，建立合理的检查和奖惩制度十分必要。工作做得好的人，由于得不到表扬和奖励，会挫伤工作积极性；工作做得不好的人，由于没有受到惩处、追究，会助长工作的消极性。

有效的监督必须根据计划来评估每一步的效果，检查计划的每个步骤是否达到了预期的标准，以做出质量和数量上的正确判断。

（三）计划与执行相互参与

有些项目在制订计划时，没有考虑执行的现实性，导致无法落实。计划在制订时，就需要与相关的执行人员沟通，告知他们计划的目的，听取执行的意见。在执行过程中，不管计划做得如何详细，对风险的考虑如何周到，还是会不断遇到问题。执行的相关信息要反馈给计划，以便调整计划中不完善的部分。

（四）收集信息，利用支持条件

在这个知识爆炸的信息社会，很难有人能够掌握所有的知识技能。在解决问题的过程中，需要尽可能地利用已有的信息，向外界获取支持条件。

行动：动手实施计划

活动一：如何实施新药 K 抗病毒口服液促销计划

分析案例 4，面对顾客不接受新药 K 抗病毒口服液的问题，李建业请教了有经验的同事、相关专家，计划给新药做宣传小册子，圣诞节期间（12 月 20 日到 12 月 26 日）在本市各药店举行新药 K 抗病毒口服液促销活动。李建业的想法得到了公司经理的肯定，现在李建业制订了工作计划表，准备实施。

表 11 促销计划时间表

时　间	工　作　内　容	备　注
12.10 前	制订促销工作计划、制作宣传小册子，并报送经理	

12.10 — 12	电话联系各药店经理，约定拜访时间，简单说明情况	
12.13 — 15	分别拜访各药店经理，落实促销的具体事宜	
12.16 — 19	促销前的员工培训与药品及药物的准备	
12.20 — 23	促销期间，每天轮流检查各促销点的状况，交流各个点的促销经验	
12.23 夜	召集各促销点负责人开会，讨论促销中的问题，总结前4天的促销经验，为策划圣诞节的促销活动提供思路	
12.26	召集各促销点负责人开会，总结促销经验	
12.30	召集所有促销人员开会，表彰好人好事	
12.31	活动结束，提交总结报告	

请分析：李建业的这份工作计划在实施的过程中要注意抓好哪些关键的环节？

提示：其中最关键的环节有：

1. 与药店经理达成促销协议，征得各药店的配合。

2. 培训员工，使每一个参加促销的人员都能熟知促销的相关政策；了解新药 K 抗病毒口服液的药理作用、性能、疗效及副作用；掌握促销的技巧与服务礼仪以及常见纠纷的处理方法。

活动二：落实"5·12 护士节"联欢晚会计划

如果医院安排你负责落实医院"5·12 护士节"联欢晚会计划，在落实过程中，你需要做什么？

提示：

1. 如何向别人分配工作？

2. 如何保证每个人都能认真完成工作？

3. 把握计划实施过程中最关键的环节。

4. 及时处理计划实施过程中意外发生的问题。

评估：检查实施计划的能力

评估一：回答问题，自我评估

1. 请你阐述制订计划的过程与实施计划的过程有哪些不同点？

2. 为什么说计划实施的过程是体现一个人执行能力的过程？

3. 简述计划落实过程的九个步骤。

4. 在计划落实的九个步骤中你认为哪两个步骤最重要？为什么？

5. 简述你成功实施一个计划的过程。体会与收获有哪些？

6. 简述你熟知的一次计划实施失败的过程。它给你的教训是什么？

评估二：小组讨论，相互评估

将学员进行分组，各组选出代表描述一次顺利实施的行动计划，着重说明在计划完成过程中如何保证计划的实施。请组长或培训师点评。

基

础

级

单元综合练习

活动：案例分析

在上单元的案例 2 的练习中，你已帮助黎明选择解决问题的最佳方案。在这单元的练习中请你帮助制订一个解决问题的具体计划，并帮助他实施、落实行动计划。假如你是黎明诊所里的护士小梦，请落实以下工作并回答问题。

1. 制订一份工作计划。
2. 如何说服黎明认同你的工作方案？
3. 在实施工作计划的过程中应抓好哪些关键环节？
4. 在计划落实过程中需要和哪些人打交道？
5. 实施工作计划的时候可能会发生哪些意外？如何预防？

第三单元 验证方案 改进提高

本单元训练重点：

● 了解问题解决的因素，把握关键因素

● 学会分析和检查问题的方法，学会描述结果

● 学会验证方案，总结经验，提升解决问题的能力

基础级

第一节 确定方法 实施检查

目标：掌握质量检查的方法

问题解决之后，我们应当进行检查与评估。总结的过程就是反思与提高的过程。评估需要有目标，通过检查问题解决的效果，是全部解决了，部分解决了，还是完全没有解决，以此判断实际的成效。

问题到底解决得怎么样？用什么方法对完成任务状况进行检查？寻找、利用恰当的方法，是实施检查的关键之一。

通过本节学习和训练，你将能够：

1. 学会对"问题的解决状况"进行检查的方法；

2. 学会在解决一个问题之后，养成对"问题解决方法"进行检查与反思的习惯。

准备：质量检验常用的方法

在设计解决问题方案时，就要制定检查指标及建立检查体系。检查，不仅仅是为了检验解决问题的结果，更重要的是在检查的基础上对解决问题的方案提供支持并加以改进。

对"问题的解决方法"及"问题的解决状态"进行检查，常用有如下几种方法：

1. 结果评估法

是对问题解决后的状态进行评估，主要评估近期目标、中期目标和远期目标实现的情况。如在整体护理中，护士需要根据不同阶段的护理目标对患者进行评估。

对成功解决问题的案例的过程与方法进行反思总结，你可从中获得经验；反之，从解决问题不完全成功或失败的案例的过程与方法进行反思总结，你可从中获得教训。经验和教训的不断积累，可使你成为一个解决问题的能手。

2. 专家鉴定法

对于专业性、技术性较强的问题到底解决得怎么样，聘请内行人（相关专家）透过事物表象，发现事物的本质。因此，当一个问题解决后，到底解决得怎么样？可以聘相关的专家来进行鉴定、评估，这样的检验结果比较准确、客观。比如：医疗事故鉴定、护士技能竞赛方案评审、某区免疫接种项目职效评价等。

3. 群众评估法

问题的解决直接关系到群众利益的问题，就要让群众来评估。比如，医院行风民主测评、病区护理服务质量等，那就应当让在病区人群（包括患者、家属、医生等）来评价。常用的评估法：

（1）小组座谈：由一个经过训练的主持人以一种自然的形式与一个小组的被调查者交谈。如病区每月组织住院病人开座谈会，主要的目的就是了解病区服务质量的情况，患者对服务质量的满意度。这种方法是评估医院病区服务质量、社区健康教育、医疗满意度等常用的方法。一个小组一般由2—8人组成，一般需要采访2—4个小组。

（2）家庭访问：是通过对被访者进行深入访谈，以揭示被访者对某一问题的潜在动机、信念、态度和感情，特点是直接的、一对一的访问。如居家养老的评估、社区健康教育的评估、产后随访评估等常采用此方法。

（3）问卷调查：根据心理学统计和测量学的要求，按照目标编制问卷和量表，收集最真实可信的问卷量表数据，并进行统计分析。如患者出院前对医疗用药的满意度、医护服务质量的满意度、一人一针管执行情况、医疗收费合理性、护士穿刺技术等评估。

（4）电话调查法：是指调查相关工作人员通过电话向被调查者进行问询，了解被调查者对所调查事件的反应的一种调查方法。如产后、术后、慢性病定期电话随访。

4. 指标考核法

如果在解决问题之前，对问题的解决设定了清晰的目标，有具体的考核指标，那么，在问题解决后，就可以根据所设定的指标对结果进行考核，这就是指标考核法。如护理技术操作合格率、各种护理表格书写合格率等。

5. 列表提问法

列表提问的方法，比较容易操作，适用于一些初级问题的解决结果的检查。运用列表提问法检查的问题，大致有以下7个方面，有些提问检查的问题可以根据具体的项目作适当调整。

表12　运用列表提问法提问清单

1	结果检查	1. 问题解决后的结果是否达到了计划的目标？
		2. 如果未达到计划目标，在什么地方还有差距？
		3. 问题解决是否最大程度上满足了各方的利益和需求？

2	过程检查	1. 问题解决的时间是否有耽搁？
		2. 解决问题的步骤是否符合逻辑上的次序？
		3. 问题解决各个步骤的事件之间有没有一些因果性关系？
		4. 问题解决的过程是否有条不紊、井然有序？
		5. 解决问题过程中是否隐藏了产生新的问题的因素？
3	"人"的因素检查	1. 解决问题时自己的语言方式是否妥当？
		2. 解决问题中有没有团队成员受伤？或者险些发生意外？
		3. 团队协作时有没有发生争吵或者明显的不快？
		4. 团队中哪个成员在解决问题过程中有积极建议？
		5. 团队中哪个成员在解决问题过程中有协作？
4	"财"的因素检查	1. 是否超出了预算？超出了多少？或者结余了多少？
		2. 超出或者结余主要是什么缘故？
		3. 所有的支出是否合理，手续是否规范？
5	"物"的因素检查	1. 解决问题中准备的材料在开始时都考虑到了吗？
		2. 解决问题中使用的材料还可以继续使用吗？入库归类吗？
		3. 这些材料的价格是否合理？在什么地方购买比较节约？
		4. 这些材料的质量怎么样？有什么替代产品吗？
6	"社会环境"因素检查	1. 解决问题中是否考虑到社会环境的因素？
		2. 对于考虑的环境因素是否采取了适当的预防措施？
		3. 对于环境因素所采取预期措施是否妥当？
		4. 在解决问题中对环境因素的思考，有没有考虑到人文环境的因素？是否充分？
		5. 对人文环境因素的把握是否准确？
7	"关键"因素检查	1. 解决问题计划中确定的关键因素是否正确？
		2. 在实施计划的关键环节时，自己的行为是否正确？有什么可以改进的地方？

　　每一个问题解决后的效果检查的要求和重点是不一样的，根据实际情况选择检查的方法，达到了主要的目的，完成了解决问题前设定的目标就可以了。

行动：让我们一起来检查

活动一： "黎明诊所"整改效果检查

以案例 2 为例，学习运用列表检查法对执行与实施的结果进行全面的检查。为了帮助总结"计划制订"与"计划实施"的经验。现在开始填表了：

表 13　黎明诊所整改方案列表提问清单与检查结论

1	结果检查	1.问题解决后的结果是否达到了计划的目标？ 答：黎明诊所解决了存在的问题，实现诊所盈利，社区居民群众"能看病，看得起病"的双赢目标。
		2.如果未达到计划目标，在什么地方还有差距？ 答：虽然基本达到了计划的目标，但硬件软件还有提升空间，离示范性社区诊所还有一定差距。
		3.问题解决是否最大程度上满足了各方的利益和需求？ 答：黎明诊所解决了存在的问题，较大程度上满足了社区居民群众"能看病，看得起病"的需求，诊所经营良好，实现了盈利，是双赢。
2	过程检查	1.问题解决的时间是否有耽搁？ 答：黎明诊所原定解决问题的计划时间是六个月，实际诊所整改完用了四个半月，没有耽搁时间。
		2.解决问题的步骤是否符合逻辑上的次序？ 答：黎明诊所解决问题的步骤符合逻辑上的次序，即：找准的问题是"病人少"→解决问题的目标是实现诊所盈利，社区居民群众"能看病，看得起病"→关注与诊所发展的关键因素是社区看病的三类人群→充分估计了不利因素→选定了解决问题的最佳方案（整改措施）。
		3.问题解决各个步骤的事件之间有没有一些因果性关系？ 答：在解决问题的各个步骤中，有的事件之间也有因果性关系。如：只有准确理解与问题有关的"不能使用社会医疗保险""不信任社区医生"等因素，才能把握解决问题的目标是什么；只有知道社区大多数人都有了医疗保险，知道了解决门诊问题过程有"不能使用社会医疗保险"条件限制，才能选定方案中最重要的关键步骤是争取把门诊纳入医保定点单位。

		4.问题解决的过程是否有条不紊、井然有序？ 答：问题解决的过程是按原定步骤有条不紊进行的。关键步骤是门诊要纳入医保定点单位，此步骤完成与否会直接影响其他步骤的完成。
		5.解决问题过程中是否隐藏了产生新的问题的因素？ 答：解决问题过程中确实隐藏了产生新问题的因素。比如：效益好了，别的私人门诊或医药机构进来竞争；业务增加了，门诊的场地会受到制约，门诊的医疗质量会受到一定的影响等等，须注意预防应对。
3	"人"的因素检查	1.解决问题时自己的语言方式是否妥当？ 答：黎明诊所员工去家访时的语言方式总体上是妥当的，但是也有需要改进的地方，比如：诊所个别人员到居民家中访问调查时的语言欠幽默、委婉、灵活，未能做到热情、亲切地展开话题、巧妙婉转地进入正题，未能做到态度坦诚实在，不刻意讨好等。
		2.解决问题中有没有团队成员受伤？或者险些发生意外？ 答：没有。
		3.团队协作时有没有发生争吵或者明显的不快？ 答：黎明诊所改进过程中大部分员工合作较好，和谐一致。个别员工有沟通不畅，互相推诿现象，但没有发生争吵。
		4.团队中哪个成员在解决问题过程中有积极建议？ 答：80%的员工在解决问题过程中提供过积极建议，如提出开展关爱老人活动，拉近关系等建议。
		5.团队中哪个成员在解决问题过程中有协作？ 答：95%的员工在解决问题过程中有协作，相互依赖、相互关联、共同合作。
4	"财"的因素检查	1.是否超出了预算？超出了多少？或者结余了多少？ 答：这次黎明医生诊所实施整改方案总资金投入预算是35万元，实际结算资金37万元，超支2万元。
		2.超出或者结余资金是什么缘故？ 答：黎明医生诊所实施整改方案总资金投入超预算2万元的原因是：一是装修工程原材料涨价，原材料涨价15%，二是所采购医疗检验设备供应紧张，供应商要求提高价格。
		3.所有的支出是否合理，手续是否规范？ 答：所有支出经过预算和报销审批手续，符合财务规范。
		1.解决问题中准备的材料在开始时都考虑到了吗？ 答：解决问题中准备的材料在开始时都考虑到了，如免费体检巡诊用的桌椅、购买健康档案册本、新型输液沙发椅、检查化验的病理科显微镜、彩色B超等设备、装修工程材料的天然花岗岩、釉面砖、石膏板、雕花玻璃、乳胶等。

基础级

5	"物"的因素检查	2.解决问题中使用的材料还可以继续使用吗?入库归类吗? 答:解决问题中使用的剩余材料还可以继续使用,如装修工程剩余材料,医用设备备用品,都已入库登记入帐保管。
		3.这些材料的价格是否合理?在什么地方购买比较节约? 答:这些材料和设备的价格比较合理,采取招标采购的方式比较节约,能从生产厂家获得更多折扣。
		4.这些材料的质量怎么样?有什么替代产品吗? 答:目前看,诊所采购这些材料的质量比较好,售后服务及时。心电图机的替代产品首推飞利浦,但价格较贵。
6	"社会环境"因素检查	1.解决问题中是否考虑到社会环境的因素? 答:考虑了各种社会环境的因素影响:如当地居民人数多、看病人数多、医保人数多、对社区医院的信任程度不高、附近大医院少、设备条件有竞争等情况。
		2.对于考虑的环境因素是否采取了适当的预防措施? 答:已经采取了适当的措施,如随着全民医保的逐步实施,城乡居民全部实现医保,如果申请不到医保定点单位,有医保的患者就诊率将至少损失70%。随着医保覆盖面的进一步扩大,这个比例还将上升。因此,积极申请为医保定点单位,列为黎明诊所发展的关键之一。
		3.对于环境因素所采取预期措施是否妥当? 答:黎明诊所对于环境因素所采取预期措施比较妥当,比如针对居民不信任问题、诊所卫生环境问题、常规医疗检查化验项目问题、门诊纳入医保定点单位问题进行整改措施比较妥当。
		4.在解决问题中对环境因素的思考,有没有考虑到人文环境的因素?是否充分? 答:比较关注人文环境的因素,例如,为了便民,建立慢性病病人健康档案,提供上门服务,延长诊疗服务时间,另设贵宾服务,对贵宾病人提供一人一诊室,全程陪护,挂号、取药、交费全程服务等。开展青年医务志愿者服务活动,既做医疗服务,又做心理服务,和病人聊天,给病人带一点温暖,让病人有一种家的感觉,以此来弥补医护人员心理护理时间少的缺陷,体现人文关怀。
		5.对人文环境因素的把握是否准确? 答:社区人文环境主要是指医务人员之间团结、合作、友爱的关系,医务人员和患者之间平等、友爱、互助的关系,社区与社会之间的支持、协作、发展关系。它体现一种以患者为中心,医患和谐,尊重人、关心人、爱护人的文化氛围。黎明诊所对于人文环境因素的把握是比较准确,对解决问题很有帮助。

基

础

级

7	"关键"因素检查	1.解决问题计划中确定的关键因素是否正确？ 答：黎明诊所解决问题计划中确定的关键因素比较准确，如诊所经营不好、病人少、信任度不高、服务需求得不到满足、不能使用医保、门诊不能提供检查检验等。
		2.在实施计划的关键环节时，自己的行为是否正确？有什么可以改进的地方？ 答：在实施计划的关键环节时，黎明诊所的行为正确。但有些地方可以改进，例如按国务院有关规定，社区卫生服务中心要提供六位一体的服务，即提供融医疗、预防、保健、康复、健康教育、计划生育指导为一体的服务。黎明诊所目前主要提供医疗服务，根据业务的发展，应逐步配备康复医生、公共卫生医生等人员，还要进一步拓展服务内容，开展政府购买服务业务，在本社区开展卫生宣传、健康教育、预防保健、免疫接种、建立健康档案、计划生育指导等非医疗服务，由政府财政进行补贴，取得一定收入。

活动二："推销 K 抗病毒口服液"解决问题的效果评估

以案例 4 为例，请运用列表检查法进行方案实施后的效果检查，并思考以下问题：

1.实施推销方案后的效果检查时应重点检查哪几方面的内容？

2.请根据案例的实际情况，可否修改提问列表内容？

3.除列表提问法外，还可运用哪些方法检查"推销 K 抗病毒口服液"方案的实施效果？

评估：你是否掌握了检查方法

评估一：回答问题，自我评估

1.为什么要对计划实施的结果进行检查？

2.对计划实施过程的检查方法有哪些？各有什么优缺点？

3. 运用列表提问有什么好处？列表提问的 7 个方面主要是什么问题？

评估二：小组讨论和评估

1.如果列表提问法的问题不够全面还需要添加，你认为应增加哪方面的问题？试试具体列出来。

2. 以第二单元第二节"活动一"中小帆"改造输液滴管结构，加入能即时控制液流的装置"为例，如果领导批准小帆作改进，改进后，你认为该如何检查该计划实施的效果？

评估要点：

1. 选择的检查方法是否妥当？

2. 检查过程是否合理？

3. 检查是否抓了最重要的要素？

第二节　制定计划　执行任务

目标：学会评估问题解决后的效果

评估是将"问题解决后的状态"与预期目标进行比较并作出综合判断的过程。评估不仅可以掌握问题解决的效果是否达到预期目标，而且可以对方案本身以及实施方案的过程进行评估，分析在解决问题过程中各个阶段的成功和不足，有利于提出整改方案或进行总结，有利于个体或群体提高解决问题的能力。

通过本节学习和训练，你将能够：

1. 学会跟踪事态发展的过程，评估问题解决后的效果；
2. 掌握解决问题的各类反馈信息的搜集方法；
3. 找出"问题解决效果"与"问题解决目标"之间的差距。

准备：怎样评估问题解决的效果

一、怎样跟踪解决问题的过程，搜集解决问题的各类反馈信息

评估虽然是解决问题活动的最后一步，但评估实际贯穿于解决问题活动的全过程。跟踪解决问题的过程，搜集各类信息，能及时发现方案中存在的错误或考虑不周的情况，更好地发现潜在的问题。

（一）跟踪记录解决问题的每个步骤

在执行计划过程中，要将每一个步骤和完成每一步的时间、方法都列出来，如执行的计划与原计划有变动，必须要记录下来，并说明调整的原因。可用列表的方式表示。

表 14　计划执行表

步　骤	执行结果和效果	时　间	调整及原因说明

（二）调查相关人员

有些问题解决的结果，往往与相关人员的满意度有密切的关系，这就需要对相关人员进行调查，看他们对问题处理的结果是否满意。如某医院门诊部是医疗投诉最多的部门，经过该医院狠抓制度管理、医疗质量管理之后，病人的投诉率明显降低，病人及家属满意度显著提升，这就体现了病人及家属对该医疗质量问题能力的评价。该医院可以通过调查来就诊的病人和家属，听取他们的评价，从而不断提升自我创新能力。

二、评估解决问题的方法有哪些

（一）自我评估

当一个问题解决后，到底解决得怎么样，由被评估的部门和个人，按照原计划和实际解决的情况进行自我检查。

（二）领导评估

领导特别是主要领导应亲自深入到有关部门，对问题解决的情况进行实地评估。领导评估的方法主要是听和看。听是听取有关部门的汇报，看是观看有代表性的各类典型。根据听和看的结果综合判断后得出结论，客观发表意见和感想。切忌以偏概全、主观化、模糊化。

（三）全面评估

对解决问题情况后的全部指标进行全面的评估。全面评估需要制定周密的评估计划和实施方案。需要组织一定的人力和物力。参加评估的人要熟悉既定的各项工作任务，要有明确的分工和组织领导，实行检查责任制，把评估任务落实到人头。

（四）问卷评估

有些社会问题出现后，当事人采取了应急措施进行解决，但处理的方法是否正确，是否达到了解决问题的目的，往往需要经过一段时间的检验。这种社会的检验，通过社会调查才能反映出来，才能做出客观评价。

（五）对照评估

将解决问题的效果与预订指标进行对照评估。例如案例2"黎明的疑惑"问题解决后评估效果时，需要评估就诊病人人次、门诊处方合格率、治愈率、购进药品质量合格率、门诊总产值、产值利润率、解决居民不信任问题完成率、解决医术问题完成率、提高便民服务质量完成率、改善诊所环境完成率、购置常规医疗检查化验设备完成率、门诊申报医保定点单位是否成功等方面进行对照检查。实际完成情况同原定任务进行对照后，就可以看出经济效益的优劣。

（六）列表提问评估

列表提问评估的最大优点在于使用方便，结构化作业较客观可靠，也有利于对解决问题的结果进行追踪与评价。列表提问时，可以把评估与鉴定内容归纳列入下面的表格。

表 15　问题解决后的结果检查列表

问题解决的目标是什么？	问题解决的结果评估				
	好	较好	一般	较差	差
问题解决的最终结果是否达到了目标？					
问题解决的过程是否具有创新性？					
问题解决的成本控制如何？					
问题解决中的团队协作如何？					
问题解决中涉及到的有关方面是否满意？					
对该问题解决的总体鉴定意见： 　　　　　　　　　　　　　　　鉴定评估人： 　　　　　　　　　　　　　　　日期：					

（七）抽样评估

抽样评估，又称以点看面评估。对所接受评估的部门只抽取部分进行评估。抽样评估有两种方式：第一，选择有代表性的部门，如先进，中游，后进三种类型进行评估。第二，随机抽取一批部门进行评估。用点上的情况来说明整个面上的情况。

（八）交叉评估

把被评估的部门组织起来，按统一的评估内容和标准，互相进行评估。这种评估既是代替上级机关评估，又是互相学习，取经送宝的好机会；既是对别人的评估，也是对自己的评估。所以交叉评估往往能够收到一举多得的效果。

（九）重点评估

对计划解决的问题，不逐项进行评估，而只摘取其中一两项进行评估。例如，医护人员卫生洗手法的合格率。

以上九种评估方法，各有所长、各有特点。但无论选择其中一种或几种评估方法都要遵循以下原则：公开、公平、公正，并严肃认真地执行。

三、怎样做出鉴定，解释原因

分析成败原因尽量从客观角度进行，为今后工作积累经验。通常在寻找原因时常受个人归因方式的影响。归因方式是指个体对行为原因进行推测与判断的过程，每个人都有自己习惯性的归因方式。有两种描述：

（一）内外归因

作外部还是内部原因的分析，外部原因是指环境因素如工作设施、计划的详细程度、任务难度、机遇等；内部原因是指解决问题的内在原因，如员工的性格、情绪、努力程度等。有人为错误寻找原因时，喜欢归因于外部原因；而为胜利找原因时喜欢归因于内部原因。比如一个护士为病人打针没打中，她不但不反思是自己的技术不好，不赔礼道歉，反而怪病人血管不好，这样保护自尊的方法是错误的。

（二）可控与不可控归因

可控原因是指个体可以控制的原因，比如努力程度；不可控原因则是指人不能控制的原因，比如地震、灾害等。同样，有人常为错误寻找原因时，喜欢归因于不可控原因；而为胜利找原因时，喜欢归因于可控原因。

心理学研究表明，成功时人们的正常心理反应是将成功归功于内归因和可控归因，而失败时则力图把责任推诿给不可控条件和他人。这样归因处理对于调节人的心理是有利的，但不利于客观评价解决问题的效果、不利于发现存在的问题、不利于总结经验教训、不利于更好地解决问题，而且对提高解决问题能力也不利，应设法避免。

找方法才能成功，找借口只会失败。

行动：让我们一起来做鉴定

前面介绍了九种结果评定与鉴定方法，下面我们一起来行动，把这些结果鉴定方法运用到对问题解决的反思与总结之中。

活动一："黎明的困惑"问题解决后的检查

案例2，黎明诊所实施整改方案后，解决了病人少、经营困难的问题，实现双赢的目标。但需要对这个问题的解决结果进行追踪评估与详细评定。可运用"列表提问评估法"进行。

表16 问题解决后的结果检查列表

问题解决的目标是什么?	问题解决的效果评估				
	好	较好	一般	较差	差
问题解决的最终效果是否达到预期目标?	√				
解决问题的过程创新性怎样?		√			
问题解决的成本控制如何?	√				
解决问题过程中团队协作怎样?		√			
解决问题过程中涉及的有关问题及意外事件的处理是否满意?		√			

对该问题解决的总体鉴定意见:

鉴定评估人:

日期:

活动二:"小刘的无奈"问题解决后的检查

案例3,小刘针对病人违反医院规定的现象,参考既往病房管理制度,请教经验丰富的护士,广泛征求医生及病人的意见,制订一套新的住院须知,以求改善病房的环境、调整病房探视时间及规范患者请假等效果。她设计的新住院须知已得到护士长的批准并在病区试用,试用3个月后如客观可行将在全院推广使用,现已试用2个月,护士长需要对新住院须知的实施效果进行评估。

提示:

1.如果从护士长的角度来评价护士小刘的工作,应当选择什么样的方法?从哪些角度进行评价?

2.如果是小刘自己对该事件进行反思与评价,你认为应当采用什么样的评价方法来评价最好?

评估：你知道如何对"效果"作评估吗

评估一：回答问题，自我评估

1. 当一个问题解决后，为什么要对结果进行跟踪？
2. 当一个问题解决后，为什么要对结果进行评价？
3. 对结果进行的评价一般来说来自哪几个方面？
4. 领导对解决问题的结果评价一般有哪些方法？
5. 自己可以用哪些方法评价结果？

评估二：分析案例，练习结果评估的方法

请运用列表提问法，对案例中杨丽解决问题的工作进行评价鉴定。

·案例 9·　　　　　　　　　　　听诊器的改进

　　杨丽 2010 年 7 月从某大学医学院临床医学专业毕业后分配到某医院内科工作。在为患者进行体格检查心肺听诊时，需要一边听诊、一边观察时间，但由于她平时没有带手表的习惯，病房里又没有时钟，每次检查时的计时问题总困扰着她。于是，她想为何不设计一个带计时功能的听诊器呢？

　　带着这个想法，杨丽与本科室的医生交流，大家认为，此想法虽不错，但是医院不生产听诊器，想改进不太现实。此时，杨丽没有放弃改进的欲望，她继续在其他各科室的医护人员中作调查，看看大家对带计时功能听诊器的需求如何、大家希望听诊器带什么样的计时功能。经调查，本院约 90% 的医护人员对带计时功能的听诊器均表认同；约 80% 的医护人员希望计时器有秒表、定时和闹铃功能。

　　有了调查的结果，杨医生上网查阅常用计时器的式样及功能，不断征求同事的意见，经过反复研究，最终设计了几款易消毒、轻便、防水并带计时功能的听诊器，并申报了专利。后来，医疗器械生产公司购买了杨丽的专利，批量生产了这种带计时功能的听诊器。

请把杨丽要解决的问题的目标列入表中进行效果检查：

表 17　听诊器问题解决效果检查表

问题解决的目标是什么?	问题解决的结果评估				
	好	较好	一般	较差	差

对该问题解决的总体鉴定意见：

　　　　　　　　　　　　　　　　　　　　鉴定评估人：

　　　　　　　　　　　　　　　　　　　　日期：

第三节 反思总结 改进提高

目标：学会利用经验，解决新问题

孔子说："学起于思，思起于疑"。在问题解决后反思解决问题的全过程，总结经验，不断改进解决问题的方法是最重要的。成功了，总结成功的经验；失败了，"吃一堑，长一智"。经历是人生的财富，人的不断进步正是在总结、继承和反思中体现的。解决问题的高手都是经过历练并善于总结自己经验或借鉴别人经验的智慧者。

通过本节学习和训练，你将能够：

1. 掌握总结与反思的方法；

2. 学会利用经验，解决新问题。

准备：怎样进行反思与改进

对已经解决的问题进行总结和反思，是提升解决问题能力最重要的途径。通常把回顾成功提炼经验的过程叫"总结"；而把回忆失败经历总结教训的过程称为"反思"。总之，不论是总结还是反思，其目的都是为了提高解决问题的能力，增强以后解决问题的效果。特别是一些重大问题的解决，一些重大事件的经历，通过回顾总结和反思，有利于提高自己的工作能力，对于人生的进步，都有非常大的意义和价值。在总结反思中，可以运用列表法进行自我总结分析，其内容大致如下表所示：

聪明者不在于不走弯路与错路，而是少走弯路与错路，特别是走弯路与错路后懂得及时回头，不能撞了南墙还不回头，那就不可救药了。

表 18 总结反思——列表提问法

	问题举例	结果评价
目标方面	我要解决的问题是什么？ *	
	我要解决的问题抓住了问题的关键吗？ *	
策略方面	我解决问题采用了什么策略？ *	
	这些策略正确吗？有什么可以改进的地方？	
	这些策略的欠缺在哪里？	

265

方法方面	我怎样解决了这个问题？采用了什么方法？	
	还有没有其他更好的方法解决这个问题？*	
	其他人有没有提过别的方法？其优缺点是什么？	
原因方面	我当时为什么这样做？基于什么理由？	
	现在看来这些理由是否成立？	
	当时还有哪些理由没有考虑到？	
动机方面	我解决问题的出发点和动机是什么？	
	我的这些动机正确吗？	
	我的这些动机还会带来哪些结果？	
计划方面	我制订的解决问题的计划的优点是什么？*	
	我制订的解决问题的计划的缺点是什么？*	
	有哪些重要的因素在我的计划中没有被考虑到？*	
	今后制订计划的时候要注意什么问题？	
实施方面	解决问题过程中我的哪些行为值得肯定？*	
	解决问题过程中哪些方面努力还不够？*	
	解决问题过程中我的哪些行为不正确？*	
沟通方面	向领导请示方面我是否做得够好？*	
	我是否充分注意到了对领导的尊重？*	
	我说话的语气语调是否妥当谦和？	
协作方面	我有没有引起别人的反感或者不快？*	
	我在与谁合作的时候做得比较好？好在什么地方？	
	我在与谁合作的时候，在什么方面做得还不大好？	
结果方面	问题解决后的结果怎么样？*	
	别人对我所解决的这个问题有什么评价？*	
总的方面	在解决问题中我的主要优点是什么？	
	在解决问题中我的主要缺点是什么？	
	在解决问题中我受到的主要启发是什么？*	

上表一共列了 11 个方面、共计 32 个需要反思的问题，其中带 * 号的 16 个问题应当是重点反思的问题。每个人对于不同问题的总结，可以从不同的角度，根据不同的需求进行，不必拘泥于一种模式。但列表有利于全面清晰地思考、总结，便于总结经验、找出缺陷与不足。

行动：让我们一起来总结经验，提升自己

活动一："黎明的疑惑"问题解决后的总结

以案例 2 "黎明的疑惑"锻炼总结的能力，通过总结，帮助黎明改进今后的工作。

运用"总结反思——列表提问法"进行总结。同组的同学也可以自拟问题，然后进行小组交流，看谁的总结比较恰当，最有成效。

表 19　"黎明的疑惑"总结反思表

具体总结的问题		结果评价
目标方面		
策略方面		
方法方面		
原因方面		
动机方面		
计划方面		
实施方面		
沟通方面		
协作方面		
结果方面		

总的方面		

活动二："小梦的选择"解决问题后的总结反思

案例5，经过一周的考虑，小梦向院长递交了辞职申请，经领导极力挽留，小梦最后留在医院检验科继续工作。

现在对这个问题的解决过程进行总结反思：小梦的选择是否正确，利弊得失是什么？

评估：你是否学会"反思"？你能用经验解决新问题吗？

评估一：回答问题，自我评估检查

1. 问题解决后为什么需要总结、反思？
2. 应当从哪些方面进行总结、反思？
3. 你认为总结反思的关键点有哪些？

评估二：小组分析讨论案例

·案例10·　　　　　　　　　　**艰难的就诊**

正值酷热的夏季，一位外地病人匆匆来到武汉某大医院候诊室，接待他的预检护士小刘是位刚毕业的新护士。小刘查阅了预约登记单，对他说："对不起，您预约的是专家号，您没有在上午预约的时间内就诊，下午专家号已经挂满，今天没时间给你看病，你需要重新预约才行。"病人听后脸色骤变，很不高兴地说："我是从外地来的，因为路上堵车才耽误了4个小时，为何还要重新预约呢？"小刘似乎也无办法，冷冷地说："病人太多实在没法安排。"病人听罢十分着急，大声讲："这是什么医院，能不能通融一下。为了看病我早晨5点就出门赶车，现在只是来迟了一点点你们就不给看病，还有没有同情心。"小刘看了一眼病人，坚持说"您预约的专家病人太多，专家也是带病上班的，而且中午都没休息，现在给你重新约定时间，明天上午再来吧"。过了一会儿，病人又来求小刘，"小护士，你看在我一把年纪又是外地人的份上，就让我插个队好吗？"小刘该如何处理这事呢？

该案例中的小刘因为病人不在预约时间内就诊，同时因专家就诊的病人多，采用了重新预约的方法来解决问题。你认为她的解决方法有什么问题？有什么地方值得改进？如果你是小刘的话，如何总结反思这个问题的处理方式和结果？这类问题的解决经验对改进下次同类型问题的处理方法是否有价值？

小组讨论，组长评估或请培训师点评。

评估要点：

1. 是否指出了所要解决的问题？

2. 是否抓住了问题的要害？

3. 解决问题的策略是什么？

4. 解决问题的结果是否令相关方比较满意？

5. 这个事件中你得到的启发是什么？

解决问题部分综合练习

在本单元中，我们训练了"解决问题能力"的5个能力点。每个能力点、知识点均是相互关联，步步紧扣的，前一个环节是下一个环节的基础。在某些情况下，当提出某个问题后，有经验的人就会很快提出对策，有些对策刹那间就能在脑内形成，甚至连当事者本人都未觉察；而经验不足的人面临问题可能会绞尽脑汁、费尽心思也很难找到好的对策。这些有赖于个人解决问题的经验熟练程度。经验丰富的人，发现问题提出方案，实施方案解决问题，总结评估问题解决的效果等，三个环节紧密相连，似乎感觉不到其中一个一个的能力点的运用，其实，这是熟练程度的差别。

本部分"解决问题与工作执行力"所表述和分析的是一个"完整的问题解决过程"，是一个初学者可以遵循和学习的"分析问题，解决问题，总结经验，改进方法"的过程。下面，我们运用以下案例，对解决问题的全过程进行一次完整的练习。

活动：分析案例

> · 案例11 ·　　　　　　　观察瞳孔方法的改进
>
> 　　小徐是神经内科护士，观察患者瞳孔变化是神经内科护士的一项重要的工作。传统的观察方法是凭经验目测，但这种目测的方法可能会出现估算不准确的情况，而用尺子测量又很不方便。小徐想，可能不只我一人觉得目测不准确，携带尺子又不方便，也许大家都有同感。于是，小徐进行调查，结果发现，在急诊科、神经内外科68名护士中，有49人对传统观察瞳孔的方法均不满意。
>
> 　　小徐想对此做些改进。她想，医生、护士平时都随身携带记录笔，能否将刻度印到笔上，这样既方便携带又能准确测量瞳孔，问题不就解决了吗？小徐将调查结果和个人想法汇报到护理部，得到护理部的大力支持。于是，在小徐的带领下，"改进瞳孔观察方法"的小组成立了，经过大家共同努力，反复思考，仔细琢磨，终于设计成一个"瞳孔直径对照表"，以0.5mm为间距，由小到大排出0.5-10mm的圆形图表，将此表粘贴于记录笔或电筒表面，既方便携带，操作时也不会遗忘，大大地方便了护士准确观察瞳孔。

练习一：分析问题，提出对策

1.小徐在"观察患者瞳孔"的时候，遇到什么问题？请将问题清楚地描述出来。

2.解决问题后的"理想状态"或"目标状态"是怎样的？

3.小徐如何向领导陈述"问题"？她应当怎样做，才能引起领导对这个问题的足够重视？

4.请模拟小徐向领导陈述"问题"的过程。

5.如果你是小徐，你对解决这个问题还有什么方案？

6.请比较你们的方案，从中选择一种方案提交给医院领导。

练习二：实施计划，解决问题

1.如果你是小徐，你现在要向领导汇报你们选择的方案，你该准备怎样向领导汇报？如何获得领导支持？试模拟汇报的过程。

2.经领导批准，同意小徐成立"改进瞳孔观察方法"的设计小组。如果你是小徐，准备自己购买材料和同事们一起动手做，请列出工作计划表。

3.小徐在工作计划表列出后，要进行计划的实施，她该怎样实施自己的计划？在实施计划的过程中要注意什么问题？

练习三：验证方案，改进计划

1.小徐的样品"观察瞳孔测量笔"已经做出来了。这个任务她完成得怎么样？作为小徐，她该怎样检查自己的工作呢？请你帮她进行检查。

2.小徐的样品"观察瞳孔测量笔"做出来后，医院领导对小徐的工作结果要进行评估，然后再考虑是否在全院进行推广。那么，作为小徐医院的领导，该怎样评估小徐的"工作"呢？

3.假如，小徐的领导进行评估后，认为小徐做出的"观察瞳孔测量笔"有一定程度的改进，但还存在不少问题，小徐应当如何着手对原来的"解决问题方案"进行改进？

参考文献：

1. 劳动和社会保障部职业技能鉴定中心组编：《与人交流能力训练手册》，人民出版社，2008 年版。

2. 劳动和社会保障部职业技能鉴定中心组编：《与人合作能力训练手册》，人民出版社，2007 年版。

3. 劳动和社会保障部职业技能鉴定中心组编：《解决问题能力训练手册》，人民出版社，2007 年版。

4. 李元授：《口才训练》，华中科技大学出版社，2005 年版。

5. 张文光：《人际关系与沟通》，机械工业出版社，2009 年版。

6. 邹晓春：《沟通能力培训方案》，人民邮电出版社，2009 年版。

7. 谌永毅、方立珍：《护患沟通技巧》，湖南科学技术出版社，2008 年版。

8. 王维利：《思维与沟通》，中国科学技术出版社，2007 年版。

9. 王建民：《管理沟通理论与实务》，中国人民大学出版社，2005 年版。

10. 付伟：《团队建设能力培训方案》，人民邮电出版社，2011 年版。

11. 张俊娟：《问题解决能力培训方案》，人民邮电出版社，2011 年版。

一、与人交流能力单元
（初级、中级部分）

1. 定义

与人交流能力是从所有职业活动的工作能力中抽象出来，具有普遍适应性和可迁移性的一种核心能力，它是指在与人交往活动中，通过交谈讨论，当众讲演、阅读并获取信息，以及书面表达等方式，来表达观点、获取和分享信息资源的能力，是日常生活以及从事各种职业必备的社会和方法能力。

2. 特征

本标准所规定的与人交流能力以汉语为媒体，在听、说、读、写技能的基础上，通过对语言文字的运用，以促进与人合作和完成工作任务为目的。与人交流能力的运用以职业工作环境和团队组织为条件，适用于所有工作岗位和人员。

3. 等级划分

3.1 与人交流能力标准设 3 个等级：初级、中级和高级。

3.2 与人交流能力 3 个等级的基本要求分别是：

3.2.1 初级：

具备进入就业或工作岗位最基本的与人交流的能力，在常规条件下能运用这些能力适应既定工作的需要；

3.2.2 中级：

在初级的基础上继续扩展他们与人交流的基本能力。在更广泛的工作范围内，灵活运用这些能力以适应工作岗位各方面的需要；

3.2.3 高级：

在工作岗位上表现出更强的组织和管理能力，通过运用与人交流能力适应更复杂的工作需要。

3.3 本标准体系根据与人交流能力的形式，分为 4 个技能要素：交谈讨论、当众发言、阅读和书面表达。各要素的等级设置为：

交谈讨论：初级、中级、高级；

当众发言（演讲）：中级、高级；

阅读：初级、中级、高级；

书面表达：初级、中级、高级。

基
础
级

4. 适用对象

开展素质教育的中等和高等学校（学院）的在校学生，参加就业前、转岗或再就业培训的人员，以及为提高综合素质开展培训的各类在职人员。

5. 申报测评的要求

5.1 希望提高与人交流能力的人员，具备一定的学历、经过培训或自学后，均可自愿报名参加测评；

5.2 根据循序渐进的原则，参加测评人员应从与人交流能力初级开始提出申报；确实具备条件者也可直接申报较高等级的能力测评。

5.3 测评和培训可分别按技能要素进行，申请参加测评的人员，可根据工作或个人的需要选择不同的技能要素；

5.4 通过某一等级与人交流能力某一要素测评的合格者可获得该等级相应要素的能力证书。通过所有技能要素测评合格后，可获得该等级的与人交流能力证书。

6. 单元技能标准的结构

本标准的内容以与人交流能力单元的技能要素为单位，按等级分别进行表述。单元技能标准的结构包含：活动要素、技能要求、培训指导以及测评指导四个部分。

6.1 活动要素：以本单元某一等级的某一技能要素为单位，对与人交流能力在职业活动过程中基本行为表现的描述；此项活动要素应可独立进行培训和测评。

6.2 技能要求：是上述各项活动要素必须达到的规范和标准，作为培训和测评工作的依据，所提出的要求都应有可操作性和可测评性。它是本标准结构的核心内容。

6.3 培训指导：按照所提出技能要求，从相关知识与理解、以及教学方法和教学组织等方面，为培训教材的编写，以及教案或课件的开发提出指导意见。

6.4 测评指导：按照所提出的技能要求，在常规考试形式之外，列举在实际或模拟工作条件下，可进行测评的活动范例，以及测评可依据结果和相关证据。

要素一：交谈讨论技能培训测评标准（初级）

活动要素	技能要求	培训指导	测评指导
在与人交流的过程中： 1. 就一个实际问题进行一对一交谈； 2. 参加一个简单主题的小组讨论。	在交谈讨论中，能够： 1. 把握交谈的主题——能围绕主题参与交谈和讨论； 2. 把握交谈的时机——把握讲话的时机、内容与长短； 3. 倾听别人讲话——用身体语言和表情、提问、评论、附和、做笔记等方式表明自己在认真听别人发言； 4. 表达自己的观点——使用规范易懂的语言，恰当的语调和表情，连贯的语句、清楚地表述自己的意思。	1. 知识与理解 (1) 与交谈主题相关的信息和知识； (2) 正确使用规范语言的基本知识； (3) 口语交谈方式和技巧； (4) 身体语言运用技巧。 2. 教学方式 (1) 讨论主题设计（简单、熟悉并与工作相关的主题）； (2) 场景模拟或角色扮演（电话接听、一对一面谈等方式）； (3) 组织小组讨论； (4) 工作现场的实习； (5) 现场指导和点评。	1. 测评方式 (1) 实际或模拟工作条件下测评，如： ◆ 外出做社会调查、进行业务洽谈或意见交流； ◆在本单位接待客户或来访； ◆ 与本单位同事进行一般交流或简单主题的讨论； (2) 在培训教学或实习过程中测评； (3) 相关知识与理解的测评。 2. 测评依据 (1) 测评员在实际或模拟工作现场下的观察记录； (2) 第三方（同事、上级或客户等）的反映或证明； (3) 其他资料，如现场录音、录像或文字资料等； (4) 现场测评提问的回答； (5) 相关知识和理解测评的结果。

要素一：交谈讨论技能培训测评标准（中级）

活动要素	技能要求	培训指导	测评指导
在与人交流的过程中： 1. 主持一个主题小规模的讨论； 2. 参加综合主题的讨论； 3. 就一个实际问题与几个对象进行对话。	在交谈讨论中，能够： 1. 把握交流的主题——始终围绕主题参与交谈和讨论； 2. 把握交谈的时机和方式——主动地把握讲话的时机、方式和内容； 3. 理解对方谈话的内容——根据对方谈话的姿态、语气和用词，准确辨明其态度和意图，领会对方直接表达出来的内容，并予以相应的回应； 4. 推动讨论进行——在参与讨论时回应谈话者的讲话或提问；在主持讨论时能围绕主题提出问题和要点，推进讨论深入，并对讨论情况做出评论； 5. 表达自己的观点——全面准确地传达一个信息或表明自己的观点；表达词汇丰富、结构完整，思路清晰；并能使用图表和其他辅助手段说明主题。	1. 知识与理解 (1) 与交谈主题相关的知识和信息 (2) 正确使用规范语言的基本知识； (3) 口语交谈的技巧； (4) 身体语言运用技巧； (5) 掌握交谈心理的方法； (6) 交谈的辅助手段或多媒体演示技术； (7) 会谈和会议准备基本要点。 2. 教学方式 (1) 讨论主题设计（简单、不熟悉、或与工作相关的主题）； (2) 场景模拟（如一人对多人的对话；会议主持或讨论）； (3) 角色扮演（在常规情况下或在本单位职责范围内的会谈、会议）； (4) 组织工作现场的实习； (5) 现场指导和点评。	1. 测评方式 (1) 在实际或模拟工作条件下测评，如： ◆ 独立在外或在本单位与客户或合作单位就有关业务进行会谈； ◆ 参加或主持与本业务相关主题的讨论或小型会议； ◆在小组讨论上即兴发言； (2) 在培训教学或实习过程中测评； (3) 相关知识与理解的测评。 2. 测评依据 (1) 测评员在实际或模拟工作现场下的观察记录； (2) 第三方（同事、上级或客户等）的反映或证明； (3) 其他证据，如现场录音、录像或文字资料、准备发言的提纲或笔记等； (4) 现场测评提问的回答； (5) 相关知识和理解测评的结果。

基础级

要素二：当众发言（演讲）技能培训测评标准（中级）

活动要素	技能要求	培训指导	测评指导
在与人交流的过程中：就简单主题，当众做简短发言。	在作简短发言时，能够： 1. 为发言做准备——书面、图表或其他方式的准备； 2. 当众把话说出来——在较正式的社交场合，按照预定的主题完整地发表自己的意见和看法； 3. 把握说话的内容——保持发言的主题突出、逻辑层次清晰、措辞用语得当、举例通俗易懂、使听众能理解你发言的要点和层次； 4. 把握说话的方式——使用规范的语言，恰当的语音语调和手势姿势，使发言适合社交的场合和听众的要求； 5. 借助各种手段帮助发言——利用图表和黑板等辅助手段帮助说明发言的主题。	**1. 知识与理解** (1) 与发言主题相关的知识和信息； (2) 当众讲话的技巧，包括：运用身体语言的技巧； (3) 简短发言辅助手段或多媒体演示技术。 **2. 教学方式** (1) 讨论主题设计（简单、熟悉、或与工作相关的主题）； (2) 场景模拟（会议或小组讨论的发言）； (3) 文字草稿、辅助手段或多媒体技术的训练； (4) 现场指导； (5) 教师讲评和学员互评。	**1. 测评方式** (1) 实际或模拟工作条件下测评，如：小组讨论和会议中有准备的简短发言； (2) 在培训教学或实习过程中测评； (3) 相关知识与理解的测评。 **2. 测评依据** (1) 测评人员对发言的观察记录； (2) 自我评估； (3) 准备发言的提纲或笔记等； (4) 发言时使用的文字资料、现场的录音或录像带； (5) 发言时使用的辅助手段和多媒体资料。 (6) 现场测评提问的回答； (7) 相关知识和理解测评的结果。

要素三：阅读技能培训测评标准（初级）

活动要素	技能要求	培训指导	测评指导
在与人交流的过程中：阅读两种以上较简单的文字资料（其中至少应包含有一幅图表）；并整理出笔记、记录所需的资料。	**在阅读和获取资料时，能够：** 1. 找到需要阅读的资料——根据工作任务的要求，遵照有关程序或他人指导从各种途径找到相关文字资料，从中可获取所需的信息； 2. 识别和收集阅读资料中的信息——从书信、书的摘要、报纸杂志或网络中的文章，及其所包括的图片、图表、示意图、草图等各种类型的简单材料中，识别、归纳其主要内容和要点； 3. 整理需要的资料——为做好某一主题讨论、短文或书信编写的准备，从收集的资料中整理出需要的资料，或做简单的笔记； 4. 确认资料的内容——遇到疑难问题时，会使用字、词典和政策法规等文件，或向他人请教确认资料的内容。	**1. 知识与理解** (1) 资料查询和搜索的方法； (2) 一般阅读的方法； (3) 文件资料归类的方法； (4) 词典类工具书的功能和使用方法； (5) 各种图表的功能； (6) 网上阅读的方法。 **2. 教学方式** (1) 技术资料查询的模拟训练； (2) 一般资料文件阅读的训练； (3) 网上阅读和工具书使用的指导； (4) 组织读后小组讨论； (5) 阅读笔记的点评； (6) 工作现场的实习。	**1. 测评方式** (1) 实际或模拟工作条件下测评，如： ◆ 有关资料的查询和收集； ◆ 往来文件和信函的处理； ◆ 有关文件资料的整理或汇总； ◆ 业务和技术资料的阅读； (2) 在培训教学或实习过程中测评； (3) 相关知识与理解的测评。 **2. 测评依据** (1) 测评人员的观察记录； (2) 工作实习表现的总结意见； (3) 所收集文件资料的目录； (4) 做了批注或修改的阅读资料或文件； (5) 阅读后做的笔记，包括摘录、提要和随笔等； (6) 使用常用图表的记录； (7) 现场测评提问的回答； (8) 相关知识和理解测评的结果。

要素三：阅读技能培训测评标准（中级）

活动要素	技能要求	培训指导	测评指导
在与人交流的过程中：阅读两篇以上主题明确较长的文字资料（其中至少包含一幅图片）；并对所获取的资料进行汇总整理。	**在阅读和获取资料时，能够：** 1. 找到需要阅读的资料——根据工作的要求，从不同类型的文字资料中，通过比较或他人的指导，找到或筛选出更有用的文字资料； 2. 找到需要的信息——略读篇幅较长容易确定要点的材料，如：三页以上的报告、文件、文章，能了解其内容大意，并找出所需要的信息； 3. 看懂资料所表述的观点——通过领会作者的写作风格、修辞方式、文章结构等判断作者的写作目的和观点； 4. 看懂资料的思路和要点——通过文章中关联词语和段落关系，了解作者推理思路，并根据正文以及文中的图片或图表归纳出文章要点； 5. 整理汇总出自己的资料——根据工作需要，为准备发言或起草书面报告，从收集和整理出的文字资料中，归纳和汇总出自己的文字资料。	**1. 知识与理解** (1) 资料查询和搜索方法； (2) 快速阅读的原理与方法； (3) 文件资料归类的方法； (4) 各种图表的功能。 **2. 教学方式** (1) 文件资料查询的模拟训练； (2) 快速阅读和重要文件精读训练； (3) 组织阅读后的小组讨论； (4) 阅读笔记和资料汇总报告的点评； (5) 组织工作现场的实习。	**1. 测评方式** (1) 实际或模拟工作条件下测评，如： ◆ 文件资料的查询和收集； ◆ 一般业务文件的汇总和处理； ◆ 重要文件和报告的阅读和处理； ◆ 技术资料的阅读和使用； (2) 在培训教学或实习过程中测评； (3) 相关知识与理解的测评。 **2. 测评依据** (1) 测评人员的观察记录； (2) 工作实习表现的总结意见； (3) 所收集文件资料的目录； (4) 所汇总文件资料的处理和使用的记录； (5) 做了批注或修改的阅读资料或文件； (6) 阅读笔记，包括摘录、提要、随笔等； (7) 使用常用图表的记录； (8) 现场测评提问的回答； (9) 相关知识和理解测评的结果。

要素四：书面表达技能培训测评标准（初级）

活动要素	技能要求	培训指导	测评指导
在与人交流的过程中：就简单的主题，撰写两种不同类型的文稿（其中一个文稿包括至少一幅图表）。	**在进行书面表达时，能够：** 1.选择基本文体——根据工作任务要求，选择或确定适合工作和业务需要的应用文体撰写简单的文稿； 2.利用图表——借助图表、示意图、略图或图象等方式说明文章的要点； 3.利用选取资料——从相关材料中选取恰当、适量的资料，表现文章主题和内容； 4.掌握基本写作技巧——通过起草、修改和重新改写文件的方式清楚地表达主题思想，且层次清晰、语句通顺、用词规范、标点恰当、书写工整、格式正确。	**1．知识和理解** (1) 与工作任务相关的知识； (2) 实用文体的应用； (3) 图表的功能和应用； (4) 素材选用的基本方法； (5) 写作的基本技法； (6) 逻辑和修辞初步技法。 **2．教学方式：** (1) 写作主题的设计（简单熟悉的主题）； (2) 实用文体（信函、便笺等）的训练； (3) 范文分析； (4) 教师对学员作文的点评； (5) 学员作文的互评。	**1．测评方式** (1) 实际或模拟工作条件下测评，如：起草通知、信函、总结、申请、便笺、会谈纪要或短报告等； (2) 在培训教学或实习过程中测评； (3) 相关知识与理解的测评。 **2．测评依据** (1) 至少两种不同类型实用文体的文稿； (2) 撰写文稿中应用的图表或图像等书面形式； (3) 相关知识和理解测评的结果。

要素四：书面表达技能培训测评标准（中级）

活动要素	技能要求	培训指导	测评指导
在与人交流的过程中：就简单的主题写两篇较长的工作报告或论文（文中包含至少一幅图表或图片）。	**在进行书面表达时，能够：** 1.选择基本文体——根据工作任务要求，选择或确定适合工作和业务需要的应用文体撰写较长的文稿； 2.采用各种书面形式——采用各种文字编排的书面形式，以及示意图、略图或图像等方式在较长的报告中突出说明文章内容； 3.利用和组织材料——利用和组织各种素材，充实论据或推理的内容，说明文章的要点； 4.掌握基本写作技巧——通过起草、修改和重新改写文件的方式清楚地表达主题思想，且文稿的层次清晰、逻辑概念清楚、语句通顺、用词规范、标点恰当、书写工整、版面编排符合要求； 5.采用适当的写作风格——根据文章主题的特点，采用适当的写作风格，支持自己的观点，提高文章的说服力。	**1．知识和理解** (1) 与工作任务相关的知识； (2) 实用文体的应用； (3) 图表的功能和应用； (4) 素材选用的基本方法； (5) 文稿排版和编辑技法； (6) 写作的基本技法； (7) 逻辑和修辞常用技法。 **2．教学方式** (1) 写作主题的设计（简单但不熟悉的主题）； (2) 实用文体（短报告、会议纪要等）的训练； (3) 范文分析； (4) 教师对学员作文的点评； (5) 学员作文的互评。	**1．测评方式** (1) 实际或模拟工作条件下测评，如：起草论文、商务信函、会谈纪要、或短报告等； (2) 在培训教学或实习过程中测评； (3) 相关知识与理解的测评。 **2．测评依据** (1) 至少两种不同类型实用文体的文稿； (2) 撰写文稿中应用的图表或图像等书面形式； (3) 相关知识和理解测评的结果。

二、与人合作能力单元

（初级、中级部分）

1. 定义

与人合作能力是从所有职业活动的工作能力中抽象出来，具有普遍适应性和可迁移性的一种核心能力，它是指根据工作活动的需要，协商合作目标，相互配合工作，并调整合作方式不断改善合作关系的能力，它是从事各种职业必备的社会能力。

2. 特征

本标准所规定的与人合作能力，在一对一或者团队的工作环境中，个人与他人、个人与群体的条件下，以职业工作条件和环境为背景，通过与人交流的方式，并结合其他解决问题的能力、信息处理或数字应用等技能或手段，以完成工作任务和解决实际问题为目的，适用于所有工作岗位和人员。

3. 等级划分

3.1 与人合作能力标准设 3 个等级：初级、中级、高级。

3.2 与人合作能力 3 个等级的基本要求分别是：

3.2.1 初级：

理解个人与他人、个人与群体的合作目标，有效地接受上级指令；准确、顺利地执行合作计划；调整工作进度，改进工作方式，检查合作效果。

3.2.2 中级：

与本部门同事、组织内部横向部门、组织外部的相关部门共同制订合作计划；协调合作过程的矛盾关系，按照计划完成合作任务；在合作过程遇到障碍的时候，提出改善意见，推进合作进程。

3.2.3 高级：

根据情况变化和合作各方的需要，调整合作目标；在不断变动的工作环境中，控制合作进程；预测和评价合作效果，达成合作目的。

3.3 本标准体系根据与人合作活动的流程，分为 3 个技能要素：协商合作目标、相互配合工作，以及调整合作方式。所有初级、中级、高级 3 个等级的标准要求都包含有 3 个技能要素的内容。

4. 适用对象

开展素质教育的中等和高等学校（学院）的在校学生，参加就业前、转岗或再

基

础

级

就业培训的人员，以及为提高综合素质开展培训的各类在职人员。

5. **申报测评的要求**

5.1 希望提高与人合作能力的人员，具备一定的学历、经过培训或自学后，均可自愿报名参加测评。

5.2 根据循序渐进的原则，参加测评人员应从与人合作能力初级开始提出申报；确实具备条件者也可直接申报较高等级的能力测评。

5.3 测评和培训可按相应的能力等级及技能要素分阶段进行，通过所有技能要素测评合格后，可获得该等级与人合作能力证书。

6. **单元技能标准的结构**

本标准的内容以人员合作能力单元的技能要素为单位，按等级分别进行表述。单元技能标准的结构包含：活动要素、技能要求、培训指导以及测评指导四个部分。

6.1 活动要素：以本单元某一等级的某一技能要素为单位，对与人合作能力在职业活动过程中基本行为表现的描述；此项活动要素应可独立进行培训和测评。

6.2 技能要求：是上述各项活动要素必须达到的规范和标准，作为培训和测评工作的依据，所提出的要求都应有可操作性和可测评性。它是本标准结构的核心内容。

6.3 培训指导：按照所提出技能要求，从相关知识与理解、以及教学方法和教学组织等方面，为培训教材的编写，以及教案或课件的开发提出指导意见。

6.4 测评指导：按照所提出的技能要求，在常规考试形式之外，列举在实际或模拟工作条件下，可进行测评的活动范例，以及测评可依据结果和相关证据。

初级：要素一

活动要素	技能要求	培训指导	测评指导
在一对一或团队工作环境中：明确合作的目标，以及个人在团队中的职责和任务。	**在理解合作目标时，能够**： 1. 确定个人与他人，个人与团队合作的基础；理解合作的利益共同点；明确个人与他人、个人与群体的相互需要。 2. 掌握合作目标的要点，清晰地认识合作所要达到的境地，把握合作的标准。 3. 掌握本单位的人事组织结构，了解合作者的数量、职位；明确下属、伙伴、上级的职业关系；认识上级、下级、伙伴、主角、配角的职业特点；可以确定合作中起关键作用的人。 4. 写出个人所在岗位的职位说明书；明确个人与他人、个人与团队合作过程中的角色特点。	**1. 知识与理解** (1) 活动要素的群体性与分工合作关系； (2) 职业团队的概念、特征与种类；组织的使命、目标、任务； (3) 自身的职业价值，个人在组织中的作用。 **2. 教学方式** (1) 结合个人日常生活或工作需要，设计合作双赢的案例进行教学； (2) 根据本职工作分工和需要，确定自我职业角色； (3) 以行为活动为导向的学习讨论、模拟训练，以及教师的现场点评。 (4) 通过场景模拟，进行角色扮演，模仿不同的职业角色，掌握换位思考的能力。	**1. 测评方式** (1) 对学习、工作和其他活动中应用和开发与人合作的范例的测评，如： ◆ 本单位的一个合作项目和集体活动； ◆为客户策划并完成的一项工作； ◆为他人提供一项服务； (2) 在培训教学或实习过程中测评； (3) 相关知识与理解的测评。 **2. 测评依据** (1) 一份根据合作任务绘制的人员组成方框图以及本身职责的说明； (2) 对合作工作目标的理念、价值观的认识； (3) 第三方（客户、同事等）对合作计划的评价； (4) 在工作现场或在培训中对测评提问的回答； (5) 相关知识和理解测评的结果。

初级：要素二

活动要素	技能要求	培训指导	测评指导
在一对一或团队工作环境中：接受上级的指令，准确、顺利地执行合作计划。	**在执行合作计划时，能够**： 1. 理解所接受的工作任务，知晓自己的工作任务在全局工作中的影响，快速理清责任关系。 2. 按照工作指令的时间和质量要求，迅速进入工作状态，执行合作计划，取得上级和同事的信赖。 3. 面对多个指令同时下达的矛盾，能够排列工作的优先顺序；遇到障碍和困难，及时处理，避免延误。 4. 在工作遇到困难的时候，能够求助；不仅能够向上级、同事求助，还能够向相关部门，熟悉或不熟悉的人、甚至是竞争对手求助。并且，及时有效的帮助他人。	**1. 知识与理解** (1) 服从的基本概念，指令、命令的含义； (2) 求助的意义，人的求助意识； (3) 职业生活的互助性，帮助他人的价值。 **2. 教学方式** (1) 结合个人日常生活或工作需要，设计合作双赢的案例进行教学； (2) 根据本职工作分工和需要，履行自己职责； (3) 以行为活动为导向的学习讨论、模拟训练，以及教师的现场点评； (4) 通过场景模拟，进行角色扮演，掌握不同的职业角色。	**1. 测评方式** (1) 对学习、工作和其他活动中应用和开发与人合作的范例的测评，如： ◆ 本单位的一个合作项目和集体活动； ◆为客户策划并完成的一项工作； ◆为他人提供一项服务； (2) 在培训教学或实习过程中测评； (3) 相关知识与理解的测评。 **2. 测评依据** (1) 在职责范围内执行合作任务的记录； (2) 得到他人帮助或帮助他人的记录； (3) 第三方（客户、同事等）对工作配合情况的评价； (4) 在工作现场或在培训中对测评提问的回答； (5) 相关知识和理解测评的结果。

基

础

级

初级：要素三

活动要素	技能要求	培训指导	测评指导
在一对一或团队工作环境中：通过检查工作进展情况，改进工作方式，促进合作目标的实现。	在检查合作效果时，能够： 1. 了解保证合作顺利进行的因素，了解不利于合作的障碍； 2. 及时检查工作进展状况，随时调整工作日程安排； 3. 查遗补漏，随时跟进，确保工作顺利进行； 4. 报告合作进程，合作中出现的问题和困难；提出改进工作的方式和措施，以促进达成良好合作效果。	**1. 知识与理解** (1) 工作进度的概念，影响工作进度的因素； (2) 工作进程的检查、调整程序； (3) 工作汇报的程序、要领。 **2. 教学方式** (1) 结合个人日常生活或工作需要，设计合作项目的案例进行教学； (2) 根据本职工作分工和需要，明确自己的职责； (3) 以行为活动为导向的学习讨论、模拟训练，以及教师的现场点评； (4) 通过场景模拟，进行角色扮演，掌握不同的职业角色。	**1. 测评方式** (1) 对学习、工作和其他活动中应用和开发与人合作的范例的测评，如： ◆本单位的一个合作项目和集体活动； ◆为客户策划并完成的一项工作； ◆为他人提供一项服务； (2) 在培训教学或实习过程中测评； (3) 相关知识与理解的测评。 **2. 测评依据** (1) 对自己和他人工作进度，工作质量的记录； (2) 为实现工作目标而改进与人合作工作方式的测评记录。 (3) 第三方（客户、同事等）对改进合作方式的评价； (4) 在工作现场或在培训中对测评提问的回答； (5) 相关知识和理解测评的结果。

中级：要素一

活动要素	技能要求	培训指导	测评指导
在一对一或团队工作环境中：与本部门的同事、组织内部横向部门、与组织外部相关部门共同制订合作计划。	在制定合作计划时，能够： 1. 提出工作任务、所涉及的资料、设备和工具、工作进程表、合作人、合作地点； 2. 确定自身的合作优势，挖掘合作的资源，明确自己在合作中所能够起到的作用，并使得合作者能够认识自身优势； 3. 知道他人的优势和合作资源，影响；知道相关部门的合作资源，并且在合作计划中充分利用这些优势和资源； 4. 明确合作的基本规则及出现异常情况时候的应急措施。	**1. 知识与理解** (1) 聚合型团队、松散型团队和内耗型团队的特征； (2) 组织内部的冲突情况，剖析内耗型团队的心理根源； (3) 合作双方的利益需求和社会心理需求。 **2. 教学方式** (1) 结合个人日常生活或工作需要，设计合作项目的案例进行教学； (2) 根据本职工作分工和需要，自己职责； (3) 以行为活动为导向的学习讨论、模拟训练，以及教师的现场点评； (4) 通过场景模拟，进行角色扮演，掌握换位思考能力。	**1. 测评方式** (1) 对学习、工作和其他活动中应用和开发与人合作的范例的测评，如： ◆跨部门的一个合作项目； ◆同事之间组织的集体活动； ◆为客户策划并完成的一项工作； ◆为他人提供一项服务； (2) 在培训教学或实习过程中测评； (3) 相关知识与理解的测评。 **2. 测评依据** (1) 一份根据合作任务说明各部门职责的记录； (2) 分析合作各方优势和互补性的说明； (3) 第三方（客户、同事等）对合作计划的评价； (4) 在工作现场或在培训中对测评提问的回答； (5) 相关知识和理解测评的结果。

中级：要素二

活动要素	技能要求	培训指导	测评指导
在一对一或团队工作环境中：与他人协同工作，处理合作过程中的矛盾，完成合作任务。	**在完成合作任务时，能够：** 1. 及时沟通合作进程中的工作进展情况；遇到障碍和困难，及时处理，避免延误、失误，使全盘工作得以整体推进； 2. 取得上级的信任，获得同事的信赖，发挥自身的合作优势，及时调整自己的工作状态； 3. 与不同文化背景的人相处，理解个性差异；理解他人性格的缺陷、工作能力的不足和工作过程的过失，及时弥补工作的损失； 4. 处理影响工作进程的例外事件，包括个人事情对工作进程的影响。	**1. 知识与理解** (1) 民族、学历、地域、年龄等差异； (2) 人的工作和生活习惯、办事规律； (3) 宽容的心态，容忍的方法。 **2. 教学方式** (1) 结合个人日常生活或工作需要，设计合作项目的案例进行教学，包括： ◆ 在工具、场地等方面遇到障碍和困难时，创造完成任务所需条件的训练； ◆ 在陌生环境下，为完成任务，短时间内取得他人信赖的训练； ◆ 组织个性差异较大的人进行合作，进行宽容心态和容忍能力的训练； (2) 根据本职工作分工和需要，履行自己职责； (3) 以行为活动为导向的学习讨论、模拟训练，以及教师的现场点评； (4) 场景模拟，角色扮演。	**1. 测评方式** (1) 对学习、工作和其他活动中应用和开发与人合作的范例的测评，如： ◆ 跨部门的一个合作项目； ◆ 同事之间组织的集体活动； ◆ 为客户策划并完成的一项工作； ◆ 为他人提供一项服务； (2) 在培训教学或实习过程中测评； (3) 相关知识与理解的测评。 **2. 测评依据** (1) 在职责范围内执行合作任务的记录； (2) 与不同人群合作并取得相互信任的记录； (3) 第三方（客户、同事等）对工作配合情况的评价； (4) 在工作现场或在培训中对测评提问的回答； (5) 相关知识和理解测评的结果。

中级：要素三

活动要素	技能要求	培训指导	测评指导
在一对一或团队工作环境中：保持各方工作进度方面的协调，并改善与人合作的方式，以促进合作目标的实现。	**在改善合作效果时，能够：** 1. 以多种方式，在适宜的场合，及时、得体的检讨自己合作过程中的不足和过失。 2. 适宜地表达的不同意见，并向合作方提出自己的建议和批评。 3. 接受他人的不同意见，使合作的各个方面的意见得以集中、融合。 4. 及时发现和弥补他人的过失或不足，以及工作中的缺陷或失误，使合作进程整体向前推进。	**1. 知识与理解** (1) 使他人接受自己意见、改变态度的策略。 (2) 在会议上提出意见和建议的规则。 (3) 改变自己的态度、接受他人批评、指责的心理准备。 **2. 教学方式** (1) 结合个人日常生活或工作需要，设计合作项目的案例进行教学，包括： ◆ 向直接上级提出不同意见的案例； ◆ 在会议上提出重要或不同意见的案例； ◆ 受到批评，甚至不公正的误解后进行心理调整的案例； (2) 根据本职工作分工和需要，明确自己的职责； (3) 以行为活动为导向的学习讨论、模拟训练，以及教师的现场点评； (4) 通过场景模拟，进行角色扮演，掌握不同的职业角色。	**1. 测评方式** (1) 对学习、工作和其他活动中应用和开发与人合作的范例的测评，如： ◆ 跨部门的一个合作项目； ◆ 同事之间组织的集体活动； ◆ 为客户策划并完成的一项工作； ◆ 为他人提供一项服务； (2) 在培训教学或实习过程中测评； (3) 相关知识与理解的测评。 **2. 测评依据** (1) 对自己和他人工作进度，工作质量的记录； (2) 为实现工作目标而改进与人合作工作方式的测评记录。 (3) 第三方（客户、同事等）对改进合作方式的评价； (4) 在工作现场或在培训中对测评提问的回答； (5) 相关知识和理解测评的结果。

三、解决问题能力单元

（初级、中级部分）

1. 定义

解决问题能力是从所有职业活动的工作能力中抽象出来，具有普遍适应性和可迁移性的一种核心能力，它是指能够准确地把握事物发生问题的关键，利用有效资源，提出解决问题的意见或方案，并付诸实施进行调整和改进，使问题得到解决的能力。它是从事各种职业活动都需要的一种社会能力。

2. 特征

本标准所规定的解决问题能力所采用的技术和方法没有特别的限定，以最终解决实际问题为目的。这种能力的培养和运用以职业工作环境和团队组织为条件，以生活、工作和学习中普遍存在的问题为主要对象。这种能力的掌握适用于各种工作岗位及人员。

3. 等级划分

3.1 解决问题能力标准设 3 个等级：初级、中级、高级。

3.2 解决问题能力 3 个等级的基本要求分别是：

3.2.1 初级：

具备进入就业或工作岗位最基本的解决问题能力，在常规条件下能根据工作的需要，解决一般简单和熟悉的问题；

3.2.2 中级：

在初级的基础上继续提高解决问题能力。在有限的资源条件下，根据工作岗位的需要，解决较复杂的问题；

3.2.3 高级：

在工作岗位上表现出更强的解决问题能力，在多种资源条件下，根据工作需要，解决复杂和综合性的问题

3.3 本标准体系根据解决问题的活动流程，分为 3 个技能要素：提出解决问题的意见或方案、实施解决问题的方案，以及调整或改进解决问题的方案。所有初级、中级、高级 3 个等级的标准要求都包含有 3 个技能要素的内容。

4. 适用对象

需加强素质教育的中等和高等学校（学院）的在校学生，参加就业前、转岗或再就业培训的人员，以及要求提高综合素质和解决问题能力的各类在职人员。

5. 申报测评的要求

5.1 希望提高解决问题能力的人员，具备一定的学历、经过培训或自学后，均可自愿报名参加测评；

5.2 根据循序渐进的原则，参加测评人员应从解决问题能力的初级开始提出申报；确实具备条件者也可直接申报较高等级的能力测评；

5.3 测评和培训可按相应的能力等级及技能要素分阶段进行，通过所有技能要素测评合格后，可获得该等级解决问题能力证书。

6. 单元技能标准的结构

本标准的内容以解决问题能力单元的技能要素为单位，按等级分别进行表述。单元技能标准的结构包含：活动要素、技能要求、培训指导以及测评指导四个部分。

6.1 活动要素：以本单元某一等级的某一技能要素为单位，对解决问题能力在职业活动过程中基本行为表现的描述；此项活动要素应可独立进行培训和测评。

6.2 技能要求：是上述各项活动要素必须达到的规范和标准，作为培训和测评工作的依据，所提出的要求都应有可操作性和可测评性。它是本标准结构的核心内容。

6.3 培训指导：按照所提出技能要求，从相关知识与理解、以及教学方法和教学组织等方面，为培训教材的编写，以及教案或课件的开发提出指导意见。

6.4 测评指导：按照所提出的技能要求，在常规考试形式之外，列举在实际或模拟工作条件下，可进行测评的活动范例，以及测评可依据结果和相关证据。

基础级

初级：要素一

活动要素	技能要求	培训指导	测评指导
在与人合作的条件下，对于一个简单的问题，用几种常用办法，提出解决问题的基本思路或对策。	在提出解决问题的基本思路时，能够： 1. 准确理解对与问题有关的各种因素（例如：发生了什么事？已知什么情况和需要找到哪些信息？这个问题对整体工作会有什么影响等）； 2. 掌握解决问题的目标，并能说明目标实现后的状态是什么（例如在工作中的问题被解决后，你能说明客户为什么会感到满意）； 3. 采取不同的方式来跟踪事态发展（例如关注事态向不同方面发展的情况，询问他人类似问题得到解决的过程）； 4. 指出你所能做的事情的有什么条件限制（例如所能利用的资源、安全卫生的规定，以及事态可能恶化的程度）； 5. 选定解决问题的最佳方式（例如，选择你可能利用的时间和资源，可能从他人得到的最大支持）。	1. **知识与理解** (1) 分析问题的方法； (2) 归纳问题的方法； (3) 对比选择的方法； (4) 判断和决策方法； (5) 关于相关问题本身的专业知识和发展规律的认识。 2. **教学方式** (1) 结合日常生活或工作问题，设计简单，通用的案例从不同角度进行教学； (2) 根据本职工作特点和需要，分析解决问题的典型事例及相关规律； (3) 以行为活动为导向的学习讨论、模拟训练，以及教师的现场点评。	1. **测评方式** (1) 对日常生活和工作中解决问题能力的测测，如：面对本职工作中出现的问题提出解决的意见和方法；在各种社会活动中提出解决问题的意见和方法； (2) 在培训教学或实习过程中的测评； (3) 相关知识与理解的测评。 2. **测评依据** (1) 对所遇到问题的分析、确认及解决思路的记录； (2) 为解决问题搜集信息等资料的记录； (3) 第三方对提出解决问题的思路的评价； (4) 在工作现场或在培训中对测评提问的回答； (5) 相关知识和理解测评的结果。

初级：要素二

活动要素	技能要求	培训指导	测评指导
支持他人或在他人的支持下，做出解决问题的计划并实施这一计划。	在实施计划时，能够： 1. 从上级那里获得准许，以便确定和实施你的计划； 2. 制定解决问题的工作计划（包括：列出工作计划表、工作方式、你需要的时间、资源和帮助，考虑可能的困难和克服的办法等）； 3. 根据你的计划，充分利用他人的意见和支持（例如：获得信息和资源等）来解决问题。	1. **知识与理解** (1) 撰写工作计划的相关知识； (2) 信息检索、文献查询的有关方法； (3) 逻辑判断、推理的相关知识； (4) 解决问题的技巧。 2. **教学方式** (1) 结合日常生活或工作问题，设计简单，通用的案例从不同角度进行教学； (2) 根据本职工作特点和需要，分析解决问题的典型事例及相关规律； (3) 以行为活动为导向的学习讨论、模拟训练，以及教师的现场点评。	1. **测评方式** (1) 对日常生活和工作中解决问题能力的测评，如： ◆ 面对本职工作中出现的问题提出解决的意见和方法； ◆ 在各种社会活动中提出解决问题的意见和方法； (2) 在培训教学或实习过程中的测评； (3) 相关知识与理解的测评。 2. **测评依据** (1) 施解决问题的步骤、执行情况和效果； (2) 解决问题过程中遇到的困难和得到他人支持的记录； (3) 第三方对解决问题计划和实施情况的评价和意见； (4) 在工作现场或在培训中对测评提问的回答； (5) 相关知识和理解测评的结果。

初级：要素三

活动要素	技能要求	培训指导	测评指导
与相关人员一起检查问题是否得到解决，并描述其结果，提出进一步改进的意见。	**在检查问题是否得到解决时，能够：** 1. 掌握检查问题是否得到解决的方法（例如：对有关问题解决的因素能够逐项提问，能关注解决问题的关键因素）； 2. 按照检查方法和步骤，进行测评、观察、测量或询问； 3. 说明跟踪事态发展的结果（例如事态发展过程中发生了什么情况，对最终结果做出结论性意见，说明结果与目标符合程度）； 4. 提出改进解决问题的方式（例如在发现问题、做出计划、实施计划、检查问题是否得到解决的时候应采取什么方式进行改进）。	**1. 知识与理解** (1) 关于分析和检查问题的方法； (2) 关于跟踪调查的方法； (3) 有关工作总结的规则和写作方法。 **2. 教学方式** (1) 结合日常生活或工作问题，设计简单，通用的案例从不同角度进行教学； (2) 根据本职工作特点和需要，分析解决问题的典型事例及相关规律； (3) 以行为活动为导向的学习讨论、模拟训练，以及教师的现场点评。	**1. 测评方式** (1) 对日常生活和工作中解决问题能力的测评，如： ◆ 面对本职工作中出现的问题提出解决的意见和方法； ◆ 在各种社会活动中提出解决问题的意见和方法； (2) 在培训教学或实习过程中的测评； (3) 相关知识与理解的测评。 **2. 测评依据** (1) 对最初提出解决问题的思路进行修改的报告； (2) 对解决问题的效果所做的自我总结报告； (3) 第三方对修改意见和总结报告的评价； (4) 在工作现场或在培训中对测评提问的回答； (5) 相关知识和理解测评的结果。

中级：要素一

活动要素	技能要求	培训指导	测评指导
在问题的主要特征清楚，解决问题的途径较多，并在可利用的资源条件不熟悉的情况下，要明确指出问题所在，并提出解决问题的基本思路或对策。	**在确认问题和提出解决问题的对策时，能够：** 1. 指出何时出现问题并说明其主要特征（例如：能够分析问题的不同方面，检查问题在不同时间和地点可能发生的变化等）； 2. 掌握解决问题的目标，并能说明目标实现后的状态是什么（例如在工作已进入正常状态或产品与服务符合标准要求时，你能说明其中原因）； 3. 采取不同方法（例如：头脑风暴法、书面材料、图表或其他简单有效的方法）形成2个以上解决问题的思路，并加以比较； 4. 确定一个最有效的解决问题的对策（包括：说明安全、卫生和负面的风险及其他可能影响问题解决的因素；从有关方面获得解决类似问题的经验、信息和建议）。	**1. 知识与理解** (1) 分析问题的方法； (2) 归纳问题的方法； (3) 对比选择的方法； (4) 判断和决策方法； (5) 关于相关问题本身的专业知识和变化规律的认识。 **2. 教学方式** (1) 结合日常生活或工作问题，设计简单、通用的案例进行教学； (2) 根据本职工作特点和需要，分析解决问题的典型事例及相关规律； (3) 以行为活动为导向的学习讨论、模拟训练，以及教师的现场点评。	**1. 测评方式** (1) 对日常生活和工作中解决问题能力的测评，如： ◆ 面对本职工作中出现的问题提出解决的意见和方法； ◆ 在各种社会活动中提出解决问题的意见和方法； (2) 在培训教学或实习过程中的测评； (3) 相关知识与理解的测评。 **2. 测评依据** (1) 对所遇到问题的分析、确认，及解决思路和目标的记录； (2) 对解决问题采用相关方法的比较； (3) 第三方对提出解决问题的思路、目标和相关方法的评价； (4) 在工作现场或在培训中对测评提问的回答； (5) 相关知识和理解测评的结果。

中级：要素二

活动要素	技能要求	培训指导	测评指导
在相关人员的支持下，做出解决问题的计划并实施这一计划，在实施过程中充分利用相关资源。	在制定计划和实施解决办法时，能够： 1. 获得有关部门准许，以确定和实施你的解决办法； 2. 制定解决问题的工作计划（例如：列出解决问题的每项工作任务、工作方式、你需要的时间、资源和帮助，考虑可能出现的困难及克服的办法等）； 3. 在处理问题时获取和利用所需要的支持条件； 4. 组织实施计划，完成计划列出的各项任务（例如，运用你的专业知识，对不熟悉的资源进行调查研究以便获得充分的资源，有效利用时间，保持有条理的工作步骤）。	1. 知识与理解 (1) 应用写作学中关于撰写工作计划的相关知识； (2) 信息检索、文献查询的有关方法； (3) 逻辑判断、推理的相关知识； (4) 解决问题能力的技巧； (5) 与他人合作的知识和方法。 2. 教学方式 (1) 结合日常生活或工作问题，设计复杂，通用的案例从不同角度进行教学； (2) 根据本职工作特点和需要，分析解决问题的典型事例及相关规律； (3) 以行为活动为导向的学习讨论、模拟训练，以及教师的现场点评。	1. 测评方式 (1) 对日常生活和工作中解决问题能力的测评，如： ◆ 面对本职工作中出现的问题提出解决的意见和方法； ◆ 在各种社会活动中提出解决问题的意见和方法； (2) 在培训教学或实习过程中的测评； (3) 相关知识与理解的测评。 2. 测评依据 (1) 实施解决问题的步骤、执行情况和效果； (2) 解决问题过程中遇到的困难和得到他人支持和相关资源利用情况的记录； (3) 第三方对解决问题计划和实施情况的评价和意见； (4) 在工作现场或在培训中对测评提问的回答； (5) 相关知识和理解测评的结果。

中级：要素三

活动要素	技能要求	培训指导	测评指导
按照可靠的办法检查问题是否得到解决，并对解决问题的方法适时做出总结和修改。	在检查问题是否得到解决时，能够： 1. 理解检查问题是否得到解决的方法（如澄清情况，对事态的发展状况及解决问题的过程做出说明）； 2. 正确地实施检查（如进行测评、观察、测量或核查等）； 3. 说明检查结果（如对每个解决问题步骤做出结论）； 4. 对解决问题的每个阶段做出决定的原因做出解释（如做出工作方法和选择方案的原因，改变调整计划的原因等）； 5. 说明在解决问题的各个阶段你采取措施的成功与不足（如在有效时间和资源条件下是否延误）； 6. 在总结经验的基础上，说明如果遇到同样问题你是否有不同的做法。	1. 知识与理解 (1) 关于分析和检查问题的方法； (2) 关于跟踪调查的方法； (3) 有关工作总结的规则和写作方法。 2. 教学方式 (1) 结合日常生活或工作问题，设计复杂、通用的案例从不同角度进行教学； (2) 根据本职工作特点和需要，分析解决问题的典型事例及相关规律； (3) 以行为活动为导向的学习讨论、模拟训练，以及教师的现场点评。	1. 测评方式 (1) 对日常生活和工作中解决问题能力的测评，如： ◆ 面对本职工作中出现的问题提出解决的意见和方法； ◆ 在各种社会活动中提出解决问题的意见和方法； (2) 在培训教学或实习过程中的测评； (3) 相关知识与理解的测评。 2. 测评依据 (1) 对最初提出解决问题的方法进行修改的记录； (2) 对解决问题后的效果所做的自我总结和改进意见的报告； (3) 第三方对修改意见和总结报告的评价； (4) 曾经开展过类似活动（如产品研发、公益行动、营销策划等）的工作记录和总结； (5) 在工作现场或在培训中对测评提问的回答及相关知识和理解测评结果。

基础级